ESSAI

sur

L'ARCHITECTURE MILITAIRE

AU MOYEN AGE

L'auteur et l'éditeur se réservent le droit de faire traduire et reproduire cet ouvrage dans les pays où la propriété des ouvrages français est garantie par des traités.

---—o—◆—o—---

PARIS. — IMPRIMÉ CHEZ BONAVENTURE ET DUCESSOIS
QUAI DES GRANDS-AUGUSTINS, 55 PRÈS DU PONT-NEUF.

ESSAI SUR L'ARCHITECTURE MILITAIRE

AU MOYEN AGE

PAR M. VIOLLET-LE-DUC

ARCHITECTE DU GOUVERNEMENT
INSPECTEUR-GÉNÉRAL DES ÉDIFICES DIOCÉSAINS

EXTRAIT DU DICTIONNAIRE RAISONNÉ DE L'ARCHITECTURE FRANÇAISE
DU XIe AU XVIe SIÈCLE.

PARIS
LIBRAIRIE D'ARCHITECTURE DE BANCE, ÉDITEUR
13, RUE BONAPARTE, 13
EN FACE DU PALAIS DES BEAUX-ARTS.

1854

A MONSIEUR MÉRIMÉE

SÉNATEUR, MEMBRE DE L'INSTITUT, INSPECTEUR GÉNÉRAL
DES MONUMENTS HISTORIQUES.

Mon cher Ami,

Permettez-moi de vous dédier ce livre ; il n'est que le résumé de travaux au milieu desquels vous avez bien voulu souvent me servir de guide. Il vous rappellera nos excursions en France, et si le souvenir de ces jours d'étude est resté pour vous comme pour moi un des meilleurs parmi les bons, vous lirez, je l'espère, avec indulgence, cet Essai d'un de vos amis les plus dévoués.

E. Viollet-le-Duc.

Paris, novembre 1854.

ESSAI

SUR

L'ARCHITECTURE MILITAIRE

DU MOYEN AGE

Écrire une histoire générale de l'art de la fortification depuis l'antiquité jusqu'à nos jours est un des beaux sujets livrés aux recherches des archéologues, et nous ne devons pas désespérer de le voir entreprendre; mais on doit convenir qu'un pareil sujet exigerait des connaissances très-variées, car il faudrait réunir à la science de l'historien la pratique de l'art de l'architecte et de l'ingénieur militaire. Il est difficile de se rendre un compte exact d'un art oublié quand on ignore l'art pratiqué dans le temps présent; et pour qu'un ouvrage de la nature de celui que nous espérons voir entreprendre fût complet, il faudrait qu'il fût fait par un homme à la fois versé dans l'art moderne de la défense des places, architecte et archéologue. Nous ne sommes point ingénieur militaire, à peine archéologue, ce serait donc une grande présomption de notre part de vouloir donner ce résumé autrement que comme un essai, une étude de l'une des phases de l'art de la fortification, comprise entre l'établissement du pouvoir féodal et l'adoption du système de la fortification régulière opposée à l'artillerie à feu. Peut-être cet essai, en soulevant le voile qui couvre encore une des branches de l'art de l'architecture du moyen âge, déterminera-t-il quelques-uns de nos jeunes officiers du génie militaire à se livrer à une étude qui ne pourrait manquer d'avoir un grand intérêt, peut-être même un résultat utile et pratique ; car il y a toujours quelque chose à gagner à connaître les efforts tentés par ceux qui nous ont précédés dans la voie, à suivre la marche du travail de l'homme depuis ses premiers et informes essais jusqu'aux plus remarquables développements de son intelligence et de son génie. Voir comment les autres ont vaincu avant nous les difficultés dont ils étaient entourés, est un moyen d'apprendre à vaincre celles qui se présentent chaque jour ; et dans l'art de la fortification où tout est problème à résoudre, calcul, prévision, où il ne s'agit pas seulement de lutter avec les éléments et la main du temps comme dans les autres branches de l'architecture, mais de se prémunir contre la destruction intelligente et combinée de l'homme, il est bon, nous le croyons, de savoir comment, dans les temps antérieurs, les uns ont appliqué toutes les forces de leur esprit, leur puissance matérielle à détruire, les autres à préserver.

Lorsque les barbares firent irruption dans les Gaules, beaucoup de villes possédaient encore leurs fortifications gallo-romaines ; celles qui n'en étaient point pourvues se hâtèrent d'en élever avec les débris des monuments civils. Ces enceintes, successivement forcées et réparées, furent longtemps les seules défenses des cités, et il est probable qu'elles n'étaient point soumises à des dispositions régulières et systématiques, mais qu'elles étaient construites fort diversement, suivant la nature des lieux, des matériaux, ou d'après certaines traditions locales que nous ne pouvons apprécier aujourd'hui, car de ces enceintes il ne nous reste que des débris, des soubassements modifiés par des adjonctions successives.

Les Visigoths s'emparèrent, pendant le ve siècle, d'une grande partie des Gaules ; leur domination s'étendit, sous Vallia, de la

Narbonnaise à la Loire. Toulouse demeura quatre-vingt-neuf ans la capitale de ce royaume, et pendant ce temps la plupart des villes de la Septimanie furent fortifiées avec grand soin, et eurent à subir des siéges fréquents. Narbonne, Beziers, Agde, Carcassonne, Toulouse furent entourées de remparts formidables, construits d'après les traditions romaines des bas temps, si l'on en juge par les portions importantes d'enceintes qui entourent encore la cité de Carcassonne. Les Visigoths, alliés des Romains, ne faisaient que perpétuer les arts de l'empire, et cela avec un certain succès. Quant aux Francs, ils avaient conservé les habitudes germaines, et leurs établissements militaires devaient ressembler à des camps fortifiés, entourés de palissades, de fossés et de quelques talus de terre. Le bois joue un grand rôle dans les fortifications des premiers temps du moyen âge. Et si les races germaines, qui occupèrent les Gaules, laissèrent aux Gallo-Romains le soin d'élever des églises, des monastères, des palais et des édifices publics, ils durent conserver leurs usages militaires en face du peuple conquis. Les Romains eux-mêmes, lorsqu'ils faisaient la guerre sur des territoires couverts de forêts, comme la Germanie et la Gaule, élevaient souvent des remparts de bois, sortes de logis avancés en dehors des camps, ainsi qu'on peut le voir dans les bas-reliefs de la colonne Trajane (1). Dès

l'époque de César, les Celtes, lorsqu'ils ne pouvaient tenir la

campagne, mettaient les femmes, les enfants et ce qu'ils possédaient de plus précieux à l'abri des attaques de l'ennemi, derrière des fortifications faites de bois, de terre et de pierre. « Ils se
« servent, dit César dans ses Commentaires, de pièces de bois
« droites dans toute leur longueur, les couchent à terre parallè-
« lement, les placent à une distance de deux pieds l'une de l'autre,
« les fixent transversalement par des troncs d'arbre, et remplissent
« de terre les vides. Sur cette première assiette, ils posent une
« assise de gros fragments de rochers formant parement exté-
« rieur, et lorsque ceux-ci sont bien joints, ils établissent un
« nouveau radier de bois disposé comme le premier, de façon
« que les rangs de bois ne se touchent point et ne portent que
« sur les assises de rochers interposées. L'ouvrage est ainsi
« monté à hauteur convenable. Cette construction, par la
« variété de ses matériaux, composée de bois et de pierres
« formant des assises régulières, est bonne pour le service et
« la défense des places, car les pierres qui la composent empê-
« chent les bois de brûler, et les arbres, ayant environ quarante
« pieds de long, liés entre eux dans l'épaisseur de la muraille,
« résistent aux efforts du bélier et ne peuvent être rompus ou
« désassemblés que très-difficilement[1]. »

César rend justice à la façon industrieuse dont les Gaulois de son temps établissaient leurs défenses et savaient déjouer les efforts des assaillants, lorsqu'il fait le siége d'Avarique (Bourges). « Les Gaulois, dit-il, opposaient toutes sortes de ruses à la mer-
« veilleuse constance de nos soldats : l'industrie de cette nation
« imite parfaitement tout ce qu'elle voit faire. Ils détournaient
« nos *faux* avec des lacets, et lorsqu'ils les avaient accrochées,
« ils les tiraient en dedans de leurs murs avec des machines. Ils
« faisaient effondrer nos chaussées (de contrevallation) par les
« mines qu'ils conduisaient au-dessous d'elles; travail qui leur
« est familier, à cause des nombreuses mines de fer dont leur
« pays abonde. Ils avaient de tous côtés garni leurs murailles

---

[1] Cæs. *De Bello gall.*, lib. VII, cap. xxiii

« de tours recouvertes de cuir. Nuit et jour ils faisaient des
« sorties, mettaient le feu à nos ouvrages, ou attaquaient nos
« travailleurs. A mesure que nos tours s'élevaient avec nos rem-
« parts, ils élevaient les leurs au même niveau, au moyen de
« poutres qu'ils liaient entre elles....[1]. »

Les Germains établissaient aussi des remparts de bois couronnés de parapets d'osier. La colonne Antonine, à Rome, nous donne un curieux exemple de ces sortes de redoutes de campagnes (2).

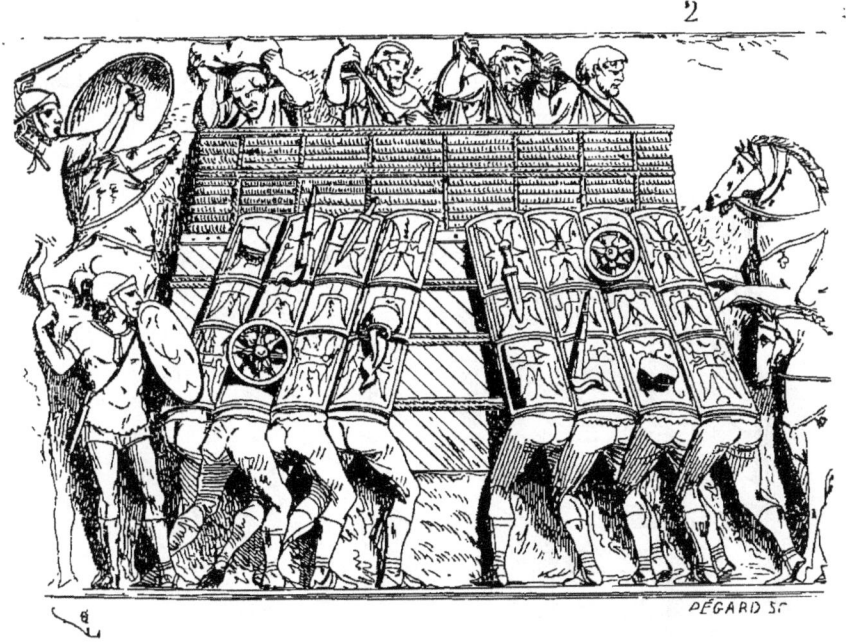

Mais ce n'étaient là probablement que des ouvrages faits à la hâte. On voit ici l'attaque de ce fort par les soldats romains. Les fantassins, pour pouvoir s'approcher du rempart, se couvrent de leurs boucliers et forment ce que l'on appelait la *tortue* : appuyant le sommet de ces boucliers contre le rempart, ils pouvaient saper sa base ou y mettre le feu à l'abri des projectiles [2]. Les assiégés jettent des pierres, des roues, des épées, des torches,

---

[1] Cæs. *De Bello gall.*, lib. VII, cap. XXII.

[2] Ces boucliers, en forme de portion de cylindre, étaient réservés pour ce genre d'attaque.

des pots à feu sur la tortue, et des soldats romains, tenant des tisons enflammés, semblent attendre que la tortue se soit approchée complétement du rempart pour passer sous les boucliers et incendier le fort. Dans leurs camps retranchés, les Romains, outre quelques ouvrages avancés construits en bois, plaçaient souvent, le long des remparts, de distance en distance, des échafaudages de charpente qui servaient soit à placer des machines destinées à lancer des projectiles, soit de tours de guet pour reconnaître les approches de l'ennemi. Les bas-reliefs de la colonne Trajane présentent de nombreux exemples de ces sortes de constructions (3). Ces camps étaient de deux sortes : il y avait les

3

camps d'été, *castra œstiva*, logis purement provisoires, que l'on élevait pour protéger les haltes pendant le cours de la campagne, et qui ne se composaient que d'un fossé peu profond et d'un rang de palissades plantées sur une petite escarpe; puis les camps d'hiver ou fixes, *castra hiberna*, *castra stativa*, qui étaient défendus par un fossé large et profond, par un rempart de terre gazonnée ou de pierre flanqué de tours; le tout était couronné de parapets crénelés ou de pieux reliés entre eux par des longrines ou des liens d'osier. L'emploi des tours rondes ou carrées dans les enceintes fixes des Romains était général, car, comme le dit

Végèce, « les anciens trouvèrent que l'enceinte d'une place ne
« devait point être sur une même ligne continue, à cause des
« béliers qui battraient trop aisément en brèche; mais par le
« moyen des tours placées dans le rempart assez près les unes
« des autres, leurs murailles présentaient des parties saillantes
« et rentrantes. Si les ennemis veulent appliquer des échelles,
« ou approcher des machines contre une muraille de cette con-
« struction, on les voit de front, de revers et presque par der-
« rière; ils sont comme enfermés au milieu des batteries de la
« place qui les foudroient. » Dès la plus haute antiquité, l'utilité
des tours avait été reconnue afin de permettre de prendre les
assiégeants en flanc lorsqu'ils voulaient battre les courtines.

Les camps fixes des Romains étaient généralement quadrangu-
laires, avec quatre portes percées dans le milieu de chacune des
faces; la porte principale avait nom prétorienne, parce qu'elle
s'ouvrait en face du *prætorium*, demeure du général en chef; celle
en face s'appelait décumane; les deux latérales étaient désignées
ainsi : *principalis dextra* et *principalis sinistra*. Des ouvrages
avancés, appelés *antemuralia, procastria,* défendaient ces portes[1].
Les officiers et les soldats logeaient dans des huttes en terre, en
brique ou en bois, recouvertes de chaume ou de tuiles. Les tours
étaient munies de machines propres à lancer des traits ou des
pierres. La situation des lieux modifiait souvent cette disposition quadrangulaire, car, comme l'observe judicieusement Vitruve
à propos des machines de guerre (chap. XXII) : « Pour ce qui est
« des moyens que les assiégés peuvent employer pour se défendre,
« cela ne se peut écrire. »

La station militaire de Famars, en Belgique (*Fanum Martis*),
donnée dans l'*Histoire de l'architecture en Belgique*, et dont nous
reproduisons ici le plan (4), présente une enceinte dont la disposition ne se rapporte pas aux plans ordinaires des camps romains :
il est vrai que cette fortification ne saurait être antérieure au

---

[1] Godesc. Stewechii *Conject. ad Sexti Jul. Frontini lib. Stragem.* Lugd. Batav., 1592, in-12, p. 465.

III siècle[1]. Quant au mode adopté par les Romains dans la construction de leurs fortifications de villes, il consistait en deux forts parements de maçonnerie séparés par un intervalle de vingt pieds; le milieu était rempli de terre provenant des fossés et de blocaille bien pilonnées, et formant un chemin de ronde légèrement incliné du côté de la ville pour l'écoulement des eaux; la paroi extérieure s'élevait au-dessus du chemin de ronde, était épaisse et percée de créneaux; celle intérieure était peu élévée au-dessus du sol de la place, de manière à rendre l'accès des remparts facile au moyen d'emmarchements ou de pentes douces (5)[2].

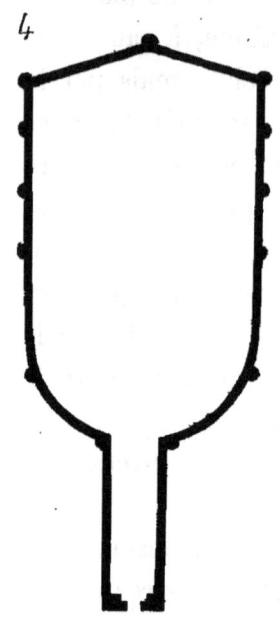

Le château Narbonnais de Toulouse, qui joue un si grand rôle

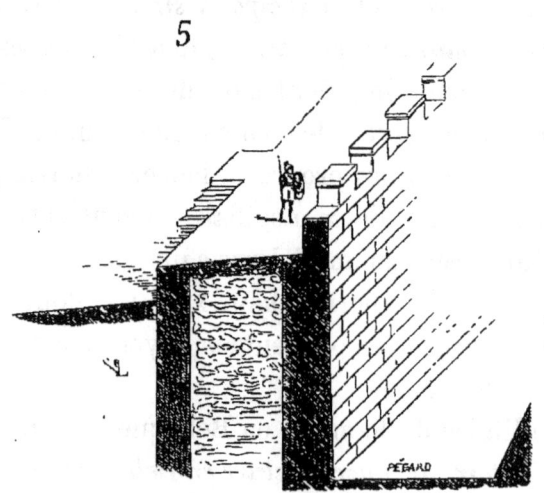

dans l'histoire de cette ville depuis la domination des Visigoths

---

[1] Voy. *Hist. de l'archit. en Belgique,* par A. G. B. Schayes, t I, p. 203 (Bruxelles).

[2] Végèce, lib. IV, cap. III, tit. *Quemadmodum muris terra jungatur egesta.*

jusqu'au XIV⁰ siècle, paraît avoir été construit d'après ces données antiques : il se composait « de deux grosses tours, l'une au midi, « l'autre au septentrion, bâties de terre cuite et de cailloux avec « de la chaux; le tout entouré de grandes pierres sans mortier, « mais cramponnées avec des lames de fer scellées de plomb. « Le château était élevé sur terre de plus de trente brasses, « ayant vers le midi deux portails de suite, deux voûtes de « pierres de taille jusqu'au sommet; il y en avait deux autres « de suite au septentrion et sur la place du Salin. Par le dernier « de ces portails, on entrait dans la ville, dont le terrain a été « haussé de plus de douze pieds.... On voyait une tour carrée « entre ces deux tours ou plates-formes de défense; car elles « étaient terrassées et remplies de terre, suivant Guillaume de « Puilaurens, puisque Simon de Montfort en fit enlever toutes « les terres qui s'élevaient jusqu'au comble [1]. »

L'enceinte visigothe de la cité de Carcassonne nous a conservé des dispositions analogues et qui rappellent celles décrites par Végèce. Le sol de la ville est beaucoup plus élevé que celui du dehors et presque au niveau des chemins de ronde. Les courtines, fort épaisses, sont composées de deux parements de petit appareil cubique, avec assises alternées de brique; le milieu est rempli non de terre, mais de blocage façonné à la chaux. Les tours s'élevaient au-dessus des courtines, et leur communication avec celles-ci pouvait être coupée, de manière à faire de chaque tour un petit fort indépendant; à l'extérieur ces tours sont cylindriques, et du côté de la ville elles sont carrées; leur souche porte également du côté de la campagne sur une base cubique. Nous donnons ici (6) le plan d'une de ces tours avec les courtines : A est le plan du rez-de-chaussée, B le plan du premier étage au niveau des chemins de ronde. On voit en C et en D les deux fossés pratiquées en avant des portes de la tour afin d'intercepter, lorsqu'on enlevait les ponts de bois, la communication entre la ville ou les chemins de ronde et les étages des tours. On accédait

---

[1] *Annales de la ville de Toulouse*, Paris, 1771, t. I, p. 436.

du premier étage à la partie supérieure crénelée de la tour par un escalier en bois intérieur posé le long du mur plat. Le sol extérieur étant beaucoup plus bas que celui de la ville, le rez-

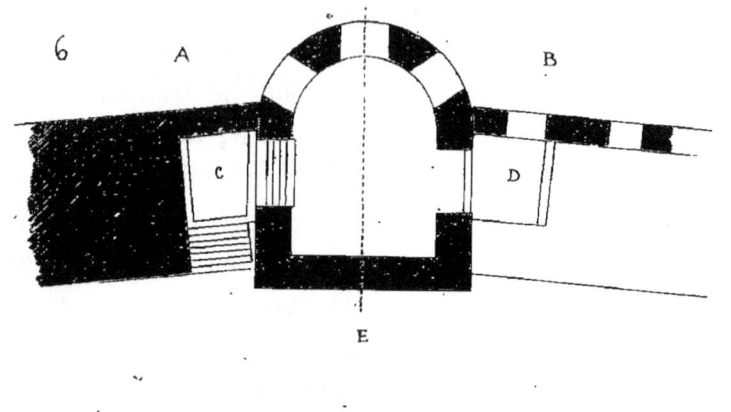

de-chaussée de la tour était en contre-bas du terre-plein de la cité, et on y descendait par un emmarchement de dix à quinze marches. La figure (6 *bis*) fait voir la tour et ses deux courtines du côté de la ville, les ponts de communication sont supposés enlevés. L'étage supérieur crénelé est couvert par un comble et ouvert du côté de la ville, afin de permettre aux défenseurs de la tour de voir ce qui s'y passe, et aussi pour permettre de monter des pierres et toutes sortes de projectiles au moyen d'une corde et d'une poulie [1]. La figure (6 *ter*) montre cette même tour

du côté de la campagne ; nous y avons joint une poterne [2] dont

[1] Ces tours ont été dénaturées en partie au commencement du xiie siècle et après la prise de Carcassonne par l'armée de saint Louis. On retrouve cependant sur divers points les traces de ces interruptions entre la courtine et les portes des tours.

[2] Cette poterne existe encore placée ainsi à côté d'une des tours et protégée par son flanc.

le seuil est assez élevé au-dessus du sol pour qu'il faille un escalier volant ou une échelle pour y accéder. La poterne se trouve défendue, suivant l'usage, par une palissade ou barrière ; chaque porte ou poterne était munie de ces sortes d'ouvrages.

Conformément à la tradition du camp fixe romain, l'enceinte des villes du moyen âge renfermait un château ou au moins un réduit qui commandait les murailles ; le château lui-même contenait une défense isolée plus forte que toutes les autres qui prit le nom de Donjon. Souvent les villes du moyen âge étaient protégées par plusieurs enceintes, ou bien il y avait la

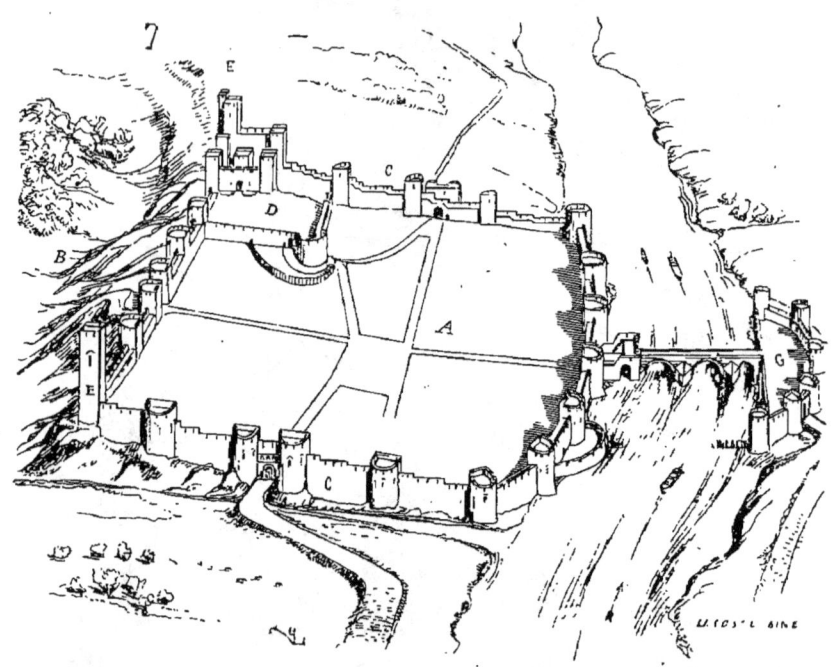

cité qui, située sur le point culminant, était entourée de fortes murailles et, autour, des faubourgs défendus par des tours et courtines ou de simples ouvrages en terre ou en bois avec fossés. Lorsque les Romains fondaient une ville, ils avaient le soin, autant que faire se pouvait, de choisir un terrain incliné le long d'un fleuve ou d'une rivière. Quand l'inclinaison du terrain se terminait par un escarpement du côté opposé au cours d'eau, la situation remplissait toutes les conditions désirables ; et pour nous faire mieux comprendre par une figure, voici (7) le plan cavalier d'une assiette de ville romaine conforme à ces données. A était la ville avec ses murs bordés d'un côté par la rivière; souvent un pont, défendu par des ouvrages avancés, communiquait à la rive opposée. En B était l'escarpement qui rendait l'accès de la ville difficile sur le point où une armée ennemie devait tenter de l'investir; D le château dominant tout le système de défense, et le refuge de la garnison dans le cas où la ville tombait aux mains des ennemis. Les points les plus faibles étaient alors les deux fronts CC, et c'est là que les murailles étaient hautes, bien flanquées de tours et protégées par des fossés larges et profonds, quelquefois aussi par des palissades, particulièrement en avant des portes. La position des assiégeants, en face de ces deux fronts, n'était pas très-bonne d'ailleurs, car une sortie les prenant de flanc, pour peu que la garnison fût brave et nombreuse, pouvait les culbuter dans le fleuve. Dans le but de reconnaître les dispositions des assiégeants, aux angles EE étaient construites des tours fort élevées, qui permettaient de découvrir au loin les rives du fleuve en aval et en amont, et les deux fronts CC. C'est suivant ces données que les villes d'Autun, de Cahors, d'Auxerre, de Poitiers, de Bordeaux, de Langres, etc., avaient été fortifiées à l'époque romaine. Lorsqu'un pont réunissait, en face le front des murailles, les deux rives du fleuve, alors ce pont était défendu par une tête de pont G du côté opposé à la ville; ces têtes de pont prirent plus ou moins d'importance : elles enveloppèrent des faubourgs tout entiers, ou ne furent que des châtelets, ou de simples barbacanes. Des estacades et des tours en regard, bâties des deux côtés du fleuve en amont, permettaient de barrer le passage et d'intercepter la navigation en tendant, d'une tour à l'autre, des chaînes ou des pièces de bois attachées bout à bout par des anneaux de fer. Si, comme à Rome même, dans le voisinage d'un fleuve, il se trouvait une réunion de mamelons, on avait le soin, non d'envelopper ces mamelons, mais de faire passer les murs de défense sur leurs sommets, en fortifiant avec soin les intervalles qui se trouvaient dominés des deux côtés par des fronts, ne pouvaient être attaqués sans de grands risques. A cet effet, entre les mamelons, la ligne des murailles était presque toujours infléchie et concave, ainsi que l'indique le plan cavalier (8)[1], de manière à flanquer

les vallons. Mais si la ville occupait un plateau (et alors elle n'était généralement que d'une médiocre importance), on profitait de toutes les saillies du terrain en suivant ses sinuosités, afin de ne pas permettre aux assiégeants de s'établir au niveau du pied des murs, ainsi qu'on peut le voir à Langres et à Carcassonne, dont nous donnons ici (9) l'enceinte visigothe, nous pourrions dire romaine, puisque quelques-unes de ses tours sont établies sur des souches romaines. Dans les villes antiques, comme dans la plupart de celles élevées pendant le moyen âge, et comme aujourd'hui encore, le château, *castellum*[2], était bâti non-seulement sur le point le plus élevé, mais encore touchait toujours à un côté de l'enceinte, afin de ménager à la garnison les moyens de recevoir des secours du dehors si la ville était prise. Les entrées du château étaient protégées par des ouvrages avancés qui s'étendaient souvent assez loin dans la campagne, de façon à laisser entre les premières barrières et les murs du château un espace libre, sorte de place d'armes qui permettait à un corps de troupes de camper en dehors des en-

---

[1] Voir le plan de Rome.
[2] *Capdhiol, capitol*, en langue d'oc.

ceintes fixés; et de soutenir les premières attaques. Ces retranchements avancés étaient généralement élevés en demi-cercles composés de fossés et de palissades; les portes étaient alors ouvertes latéralement, de manière à obliger l'ennemi qui voulait les forcer de se présenter de flanc devant les murs de la place.

Si du IVe au Xe siècle le système défensif de la fortification romaine s'était peu modifié, les moyens d'attaque avaient néces

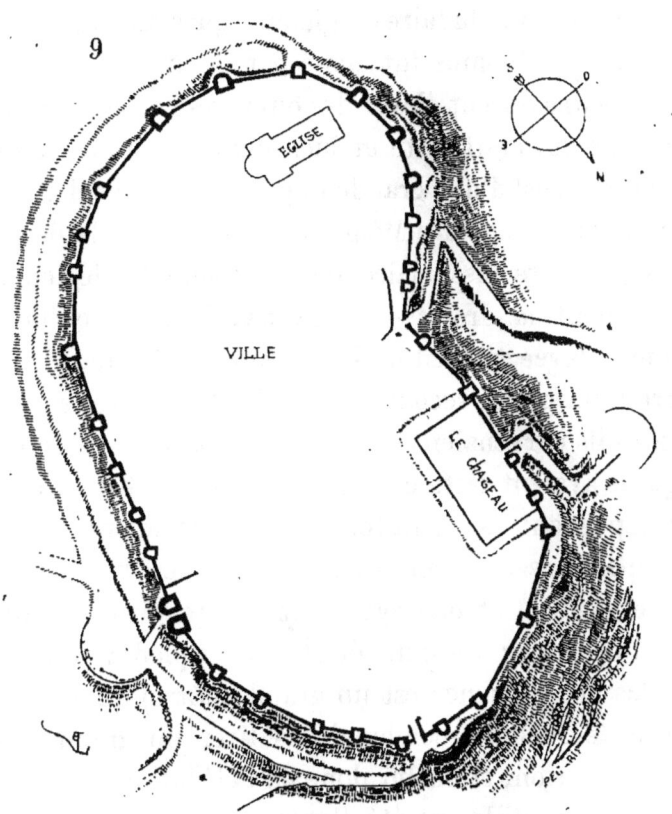

sairement perdu de leur valeur; la mécanique jouait un grand rôle dans les siéges des places, et cet art n'avait pu se perfectionner ni même se maintenir, sous la domination des conquérants barbares, au niveau où les Romains l'avaient placé.

Les Romains étaient fort habiles dans l'art d'attaquer les places, et ils déployaient dans ces circonstances, comme en toutes choses, une puissance de moyens dont nous avons de la peine

à nous faire une idée. Leur organisation militaire était d'ailleurs on ne peut plus favorable à la guerre de siéges : toutes leurs troupes pouvaient au besoin être converties en pionniers, terrassiers, mineurs, charpentiers, maçons, etc., et une armée assiégeante travaillait en masse aux approches, aux terrassements, aux murs de contrevallation, en même temps qu'elle se gardait et attaquait. Cela explique comment des armées romaines, comparativement peu nombreuses, menaient à fin des siéges pendant lesquels il avait fallu faire de gigantesques travaux. Lorsque le lieutenant C. Trébonius fut laissé par César au siége de Marseille, les Romains durent élever des ouvrages considérables pour réduire la ville qui était forte et bien munie. L'un de leurs travaux d'approches est d'une grande importance : nous donnons ici la traduction du passage des Mémoires de César qui le décrit, en essayant de la rendre aussi claire que possible. « Les légionnaires,
« qui dirigeaient la droite des travaux, jugèrent qu'une tour
« de briques, élevée au pied de la muraille (de la ville), pourrait
« leur être d'un grand secours contre les fréquentes sorties des
« ennemis, s'ils parvenaient à en faire une bastille ou un réduit.
« Celle qu'ils avaient faite d'abord était petite, basse ; elle leur
« servait cependant de retraite. Ils s'y défendaient contre des
« forces supérieures, ou en sortaient pour repousser et pour-
« suivre l'ennemi. Cet ouvrage avait trente pieds sur chaque
« côté, et l'épaisseur des murs était de cinq pieds ; on reconnut
« bientôt (car l'expérience est un grand maître) qu'on pourrait
« au moyen de quelques combinaisons tirer un grand parti de
« cette construction, si on lui donnait l'élévation d'une tour.

« Lorsque la bastille eut été élevée à la hauteur d'un étage,
« ils (les Romains) placèrent un plancher composé de solives
« dont les extrémités étaient masquées par le parement extérieur
« de la maçonnerie, afin que le feu lancé par les ennemis ne pût
« s'attacher à aucune partie saillante de la charpente. Au-dessus
« de ce plancher ils surélevèrent les murailles de brique autant
« que le permirent les parapets et les mantelets sous lesquels
« ils étaient à couvert ; alors à peu de distance de la crête des

« murs ils posèrent deux poutres en diagonale pour y placer le
« plancher destiné à devenir le comble de la tour. Sur ces deux
« poutres ils assemblèrent des solives transversales comme une
« enrayure, et dont les extrémités dépassaient un peu le pare-
« ment extérieur de la tour, pour pouvoir suspendre en dehors
« des gardes destinées à garantir les ouvriers occupés à la con-
« struction du mur. Ils couvrirent ce plancher de briques et
« d'argile pour qu'il fût à l'épreuve du feu, et étendirent dessus
« des couvertures grossières, de peur que le comble ne fût brisé
« par les projectiles lancés par les machines, ou que les pierres
« envoyées par les catapultes ne pussent fracasser les briques.
« Ils façonnèrent ensuite trois nattes avec des câbles servant
« aux ancres des vaisseaux, de la longueur de chacun des côtés
« de la tour et de la hauteur de quatre pieds, et les attachèrent
« aux extrémités extérieures des solives (du comble), le long
« des murs, sur les trois côtés battus par les ennemis. Les
« soldats avaient souvent éprouvé, en d'autres circonstances,
« que cette sorte de garde était la seule qui offrît un obstacle
« impénétrable aux traits et aux projectiles lancés par les
« machines. Une partie de la tour étant achevée et mise à
« l'abri de toute insulte, ils transportèrent les mantelets dont
« ils s'étaient servis sur d'autres points des ouvrages d'at-
« taque. Alors, s'étayant sur le premier plancher, ils com-
« mencèrent à soulever le toit entier, tout d'une pièce, et
« l'enlevèrent à une hauteur suffisante pour que les nattes de
« câbles pussent encore masquer les travailleurs. Cachés der-
« rière cette garde, ils construisaient les murs en brique, puis
« élevaient encore le toit, et se donnaient ainsi l'espace néces-
« saire pour monter peu à peu leur construction. Quand ils
« avaient atteint la hauteur d'un nouvel étage, ils faisaient un
« nouveau plancher avec des solives dont les portées étaient
« toujours masquées par la maçonnerie extérieure ; et de là
« ils continuaient à soulever le comble avec ses nattes. C'est
« ainsi que, sans courir de dangers, sans s'exposer à aucune
« blessure, ils élevèrent successivement six étages. On laissa des

« meurtrières aux endroits convenables pour y placer des ma-
« chines de guerre.

« Lorsqu'ils furent assurés que de cette tour ils pouvaient
« défendre les ouvrages qui en étaient voisins, ils commencèrent
« à construire un *rat* (musculus)[1], long de soixante pieds, avec
« des poutres de deux pieds d'équarrissage, qui du rez-de-chaussée
« de la tour les conduiraient à celle des ennemis et aux murailles.
« On posa d'abord sur le sol deux sablières d'égale longueur,
« distantes l'une de l'autre de quatre pieds; on assembla dans
« des mortaises faites dans ces poutres des poteaux de cinq
« pieds de hauteur. On réunit ces poteaux par des traverses en
« forme de frontons peu aigus pour y placer les pannes desti-
« nées à soutenir la couverture du *rat*. Par-dessus on posa des
« chevrons de deux pieds d'équarrissage, reliés avec des chevilles
« et des bandes de fer. Sur ces chevrons on cloua des lattes de
« quatre doigts d'équarrissage, pour soutenir les briques formant
« couverture. Cette charpente ainsi ordonnée, et les sablières
« portant sur des traverses, le tout fut recouvert de brique et
« d'argile détrempée, pour n'avoir point à craindre le feu qui
« serait lancé des murailles. Sur ces briques on étendit des cuirs,
« afin d'éviter que l'eau dirigée dans des canaux par les assiégés
« ne vînt à détremper l'argile; pour que les cuirs ne pussent
« être altérés par le feu ou les pierres, on les couvrit de mate-
« las de laine. Tout cet ouvrage se fit au pied de la tour, à
« l'abri des mantelets, et tout à coup, lorsque les Marseillais
« s'y attendaient le moins, à l'aide de rouleaux usités dans la
« marine, le *rat* fut poussé contre la tour de la ville, de manière
« à joindre son pied.

« Les assiégés, effrayés de cette manœuvre rapide, font avancer,
« à force de leviers, les plus grosses pierres qu'ils peuvent trouver,
« et les précipitent du haut de la muraille sur le *rat*. Mais la
« charpente résiste par sa solidité, et tout ce qui est jeté sur

---

[1] Isidorus, libro duodevigesimo Etymologiarum, capite de Ariete : *Musculus*, inquit, *cuniculo similis sit, quo murus perfoditur : ex quo et appellatur, quasi marusculus*. (Godesc. Stewec. comm. ad lib. IV Veget. 1492.)

« le comble est écarté par ses pentes. A cette vue, les assiégés
« changent de dessein, mettent le feu à des tonneaux remplis
« de poix et de goudron et les jettent du haut des parapets.
« Ces tonneaux roulent, tombent à terre de chaque côté du rat
« et sont éloignés avec des perches et des fourches. Cependant
« nos soldats à couvert sous le *rat* ébranlent avec des leviers
« les pierres des fondations de la tour des ennemis. D'ailleurs le
« *rat* est défendu par les traits lancés du haut de notre tour de
« briques : les assiégés sont écartés des parapets de leurs tours
« et de leurs courtines ; on ne leur laisse pas le temps de s'y
« montrer pour les défendre. Déjà une grande quantité des
« pierres des soubassements sont enlevées, une partie de la tour
« s'écroule tout à coup [1]. » Afin d'éclaircir ce passage nous
donnons (fig. 9') une coupe perspective de la tour ou bastille
décrite ci-dessus par César, au moment où les soldats romains
sont occupés à la surélever à couvert sous le comble mobile.
Celui-ci est soulevé aux quatre angles au moyen de vis de charpente, dont le pas s'engage successivement dans de gros écrous
assemblés en deux pièces et maintenus par les premières solives
latérales de chacun des étages, et dans les angles de la tour ; de
cette façon ces vis sont sans fin, car lorsqu'elles quittent les
écrous d'un étage inférieur, elles sont déjà engagées dans les
écrous du dernier étage posé ; des trous percés dans le corps de
ces vis permettent à six hommes au moins de virer à chacune
d'elles au moyen de barres, comme à un cabestan. Au fur et à
mesure que le comble s'élève, les maçons le calent sur plusieurs
points et s'arasent. Aux extrémités des solives du comble sont
suspendues les nattes de câbles pour abriter les travailleurs.
Quant au *rat* ou galerie destinée à permettre aux pionniers de
saper à couvert le pied des murailles des assiégés, sa description
est assez claire et détaillée pour n'avoir pas besoin de commentaires.

Si les siéges entrepris par les Romains dénotent chez ce peuple

---

[1] Cæs., *De Bello civ.*, lib. II, cap. VIII, IX, X, XI.

une grande expérience, une méthode suivie, un art militaire poussé fort loin, l'emploi de moyens irrésistibles, un ordre parfait dans les opérations, il n'en est pas de même chez les barbares qui

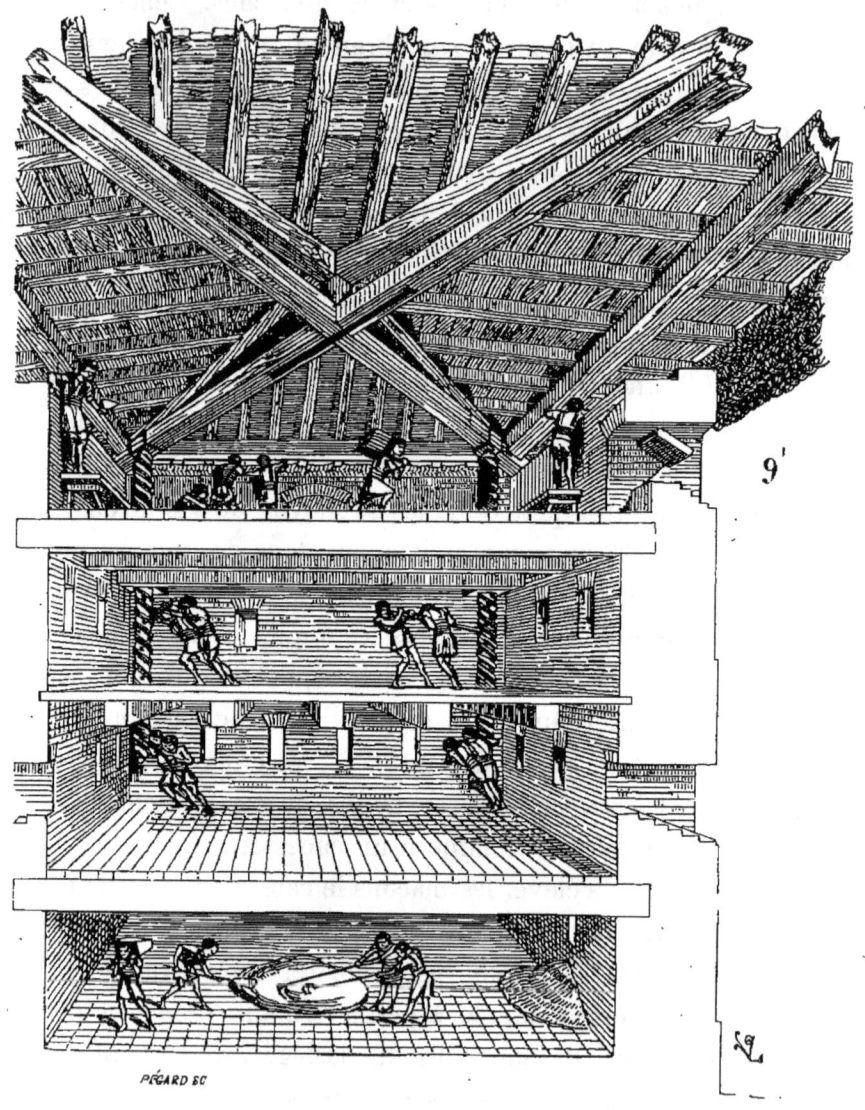

envahirent l'Occident, et si les peuplades germaines de l'Est et du Nord pénétrèrent facilement dans les Gaules, cela tient plutôt à la faiblesse de la défense des places qu'à l'habileté de l'attaque ; les errements romains étaient à peine connus des barbares. Le peu de documents qui nous restent sur les siéges entrepris par les peuplades qui envahirent les Gaules accusent une grande inexpérience de la part des assaillants.

L'attaque exige plus d'ordre, plus de régularité que la défense, et si les peuplades germaines avaient quelqu'idée de la fortification défensive, il leur était difficile de tenir des armées irrégulières et mal disciplinées devant une ville qui résistait quelque temps ; quand les siéges traînaient en longueur, l'assaillant était presque certain de voir ses troupes se débander pour aller piller la campagne. L'organisation militaire des peuples germains ne se prêtait pas à la guerre de siéges. Chaque chef conservant une sorte d'indépendance, il n'était pas possible d'astreindre une armée composée d'éléments divers à ces travaux manuels auxquels les armées romaines étaient habituées. Le soldat germain n'eût pas daigné prendre la pioche et la pelle pour faire une tranchée ou élever un terrassement, et il n'est pas douteux que si les villes gallo-romaines eussent été bien munies et défendues, les efforts des barbares se fussent brisés devant leurs murailles, car en considérant les moyens offensifs dont leurs troupes pouvaient disposer, les traditions de la défense romaine l'emportaient sur l'attaque. Mais après les premières invasions les Gallo-Romains comprirent la nécessité de se défendre et de fortifier leurs villes démantelées par suite d'une longue paix ; les troupes barbares acquirent de leur côté une plus grande expérience et ne tardèrent pas à employer avec moins d'ordre, mais aussi avec plus de furie et en sacrifiant plus de monde, la plupart des moyens d'attaque qui avaient été pratiqués par les Romains. Une fois maîtres du sol, les nouveaux conquérants employèrent leur génie guerrier à perfectionner la défense et l'attaque des villes ; sans cesse en guerre entre eux, ils ne manquaient pas d'occasions de reprendre dans les traditions romaines les restes de l'art militaire et de les appliquer, car l'ambition des chefs francs jusqu'à Charlemagne était toujours de conquérir cette antique prépondérance de Rome, de s'appuyer sur cette civilisation au milieu de laquelle ils s'étaient rués, de la faire revivre à leur profit.

Tous les siéges entrepris pendant les périodes mérovingienne et carlovingienne rappellent grossièrement les siéges faits par les Romains. Lorsqu'on voulait investir une place, on établissait d'abord deux lignes de remparts de terre ou de bois, munis de fossés, l'une du côté de la place, pour se prémunir contre les sorties des assiégés et leur ôter toute communication avec le dehors, qui est la ligne de *contrevallation*; l'autre du côté de la campagne, pour se garder contre les secours extérieurs, qui est la ligne de *circonvallation*. A l'imitation des armées romaines, on opposait aux tours des remparts attaqués des tours mobiles en bois plus élevées, qui commandaient les remparts des assiégés, et qui permettaient de jeter sur les murailles, au moyen de ponts volants, de nombreux assaillants. Les tours mobiles avaient cet avantage de pouvoir être placées en face les points faibles de la défense, contre des courtines munies de chemins de ronde peu épais, et par conséquent n'opposant qu'une ligne de soldats contre une colonne d'attaque profonde, se précipitant sur les murailles de haut en bas. On perfectionna le travail du mineur et tous les engins propres à battre les murailles; dès lors l'attaque l'emporta sur la défense. Des machines de guerre des Romains, les armées des premiers siècles du moyen âge avaient conservé le bélier (*mouton* en langue d'oil, *bosson* en langue d'oc). Ce fait a quelquefois été révoqué en doute, mais nous possédons les preuves de l'emploi, pendant les Xe, XIe, XIIe, XIVe, XVe et même XVIe siècles, de cet engin propre à battre les murailles. Voici les copies de vignettes tirées de manuscrits de la bibliothèque Impériale, qui ne peuvent laisser la moindre incertitude sur l'emploi du bélier. La première (9 *bis*) représente l'attaque des palissades ou des lices entourant une fortification de pierre [1]; on y distingue parfaitement le bélier, porté sur deux roues et poussé par trois hommes qui se couvrent de leurs targes; un quatrième assaillant tient

---

[1] Haimonis *Comment. in Ezech*. Bibl. Imp., manusc. du Xe siècle, F. de Saint-Germain, latin, 303.

une arbalète à *pied de-biche*. La seconde (9 *ter*) représente l'une

9 bis

des visions d'Ezéchiel [1] ; trois béliers munis de roues entourent le prophète [2]. Dans le siége du château de Beaucaire par les habitants de cette ville, le *bosson* est employé (voir plus loin le passage dans lequel il est question de cet engin). Enfin, dans les Chroniques de Froissard, et, plus tard encore, au siége de Pavie, sous François Ier, il est question du bélier. Mais après les premières croisades, les ingénieurs occidentaux qui avaient été en Orient à la suite des armées apportèrent en France, en Italie, en Angleterre et en Allemagne, quelques perfectionnements

---

[1] Bible, n° 6, t. III, Bibl. Imp., ancien F. latin, manusc. du xe au xie siècle.

[2] « .... Figurez un siége en forme contre elle, des forts des levées de terre, une armée qui l'environne, et des machines de guerre autour de ses murs.... Prenez aussi une plaque de fer, et vous la mettrez comme un mur de fer entre vous et la ville ; puis regardez la ville d'un visage ferme.... » etc. (*Ezéchiel*, chap. iv, vers. 2 et 3.) Ézéchiel tient en effet la plaque de fer, et autour de lui sont des béliers.

à l'art de la fortification; le système féodal organisé mettait en pratique les nouvelles méthodes, et les améliorait sans cesse,

par suite de son état permanent de guerre. A partir de la fin du XII° siècle jusque vers le milieu du XIV°, la défense l'emporta sur l'attaque, et cette situation ne changea que lorsqu'on fit usage de la poudre à canon dans l'artillerie. Depuis lors, l'attaque ne cessa pas d'être supérieure à la défense.

Jusqu'au XII° siècle, il ne paraît pas que les villes fussent défendues autrement que par des enceintes flanquées de tours, ou par de simples palissades avec fossé, interrompues de distance en distance par des tours (bastilles) de bois : c'était la méthode romaine; mais alors le sol était déjà couvert de châteaux, et l'on savait par expérience qu'un château se défendait mieux qu'une ville. En effet, aujourd'hui un des principes les plus vulgaires de la fortification consiste à opposer le plus grand front possible à l'ennemi, parce que le plus grand front exige une plus grande enveloppe, et oblige les assiégeants à exécuter des travaux plus considérables et plus longs; mais lorsqu'il fallait battre les murailles de près, lorsqu'on n'employait pour détruire les ouvrages des assiégés que la sape, le bélier, la mine ou des engins dont la portée était courte, lorsqu'on ne pouvait donner l'assaut qu'au moyen de ces tours de bois, ou par escalade, ou encore par des brèches mal faites et d'un accès difficile, plus la garnison était resserrée dans un espace étroit, et plus elle avait de force, car l'assiégeant, si nombreux qu'il fût, obligé d'en venir aux mains, ne pouvait avoir sur un point donné qu'une force égale tout au plus à celle que lui opposait l'assiégé. Au contraire, les enceintes très-étendues pouvant être attaquées brusquement par une nombreuse armée, sur plusieurs points à la fois, divisaient les forces des assiégés, exigeaient une garnison au moins égale à l'armée d'investissement pour garnir suffisamment les remparts, et repousser des attaques qui ne pouvaient être prévues souvent qu'au moment où elles étaient exécutées.

Pour parer aux inconvénients que présentaient les grands fronts fortifiés, vers la fin du XIIe siècle on eut l'idée d'établir, en avant des enceintes continues flanquées de tours, des forteresses isolées, véritables forts détachés destinés à tenir l'assaillant éloigné du corps de la place, et à le forcer de donner à ses lignes de contrevallation une étendue telle qu'il eût fallu une armée immense pour les garder. Avec l'artillerie moderne, la convergence des feux de l'assiégeant lui donne la supériorité sur la divergence des feux de l'assiégé; mais avant l'invention des bouches à feu, l'attaque ne pouvait être que très-rapprochée, et toujours *perpendiculaire au front attaqué*. Il y avait donc avantage pour l'assiégé à opposer à l'assaillant des points isolés ne se commandant pas les uns les autres, mais bien défendus; on éparpillait ainsi les forces de l'ennemi, en le contraignant à entreprendre des attaques simultanées sur des points choisis par l'assiégé et munis en conséquence. Si l'assaillant laissait derrière lui les réduits isolés pour venir attaquer les fronts de la place, il devait s'attendre à avoir sur les bras les garnisons des forts détachés au moment de donner l'assaut, et sa position était mauvaise. Quelquefois, pour éviter de faire le siége en règle de chacun de ces forts, l'assiégeant, s'il avait une armée nombreuse, élevait des bastilles de pierre sèche, de bois et de terre, ainsi que nous l'avons vu faire aux Romains, établissait des lignes de contrevallation autour des forteresses isolées, et, renfermant leurs garnisons, attaquait le corps de la place. Toutes les opérations préliminaires des siéges étaient longues, incertaines; il fallait des approvisionnements considérables de bois, de projectiles, et souvent les ouvrages de contrevallation, les tours mobiles, les bastilles fixes de bois et les engins étaient à peine achevés, qu'une sortie vigoureuse des assiégés ou une attaque de nuit détruisait le travail de plusieurs mois par le feu et la hache. Pour éviter ces désastres, les assiégés établissaient leurs lignes de contrevallation au moyen de doubles rangs de fortes palissades de bois espacés de la longueur d'une pique (trois à quatre mètres), et, creusant un fossé en avant, se servaient de la terre pour remplir l'intervalle entre les palis; ils garnissaient leurs machines, leurs tours de bois fixes et mobiles, de peaux de bœuf ou de cheval, fraîches ou bouillies, ou d'une grosse étoffe de laine, afin de les mettre à l'abri des projectiles incendiaires. Il arrivait souvent que les rôles changeaient, et que les assaillants, repoussés par les sorties des garnisons et forcés de se réfugier dans leur camp, devenaient, à leur tour, assiégés. De tout temps les travaux d'approche des siéges ont été longs et hérissés de difficultés; mais alors, bien plus qu'aujourd'hui, les assiégés sortaient de leurs murailles soit pour escarmoucher aux barrières et empêcher des établissements fixes, soit pour détruire les travaux exécutés par les assaillants; les armées se gardaient mal, comme toutes les troupes irrégulières et peu disciplinées; on se fiait aux palis pour arrêter un ennemi audacieux, et chacun se reposant sur son voisin pour garder les ouvrages, il arrivait fréquemment qu'une centaine de gens d'armes, sortant de la place au milieu de la nuit, tombaient à l'improviste au cœur de l'armée d'investissement, sans rencontrer une sentinelle, mettaient le feu aux machines de guerre, et, coupant les cordes des tentes pour augmenter le désordre, se retiraient avant d'avoir tout le camp sur les bras. Dans les chroniques des XIIe, XIIIe et XIVe siècles, ces surprises se renouvellent à chaque instant, et les armées ne s'en gardaient pas mieux le lendemain. C'était aussi la nuit souvent qu'on essayait, au moyen des machines de jet, d'incendier les ouvrages de bois des assiégeants ou des assiégés. Les Orientaux possédaient des projectiles incendiaires qui causaient un grand effroi aux armées occidentales, ce qui fait supposer qu'elles n'en connaissaient pas la composition, au moins pendant les croisades des XIIe et XIIIe siècles, et ils avaient des machines puissantes [1] qui différaient de celles des Occidentaux, puisque ceux-ci les adoptèrent en conservant leurs noms d'origine d'*engins turcs*, de *pierrières turques*.

On ne peut douter que les croisades, pendant lesquelles on fit tant de siéges mémorables, n'aient perfectionné les moyens d'attaque, et que, par suite, des modifications importantes n'aient été apportées aux défenses des places. Jusqu'au XIIIe siècle, la fortification est protégée par sa force passive, par la masse et

---

[1] « Ung soir advint, que les Turcs amenerent ung engin, qu'ils appel-
« loient la pierriere, un terrible engin à mal faire : et le misdrent vis-à-vis
« les chaz-chateilz, que messire Gaultier de Curel et moy guettions la
« nuyt. Par lequel engin ilz nous gettoient le feu gregois à planté, qui
« estoit la plus orrible chose, que onques jamés je veisse.... La maniere
« du feu gregois estoit telle, qu'il venoit bien devant aussi gros que ung
« tonneau, et de longueur la queuë enduroit bien comme d'une demye
« canne de quatre pans. Il faisoit tel bruit à venir, qu'il sembloit que ce
« fust fouldre qui cheust du ciel, et me sembloit d'ung grant dragon vol-
« lant par l'air, et gettoit si grant clarté, qu'il faisoit aussi cler dedans
« nostre ost comme le jour, tant y avoit grant flamme de feu. Trois foys
« cette nuytée nous getterent ledit feu gregois o ladite perriere, et quatre
« foiz avec l'arbaleste à tour. » (Joinville, *Histoire de saint Louys*, édit.
Du Cange, 1668.)

la situation de ses constructions. Il suffisait de renfermer une faible garnison dans des tours et derrière des murailles hautes et épaisses, pour défier longtemps les efforts d'assaillants qui ne possédaient que des moyens d'attaque très-faibles. Les châteaux normands, élevés en si grand nombre par ces nouveaux conquérants, dans le nord-ouest de la France et en Angleterre, présentaient des masses de constructions qui ne craignaient pas l'escalade à cause de leur élévation, et que la sape pouvait difficilement entamer. On avait toujours le soin, d'ailleurs, d'établir, autant que faire se pouvait, ces châteaux sur des lieux élevés, sur une assiette de rochers, sur des *mottes* faites à mains d'homme, de les entourer de fossés profonds de manière à rendre le travail du mineur impossible; et comme refuge en cas de surprise ou de trahison, l'enceinte du château contenait toujours un donjon isolé, commandant tous les ouvrages, entouré lui-même souvent d'un fossé et d'une muraille (*chemise*), et qui pouvait, par sa position souvent voisine des dehors et l'élévation de ses murs, permettre à quelques hommes de tenir en échec de nombreux assaillants, et de s'échapper si la place n'était plus tenable. Mais, après les premières croisades, et lorsque le système féodal eut mis entre les mains de quelques seigneurs une puissance presque égale à celle du roi, il fallut renoncer à la fortification passive et qui ne se défendait guère que par sa masse, pour adopter un système de fortification donnant à la défense une activité égale à celle de l'attaque, et exigeant des garnisons plus nombreuses. Il ne suffisait plus (et le terrible Simon de Montfort l'avait prouvé) de posséder des murailles épaisses, des châteaux situés sur des rochers escarpés, du haut desquels on pouvait mépriser un assaillant sans moyens d'attaque actifs, il fallait défendre ces murailles et ces tours, et les munir de nombreuses troupes, de machines et de projectiles, multiplier les moyens de nuire à l'assiégeant, déjouer ses efforts par des combinaisons qu'il ne pouvait prévoir, et surtout se mettre à l'abri des surprises ou des coups de main; car souvent des places bien munies tombaient au pouvoir d'une petite troupe hardie de gens d'armes, qui, passant sur le corps des défenseurs des barrières, s'emparaient des portes, et donnaient ainsi à un corps d'armée l'entrée d'une ville. Vers la fin du XII° siècle, et pendant la première moitié du XIII° siècle, les moyens d'attaque et de défense, comme nous l'avons dit, se perfectionnaient, et étaient surtout conduits avec plus de méthode. On voit alors, dans les armées et dans les places, des ingénieurs (*ingegneors*) spécialement chargés de la construction des engins destinés à l'attaque ou à la défense. Parmi ces engins, les uns étaient défensifs et offensifs en même temps, c'est-à-dire construits de manière à garantir les pionniers et à battre les murailles; les autres offensifs seulement. Lorsque l'escalade (le premier moyen d'attaque que l'on employait presque toujours) ne réussissait pas, lorsque les portes étaient trop bien armées de défenses pour être forcées, il fallait entreprendre un siége en règle; c'est alors que l'assiégeant construisait des beffrois roulants en bois (*baffraiz*), que l'on s'efforçait de faire plus hauts que les murailles de l'assiégé, établissait des *chats*, *gats* ou *gates*, le *musculus* romain que décrit César au siége de Marseille, sortes de galeries en bois, couvertes de mairins, de fer et de peaux, que l'on approchait du pied des murs, et qui permettaient aux assaillants de faire agir le *mouton*, le *bosson* (bélier des anciens), ou de saper les tours ou courtines au moyen du pic-hoyau, ou encore d'apporter de la terre et des fascines pour combler les fossés.

Dans le poëme de la *Croisade contre les Albigeois*, Simon de Montfort emploie souvent la *gate*, qui, non-seulement semble destinée à permettre de saper le pied des murs à couvert, mais aussi à remplir l'office du beffroi, en amenant au niveau des parapets un corps de troupes.—« Le comte de Montfort commande :
« .... Poussez maintenant la gate, et vous prendrez Toulouse....
« et (les Français) poussent la gate en criant et sifflant; entre
« le mur (de la ville) et le château elle avance à petits sauts,
« comme l'épervier chassant les petits oiseaux. Tout droit vient
« la pierre que lance le trébuchet, et elle la frappe d'un tel coup
« à son plus haut plancher qu'elle brise, tranche et déchire les

« cuirs et courroies.... — Si vous retournez la gate, disent les
« barons (au comte de Montfort), des coups vous la garantirez.
« — Par Dieu, dit le comte, c'est ce que nous verrons tout à
« l'heure. Et quand la gate tourne, elle continue ses petits pas
« saccadés. Le trébuchet vise, prépare son jet, et lui donne un
« tel coup à la seconde fois, que le fer et l'acier, les solives et
« chevilles sont tranchés et brisés. » Et plus loin : « Le comte
« de Montfort a rassemblé ses chevaliers, les plus vaillants pen-
« dant le siége et les mieux éprouvés; il a fait (à sa gate) de
« bonnes défenses munies de ferrures sur la face, et il a mis
« dedans ses compagnies de chevaliers, bien couverts de leurs
« armures et les heaumes lacés; ainsi on pousse la gate vigou-
« reusement et vite; mais ceux de la ville sont bien expérimen-
« tés : ils ont tendu et ajusté leurs trébuchets, et ont placé
« dans les frondes de beaux morceaux de roches taillés, qui, les
« cordes lâchées, volent impétueux, et frappent la gate sur le
« devant et les flancs si bien, aux portes, aux planchers, aux
« arcs entaillés (dans le bois), que les éclats volent de tous côtés,
« et que de ceux qui la poussent beaucoup sont renversés. Et
« par toute la ville il s'élève un cri : *Par Dieu! dame fausse*
« *gate, jamais ne prendrez rats*[1]. »

Guillaume Guiart, à propos du siége de Boves par Philippe Auguste, parle ainsi des *chats* :

>Devant Boves fit l'ost de France,
>Qui contre les Flamans contance,
>Li mineur pas ne sommeillent,
>Un chat bon et fort appareillent,

---

[1] *Hist. de la croisade contre les hérétiques albigeois,* écrite en vers provençaux, publ. par C. Fauriel. Collect. de docum. inéd. sur l'Hist. de France,
1re série, et le manusc. de la Bibl. Imp. (fonds La Vallière, n° 91). Ce
manuscrit est d'un auteur contemporain, témoin oculaire de la plupart des
faits qu'il raconte; l'exactitude des détails donne à ce poëme un grand
intérêt; nous signalons à l'attention de nos lecteurs la description de la
gate et de sa marche par *petits sauts* « entrel mur el castel ela venc de
« sautetz, » qui peint avec énergie le trajet de ces lourdes charpentes
roulantes s'avançant par soubresauts. Pour insister sur ces détails, il faut
avoir vu.

> Tant eurent dessous, et tant cavent,
> Qu'une grant part du mur destravent....

Et en l'an 1205 :

> Un chat font sur le pont atraire,
> Dont pieça mention feismes,
> Qui fit de la roche meisme,
> Li mineur desous se lancent,
> Le fort mur à miner commencent,
> Et font le chat si aombrer,
> Que riens ne les peut encombrer.

Afin de protéger les travailleurs qui font une chaussée pour traverser un bras du Nil, saint Louis « fist faire deux baffraiz, « que on appelle Chas Chateilz. Car il y avoit deux chateilz « devant les chas, et deux maisons darrière pour recevoir les « coups que les Sarrazins gettoient à engis; dont ils avoient « seize tout droiz, dont ils faisoient merveilles [1]. » L'assaillant

---

[1] Le sire de Joinville, *Hist. du roy saint Louys*, édit. 1668, Du Cange. p. 37. Dans ses observations, p. 66, Du Cange explique ainsi ce passage : « Le roy saint Louys fit donc faire deux beffrois, ou tours de bois pour « garder ceux qui travailloient à la chaussée : et ces beffrois étoient « appelés *chats-chateils*, c'est-à-dire *cati castellati*, parce qu'au dessus de « ces chats, il y avoit des espèces de châteaux. Car ce n'étoit pas de « simples galeries, telles qu'estoient les chats, mais des galeries qui étoient « défendues par des tours et des beffrois. Saint Louys, en l'épistre de sa « prise, parlant de cette chaussée . *Saraceni autem è contra totis resistentes « conatibus machinis nostris quas erexeramus, ibidem machinas opposuerunt « quamplures, quibus castella nostra lignea, quæ super passum collocari fece- « ramus eundem, conquassata lapidibus et confracta combusserunt totaliter « igne græco....* Et je crois que l'étage inférieur de ces tours (chateils) « estoit à usage de chats et galeries, à cause de quoy les chats de cette « sorte estoient appellés *chas châtels*, c'est-à-dire, comme je viens de le « remarquer, chats fortifiés de châteaux. L'auteur qui a décrit le siége qui « fut mis devant Zara par les Vénitiens en l'an 1346, lib. II, c. vi, *apud « Joan. Lucium de regno Dalmat.*, nous représente aussi cette espèce « de chat : *Aliud erat hoc ingenium, unus cattus ligneus satis debilis erat « confectionis, quem machinæ jadræ sæpius jactando penetrabant, in quo erat « constructa quædam eminens turris duorum propugnaculorum. Ipsam duæ « maximæ carrucæ supportabant.* Et parce que ces machines n'estoient pas « de simples chats, elles furent nommées *chats-faux*, qui avoient figure de « beffrois et de tours, et néanmoins estoient à usage de chats. Et c'est ainsi

appuyait ses beffrois et chats par des batteries de machines de jet, trébuchets (*tribuquiaux*), mangonneaux (*mangoniaux*), calabres, pierriers, et par des arbalétriers protégés par des boulevards ou palis terrassés de claies et de terre, ou encore par des tranchées, des fascines et mantelets. Ces divers engins (trébuchets, calabres, mangonneaux et pierriers) étaient mus par des contrepoids, et possédaient une grande justesse de tir [1] ; ils ne pouvaient toutefois que détruire les créneaux et empêcher l'assiégé de se maintenir sur les murailles ou démonter ses machines.

« que l'on doit entendre ce passage de Froissard : *Le lendemain vindrent deux maistres engigneurs au duc de Normandie, qui dirent que s'on leur vouloit livrer du bois et ouvriers, ils feroient quatre chaffaux* (quelques exemplaires ont *chats*) *que l'on meneroit aus murs du chastel, et seroient si hauts qu'ils surmonteroient les murs*. D'où vient le mot d'*eschaffaux*, parmi nous, pour signifier un plancher haut élevé. » (Voy. le Recueil de Bourgogne, de M. Perard, p. 395.)

[1] Voy. *Études sur le passé et l'avenir de l'artillerie*, par le prince Louis-Napoléon Bonaparte, présid. de la Républ., t. II. Cet ouvrage, plein de recherches savantes, est certainement le plus complet de tous ceux qui s'occupent de l'artillerie ancienne ; voici la description que donne du *trébuchet* l'illustre auteur : « Il consistait en une poutre appelée *verge* ou *flèche*, tournant autour d'un axe horizontal porté sur des montants. A l'une des extrémités de la verge on fixait un contre-poids, et à l'autre une fronde qui contenait le projectile. Pour bander la machine, c'est-à-dire pour abaisser la verge, on se servait d'un treuil. La fronde était la partie la plus importante de la machine, et d'après les expériences et les calculs que le colonel Dufour a insérés dans son intéressant Mémoire sur l'artillerie des anciens (Genève 1840), cette fronde en augmentait tellement la portée qu'elle faisait plus que la doubler, c'est-à-dire que si la flèche eût été terminée en cuilleron, comme cela avait lieu dans certaines machines de jet en usage dans l'antiquité, le projectile, toutes choses égales d'ailleurs, eût été lancé moitié moins loin qu'avec la fronde. »

« Les expériences que nous avons faites en petit nous ont donné les mêmes résultats. »

Une machine de ce genre fut exécutée en grand en 1850, d'après les ordres du président de la République, et essayée à Vincennes. La flèche avait $10^m,30$, le contre-poids fut porté à 4500 kilog., et après quelques tâtonnements on lança un boulet de 24 à la distance de 175 mètres, une bombe de $0^m,22$ remplie de terre à 145 mètres, et des bombes de $0^m,27$ et $0^m,32$ remplies de terre à 120 mètres. (Voy. le rapport adressé au ministre de la Guerre par le capitaine Favé, t. II, p. 38 et suiv.)

De tout temps la mine avait été en usage pour détruire des pans de murailles et faire brèche. Les mineurs, autant que le terrain le permettait toutefois, faisaient une tranchée en arrière du fossé, passaient au-dessous, arrivaient aux fondations, les sapaient et les étançonnaient au moyen de pièces de bois enduites de poix et de graisse ; puis ils mettaient le feu aux étançons, et la muraille tombait. L'assiégeant, pour se garantir contre ce travail souterrain, établissait ordinairement sur le revers du fossé des palissades ou une muraille continue, véritable chemin couvert qui battait les approches, et obligeait l'assaillant à commencer son trou de mine assez loin les fossés ; puis, comme dernière ressource, il contreminait, cherchant à rencontrer la galerie de l'assaillant, il le repoussait, l'étouffait en jetant dans les galeries des fascines enflammées, et détruisait ses ouvrages. Il existe un curieux rapport du sénéchal de Carcassonne, Guillaume des Ormes, adressé à la reine Blanche, régente de France pendant l'absence de saint Louis, sur la levée du siége mis devant cette place par Trencavel en 1240 [1]. A cette époque la cité de Carcassonne n'était pas munie comme nous la voyons aujourd'hui [2] ; elle ne se composait guère que de l'enceinte visigothe, réparée au XIIe siècle, avec une première enceinte ou lices, qui ne devait pas avoir une grande valeur (voy. fig. 9), et quelques ouvrages avancés (barbacanes). Le bulletin détaillé des opérations de l'attaque et de la défense de cette place, donné par le sénéchal Guillaume des Ormes, est en latin ; en voici la traduction :

« A excellente et illustre dame Blanche, par la grâce de Dieu,
« reine des Français, Guillaume des Ormes, sénéchal de Car-

---

[1] *Voy. Biblioth. de l'école des Chartes*, t. VII, p. 363, Rapport publié par M. Douët d'Arcq. Ce texte est reproduit dans les *Études sur l'artillerie*, par le prince Louis-Napoléon Bonaparte, prés. de la Républ., ouvrage déjà cité plus haut, et auquel nous empruntons la traduction fidèle que nous donnons ici.

[2] Saint Louis et Philippe le Hardi exécutèrent d'immenses travaux de fortification à Carcassonne, sur lesquels nous aurons à revenir.

« cassonne, son humble, dévoué et fidèle serviteur, salut.

« Madame, que votre excellence apprenne par les présentes
« que la ville de Carcassonne a été assiégée par le soi-disant
« vicomte et ses complices, le lundi 17 septembre 1240. Et
« aussitôt, nous qui étions dans la place, leur avons enlevé le
« bourg Graveillant, qui est en avant de la porte de Toulouse,
« et là, nous avons eu beaucoup de bois de charpente, qui nous
« a fait grand bien. Ledit bourg s'étendait depuis la barbacane
« de la cité jusqu'à l'angle de ladite place. Le même jour, les
« ennemis nous enlevèrent un moulin, à cause de la multitude
« de gens qu'ils avaient [1]; ensuite Olivier de Termes, Bernard
« Hugon de Serre-Longue, Géraut d'Aniort, et ceux qui étaient
« avec eux se campèrent entre l'angle de la ville et l'eau [2], et,
« le jour même, à l'aide des fossés qui se trouvaient là, et en
« rompant les chemins qui étaient entre eux et nous, ils s'en-
« fermèrent pour que nous ne pussions aller à eux.

« D'un autre côté, entre le pont et la barbacane du château,
« se logèrent Pierre de Fenouillet et Renaud du Puy, Guillaume
« Fort, Pierre de la Tour et beaucoup d'autres de Carcassonne.
« Aux deux endroits, ils avaient tant d'arbalétriers, que per-
« sonne ne pouvait sortir de la ville.

« Ensuite ils dressèrent un mangonneau contre notre barba-
« cane; et nous, nous dressâmes aussitôt dans la barbacane une
« pierrière turque [3], très-bonne, qui lançait des projectiles vers
« ledit mangonneau et autour de lui; de sorte que, quand ils
« voulaient tirer contre nous, et qu'ils voyaient mouvoir la
« perche de notre pierrière, ils s'enfuyaient et abandonnaient
« entièrement leur mangonneau; et là ils firent des fossés et des
« palis. Nous aussi, chaque fois que nous faisions jouer la pier-

---

[1] C'était le *moulin du roi* probablement, situé entre la barbacane du château et l'Aude.

[2] A l'ouest (voy. fig. 9).

[3] « Postea dressarunt mangonellum quemdam ante nostram barbacanam,
« et nos contra illum statim dressavimus quamdam petrariam turquesiam
« valde bonam infra..... »

« rière, nous nous retirions de ce lieu, parce que nous ne pou-
« vions aller à eux, à cause des fossés, des carreaux et des puits
« qui se trouvaient là.

« Ensuite, Madame, ils commencèrent une mine contre la
« barbacane de la porte Narbonnaise[1] ; et nous aussitôt, ayant
« entendu leur travail souterrain, nous contre-minâmes, et nous
« fîmes dans l'intérieur de la barbacane un grand et fort mur
« en pierres sèches, de manière que nous gardions bien la moitié
« de la barbacane ; et alors, ils mirent le feu au trou qu'ils fai-
« saient, de sorte que, les bois s'étant brûlés, une portion anté-
« rieure de la barbacane s'écroula.

« Ils commencèrent à miner contre une autre tourelle des
« lices[2] ; nous contre-minâmes, et nous parvînmes à nous em-
« parer du trou de mine qu'ils avaient fait. Ils commencèrent
« ensuite une mine entre nous et un certain mur, et ils détrui-
« sirent deux créneaux des lices ; mais nous fîmes là un bon et
« fort palis entre eux et nous.

« Ils minèrent aussi l'angle de la place, vers la maison de

---

[1] A l'est (voy. fig. 9).

[2] Au sud (fig. 9). On appelait *lices* une muraille extérieure ou une palissade de bois que l'on établissait en dehors des murailles et qui formait une sorte de chemin couvert : presque toujours un fossé peu profond protégeait les lices, et quelquefois un second fossé se trouvait entre elles et les murs. Par extension on donna le nom de lices aux espaces compris entre les palissades et les murs de la place, et aux enceintes extérieures mêmes lorsqu'elles furent plus tard construites en maçonnerie et flanquées de tours. On appelait encore lices les palissades dont on entourait les camps :
« Liciæ, castrorum aut urbium repagula. » *Epist. anonymi de capta urbe CP.*, ann. 1204, apud Marten., t. I. Anecd., col. 786 : « Exercitum nostrum
« grossis palis circumcinximus et liciis. » Will. Guiart ms. :

.... Là tendent les tentes faitices,
Puis environnent l'ost de lices.

Le Roman de *Garin* :

Devant les lices commencent li hustins.

Guill. archiep. Tyr. continuata Hist. gallico idiomate, t. V, Ampliss. Collect. Marten., col. 620 : « Car quant li chrestiens vindrent devant
« Alixandre, le baillif les fist herbergier, et faire bones lices entor eux, etc.
(Du Cange, *Gloss.*)

« l'évêque[1], et, à force de miner, ils vinrent, sous un certain
« mur sarrasin[2], jusqu'au mur des lices. Mais aussitôt que nous
« nous en aperçûmes, nous fîmes un bon et fort palis entre eux
« et nous, plus haut dans les lices, et nous contre-minâmes.
« Alors, ils mirent le feu à leur mine, et nous renversèrent à
« peu près une dizaine de brasses de nos créneaux. Mais aussitôt
« nous fîmes un bon et fort palis, et au-dessus nous fîmes une
« bonne bretèche[3] (10) avec de bonnes archières[4] : de sorte,
« qu'aucun d'eux n'osa approcher de nous dans cette partie.

« Ils commencèrent aussi, Madame, une mine contre la bar-
« bacane de la porte de Rhodez[5], et ils se tinrent en dessous,
« parce qu'ils voulaient arriver à notre mur[6], et ils firent, mer-
« veilleusement, une grande voie ; mais, nous en étant aperçus,
« nous fîmes aussitôt, plus haut et plus bas, un grand et fort

---

[1] A l'angle sud-ouest (voy. fig. 9).

[2] Quelque ouvrage avancé de la fortification des Visigoths probablement.

[3] « *Bretachiæ*, castella lignea, quibus castra et oppida muniebantur;
« gallice *bretesques, breteques, breteches.* » (Du Cange, *Gloss.*)

> La ville fit mult richement garnir,
> Les fossés fere, et les murs enforcir,
> Les bretesches drecier et esbaudir. (Le Roman de *Garin.*)

> —As bretèches monterent, et au mur quernelé....
> —Les breteches garnir, et les pertus garder.
> —Entour ont bretesches levées,
> Bien planchiées et quernelés. (Le Roman de *Vacces.*)

.... Les bretèches étaient souvent entendues comme *hourds*. Les bretèches dont parle le sénéchal Guillaume des Ormes, dans son rapport adressé à la reine Blanche, étaient des ouvrages provisoires que l'on élevait derrière les palis pour battre les assaillants lorsqu'ils avaient pu faire brèche. Nous avons exprimé (figure 10) l'action dont parle le sénéchal de Carcassonne.

[4] *Archières*, fentes étroites et longues pratiquées dans les maçonneries des tours et courtines, ou dans les hourds et palissades pour envoyer des flèches ou carreaux aux assaillants.

[5] Au nord (voy. fig. 9).

[6] Ce passage, ainsi que tous ceux qui précèdent, décrivant les mines des assiégeants, prouve clairement qu'alors la cité de Carcassonne était munie d'une double enceinte ; en effet, les assiégeants passent ici dessous la première enceinte pour miner le rempart intérieur.

« palis; nous contre-minâmes aussi, et les ayant rencontrés,
« nous leur enlevâmes leur trou de mine[1].

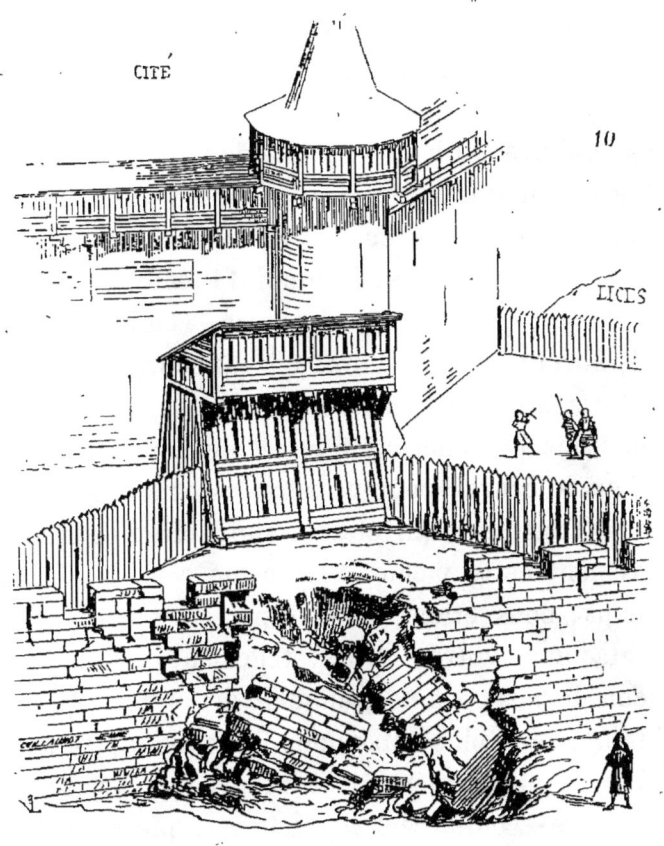

« Sachez aussi, Madame, que depuis le commencement du
« siège, ils ne cessèrent pas de nous livrer des assauts; mais
« nous avions tant de bonnes arbalètes et de gens animés de
« bonne volonté à se défendre, que c'est en livrant leurs assauts
« qu'ils éprouvèrent les plus grandes pertes.

« Ensuite, un dimanche, ils convoquèrent tous leurs hommes
« d'armes, arbalétriers et autres, et tous ensemble assaillirent

---

[1] Ainsi, lorsque les assiégés avaient connaissance du travail du mineur, ils élevaient des palissades au-dessus et au-dessous de l'issue présumée de la galerie, afin de prendre les assaillants entre des clôtures qu'ils étaient obligés de forcer pour aller plus avant.

« la barbacane au-dessous du château[1]. Nous descendîmes à la
« barbacane et leur jetâmes et lançâmes tant de pierres et de
« carreaux, que nous leur fîmes abandonner ledit assaut ; plu-
« sieurs d'entre eux furent tués et blessés[2].

« Mais le dimanche suivant, après la fête de Saint-Michel,
« ils nous livrèrent un très-grand assaut ; et nous, grâce à Dieu
« et à nos gens, qui avaient bonne volonté de se défendre, nous
« les repoussâmes : plusieurs d'entre eux furent tués et blessés ;
« aucun des nôtres, grâce à Dieu, ne fut tué ni ne reçut de
« blessure mortelle. Mais ensuite, le lundi 11 octobre, vers le
« soir, ils eurent bruit que vos gens, Madame, venaient à notre
« secours, et ils mirent le feu aux maisons du bourg de Carcas-
« sonne. Ils ont détruit entièrement les maisons des frères mi-
« neurs et les maisons d'un monastère de la bienheureuse Marie,
« qui étaient dans le bourg, pour prendre les bois dont ils ont
« fait leurs palis. Tous ceux qui étaient audit siège l'abandon-
« nèrent furtivement cette même nuit, même ceux du bourg.

« Quant à nous, nous étions bien préparés, grâce à Dieu,
« à attendre, Madame, votre secours, tellement que, pendant
« le siége, aucun de nos gens ne manquait de vivres, quelque
« pauvre qu'il fût ; bien plus, Madame, nous avions en abon-
« dance le blé et la viande pour attendre pendant longtemps,
« s'il eût fallu, votre secours. Sachez, Madame, que ces malfai-
« teurs tuèrent, le second jour de leur arrivée, trente-trois prêtres
« et autres clercs qu'ils trouvèrent en entrant dans le bourg ;
« sachez, en outre, Madame, que le seigneur Pierre de Voisin,
« votre connétable de Carcassonne, Raymond de Capendu,
« Gérard d'Ermenville, se sont très-bien conduits dans cette
« affaire. Néanmoins, le connétable, par sa vigilance, sa valeur
« et son sang-froid, s'est distingué par-dessus les autres. Quant

---

[1] La principale barbacane, celle située du côté de l'Aude à l'ouest (voy. fig. 9).

[2] En effet, il fallait descendre du château situé en haut de la colline à la barbacane commandant le faubourg en bas de l'escarpement. (Voy. le plan de la cité de Carcassonne, après le siége de 1240 ; fig. 11.)

« aux autres affaires de la terre, nous pourrons, Madame, vous
« en dire la vérité quand nous serons en votre présence. Sachez
« donc qu'ils ont commencé à nous miner fortement en sept
« endroits. Nous avons presque partout contre-miné et n'avons
« point épargné la peine. Ils commençaient à miner à partir de
« leurs maisons, de sorte que nous ne savions rien avant qu'ils
« arrivassent à nos lices.

« Fait à Carcassonne, le 13 octobre 1240.

« Sachez, Madame, que les ennemis ont brûlé les châteaux
« et les lieux ouverts qu'ils ont rencontrés dans leur fuite. »

Quant au bélier des anciens, il était certainement employé pour battre le pied des murailles dans les siéges, dès le XIIe siècle. Nous empruntons encore au poëme provençal de la *Croisade contre les Albigeois* un passage qui ne peut laisser de doute à cet égard. Simon de Montfort veut secourir le château de Beaucaire qui tient pour lui et qui est assiégé par les habitants; il assiége la ville, mais il n'a pas construit des machines suffisantes; les assauts n'ont pas de résultats; pendant ce temps les Provençaux pressent de plus en plus le château (le capitole). « .... Mais
« ceux de la ville ont élevé contre (les croisés enfermés dans le
« château) des engins dont ils battent de telle sorte le capitole
« et la tour de guet, que les poutres, la pierre et le plomb
« en sont fracassés; et à la Sainte-Pâques est dressé le bosson,
« lequel est long, ferré, droit, aigu, qui tant frappe, tranche
« et brise, que le mur est endommagé, et que plusieurs pierres
« s'en détachent çà et là; et les assiégés, quand ils s'en aper-
« çoivent ne sont pas découragés. Ils font un lacet de corde
« qui est attaché à une machine de bois, et au moyen duquel
« la tête du bosson est prise et retenue. De cela ceux de Beau-
« caire sont grandement troublés, jusqu'à ce que vienne l'ingé-
« nieur qui a mis le bosson en mouvement. Et plusieurs des
« assiégeants se sont logés dans la roche, pour essayer de
« fendre la muraille à coups de pics aiguisés. Et ceux du capitole
« les ayant aperçus, cousent, mêlés dans un drap, du feu, du

« soufre et de l'étoupe, qu'ils descendent au bout d'une chaîne
« le long du mur, et lorsque le feu a pris et que le soufre se
« fond, la flamme et l'odeur les suffoquent à tel point (les
« pionniers), que pas un d'eux ne peut demeurer ni ne demeure.
« Mais ils vont à leurs pierriers, les font jouer si bien, qu'ils
« brisent et tranchent les barrières et les poutres[1]. »

Ce curieux passage fait connaître quels étaient les moyens employés alors pour battre de près les murailles, lorsqu'on voulait faire brèche, et que la situation des lieux ne permettait pas de percer des galeries de mines, de poser des étançons sous les fondations, et d'y mettre le feu. Quant aux moyens de défense, il est sans cesse question, dans cette histoire de la Croisade contre les Albigeois, de barrières, de lices de bois, de palissades. Lorsque Simon de Montfort est obligé de revenir assiéger Toulouse, après cependant qu'il en a fait raser presque tous les murs, il trouve la ville défendue par des fossés et des

---

[1] . . . .
Pero ilh de la vila lor an tals gens tendutz
Quel capdolh el miracle (*mirador, tour du guet*) son aisi combatutz
Que lo fust e la peira e lo plomz nez fendutz
E a la santa Pasca es lo bossos tendutz
Ques be loncs e ferratz e adreitz e agutz
Tant fer e trenca e briza que lo murs es fondutz
Quen mantas de maneiras nals cairos abatutz
E cels dins can o viron no son pas esperdutz
Ans feiron latz de corda ques ab lengenh tendutz
Ab quel cap del bosso fo pres e retenguiz
Dont tuit cels de Belcaire fortment son irascutz
Tro que venc lenginhaire per que lor fo tendutz
E de dins en la roca na intra descondutz
Que cuiderol mur fendre ab los pics esmolutz
E cels del capdolh preson cant los i an saubutz
Foc e solpre e estopa ins en un drap cozutz
E an leus ab cadena per lo mur dessendutz
E can lo focs salumpna el solpres es fondutz
La sabors e la flama los a si enbegutz
Cus dels noi pot remandre ni noi es remazutz
E pois ab las peireiras son saisi defendutz
Que debrizan e trencan las barreiras els futz....

(*Histoire de la croisade contre les Albigeois*, docum. inédits sur l'Histoire de France, 1re série, vers 4484 et suiv.)

ouvrages de bois. Le château Narbonnais seul est encore en son pouvoir. Le frère du comte, Guy de Montfort, est arrivé le premier avec les terribles croisés. Les chevaliers ont mis pied à terre, ils brisent les barrières et les portes, ils pénètrent dans les rues ; mais là ils sont reçus par les habitants et les hommes du comte de Toulouse et sont forcés de battre en retraite, quand arrive Simon plein de fureur : « Comment, dit-il « à son frère, se fait-il que vous n'ayez pas déjà détruit la « ville et brûlé ses maisons ? — Nous avons attaqué la ville, « répond le comte Guy, franchi les défenses, et nous nous som- « mes trouvés pêle-mêle avec les habitants dans les rues ; là, « nous avons rencontré les chevaliers, les bourgeois, les ouvriers « armés de masses, d'épieux, de haches tranchantes, qui, avec « de grands cris, des huées et de grands coups mortels vous « ont, par nous, transmis vos rentes et vos cens ; et peut-il vous « le dire don Guy, votre maréchal, quels marcs d'argent ils nous « ont envoyés de dessus les toits ! Par la foi que je vous dois, « il n'y a parmi nous personne de si brave, qui, quand ils « nous chassèrent hors de la ville par les portes, n'eût mieux « aimé la fièvre, ou une bataille rangée.... » Cependant le comte de Montfort est obligé d'entreprendre un siége en règle après de nouvelles attaques infructueuses. « Il poste ses *batailles* dans « les jardins, il munit les murs du château et les vergers d'ar- « balètes à rouet [1] et de flèches aiguës. De leur côté les hommes « de la ville, avec leur légitime seigneur, renforcent les bar- « rières, occupent les terrains d'alentour, et arborent en divers « lieux leurs bannières, aux deux croix rouges, avec l'enseigne « du comte (Raymond), tandis que sur les échafauds [2], dans « les galeries [3] sont postés les hommes les plus vaillants, les « plus braves et les plus sûrs, armés de perches ferrées, et de « pierres à faire tomber sur l'ennemi. En bas, à terre, d'au-

---

[1] *Balestas tornissas* (vers 6313 et suiv.) Probablement des arbalètes à rouet.

[2] *Cadafals*. C'étaient probablement des bretèches (voir fig. 10).

[3] *Corseras*. Hourds probablement, chemins de ronde, coursières.

« tres sont restés, portant des lances et *dartz porcarissals*,
« pour défendre les lices, afin qu'aucun assaillant ne s'approche
« des palis. Aux archères et aux créneaux (*fenestrals*) les ar-
« chers défendent les ambons et les courtines, avec des arcs
« de différentes sortes et des arbalètes de main. De carreaux
« et de sagettes des comportes[1] sont remplies. Partout à la
« ronde, la foule du peuple est armée de haches, de masses,
« de bâtons ferrés, tandis que les dames et les femmes du
« peuple leur portent des vases, de grosses pierres faciles à
« saisir et à lancer. La ville est bellement fortifiée à ses portes;
« bellement aussi et bien rangés les barons de France, munis
« de feu, d'échelles et de lourdes pierres, s'approchent de di-
« verses manières pour s'emparer des barbacanes[2].... »

Mais le siége traîne en longueur, arrive la saison d'hiver;
le comte de Montfort ajourne les opérations d'attaque au prin-
temps. Pendant ce temps les Toulousains renforcent leurs défenses « .... Dedans et dehors on ne voit qu'ouvriers qui gar-
« nissent la ville, les portes et les boulevards, les murs, les
« bretèches et les hourds doubles (*catafalcs dobliers*), les fossés,
« les lices, les ponts, les escaliers. Ce ne sont, dans Toulouse,
« que charpentiers qui font des trébuchets doubles, agiles et
« battants, qui, dans le château Narbonnais, devant lequel
« ils sont dressés, ne laissent ni tours, ni salle, ni créneau,
« ni mur entier.... ». Simon de Montfort revient, il serre la
ville de plus près, il s'empare des deux tours qui commandent
les rives de la Garonne, il fortifie l'hôpital situé hors les remparts et en fait une bastille avec fossés, palissades, barbacanes.
Il établit de bonnes clôtures avec des fossés ras, des murs
percés d'archères à plusieurs étages. Mais après maint assaut,
maint fait d'armes sans résultats pour les assiégeants, le comte

---

[1] *Semals*. Les baquets de bois dans lesquels on transporte le raisin en
temps de vendange se nomment encore aujourd'hui *semals*, mais plus fréquemment *comporte*. Ce sont des cuves ovales munies de manches de bois,
sous lesquels on fait passer deux bâtons en guise de brancard.

[2] *Bocals*. Entrée des lices.

de Montfort est tué d'un coup de pierre lancée par un pierrier, bandé par des femmes près de Saint-Sernin, et le siége est levé.

De retour de sa première croisade, saint Louis voulut faire de Carcassonne une des places les plus fortes de son domaine. Les habitants des faubourgs, qui avaient ouvert leurs portes à l'armée de Trencavel[1], furent chassés de leurs maisons brûlées par celui dont ils avaient embrassé la cause, et leurs remparts rasés. Ce ne fut que sept ans après ce siége que saint Louis, sur les instances de l'évêque Radulphe, permit par lettres patentes aux bourgeois exilés de rebâtir une ville de l'autre côté de l'Aude, ne voulant plus avoir près de la cité des sujets si peu fidèles. Le saint roi commença par relever l'enceinte extérieure qui n'était pas assez forte et qui avait été très-endommagée par les troupes de Trencavel. Il éleva l'énorme tour, appelée la Barbacane, ainsi que les rampes qui commandaient les bords de l'Aude, le pont, et permettaient à la garnison du château de faire des sorties sans être inquiétée par les assiégeants, eussent-ils été maîtres de la première enceinte. Il y a tout lieu de croire que les murailles et tours extérieures furent élevées assez rapidement après l'expédition manquée de Trencavel, pour mettre tout d'abord la cité à l'abri d'un coup de main, pendant que l'on prendrait le temps de réparer et d'agrandir l'enceinte intérieure. Les tours de cette enceinte extérieure ou première enceinte étaient ouvertes du côté de la ville, afin de rendre leur possession inutile pour l'assiégeant, et les chemins de ronde des courtines sont au niveau du sol des lices, de sorte qu'étant pris, ils ne pouvaient servir de rempart contre l'assiégé qui, étant en forces, pouvait toujours de plain-pied se jeter sur les assaillants et les culbuter dans les fossés.

Philippe le Hardi, lors de la guerre avec le roi d'Aragon, continua ces travaux avec une grande activité jusqu'à sa mort (1285). Carcassonne se trouvait être alors un point voisin de la frontière

---

[1] Les faubourgs qui entouraient la cité de Carcassonne étaient clos de murs et de palissades au moment du siége décrit par le sénéchal Guillaume des Ormes.

fort important, et le roi de France y tint son parlement. Il fit élever les courtines, tours et portes du côté de l'est[1], avança l'enceinte intérieure du côté sud, et fit réparer les murailles et tours de l'enceinte des Visigoths. Nous donnons ici (11) le plan de cette

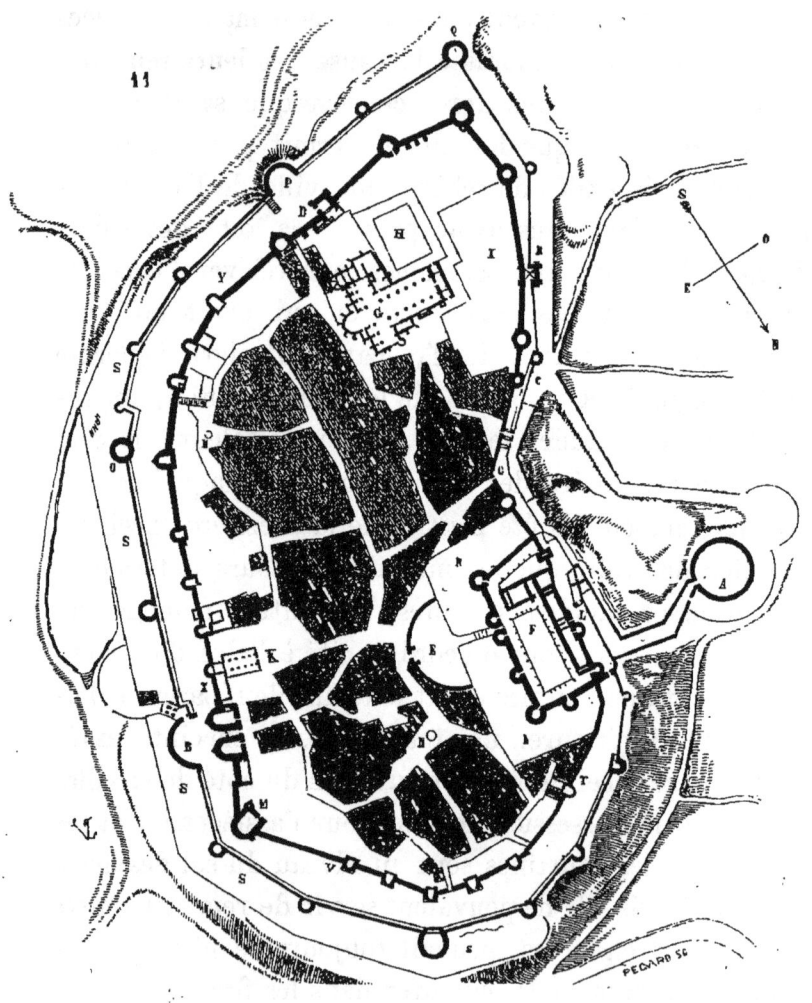

place ainsi modifiée. En A est la grosse barbacane du côté de l'Aude dont nous avons parlé plus haut, avec ses rampes fortifiées jusqu'au château F. Ces rampes sont disposées de manière à être commandées par les défenses extérieures du château; ce n'est qu'a-

---

[1] Entre autres la tour dite du Trésau et la porte Narbonnaise.

près avoir traversé plusieurs portes et suivi de nombreux détours que l'assaillant (admettant qu'il se fût emparé de la barbacane) pouvait arriver à la porte L, et là il lui fallait, dans un espace étroit et complétement battu par des tours et murailles fort élevées, faire le siége en règle du château, ayant derrière lui un escarpement qui interdisait l'emploi des engins et leur approche. Du côté de la ville, ce château était défendu par un large fossé N, et une barbacane E bâtie par saint Louis. De la grosse barbacane à la porte de l'Aude en C on montait par un chemin roide, crénelé du côté de la vallée de manière à défendre tout l'angle rentrant formé par les rampes du château et les murs de la ville. En B est située la porte Narbonnaise à l'est, qui était munie d'une barbacane et protégée par un fossé et une seconde barbacane palissadée seulement. En S, du côté où l'on pouvait arriver au pied des murailles presque de plain-pied, est un large fossé. Ce fossé est ses approches sont commandés par une forte et haute tour O, véritable donjon isolé, pouvant soutenir un siége à lui seul, toute la première enceinte de ce côté fût-elle tombée au pouvoir des assaillants. Nous avons tout lieu de croire que cette tour communiquait avec les murailles intérieures au moyen d'un souterrain auquel on accédait par un puits pratiqué dans l'étage inférieur de ce donjon, mais qui étant comblé aujourd'hui n'a pu être encore reconnu. Les lices sont comprises entre les deux enceintes de la porte Narbonnaise en X, Y, jusqu'à la tour du coin en Q. Si l'assiégeant s'emparait des premières défenses du côté du sud, et s'il voulait, en suivant les lices, arriver à la porte de l'Aude en C, il se trouvait arrêté par une tour carrée R, à cheval sur les deux enceintes, et munie de barrières et de mâchicoulis. S'il parvenait à passer entre la porte Narbonnaise et la barbacane en B, ce qui était difficile, il lui fallait franchir, pour arriver en V dans les lices du nord-est, un espace étroit, commandé par une énorme tour M, dite tour du Trésau. De V en T, il était pris en flanc par les hautes tours des Visigoths, réparées par saint Louis et Philippe le Hardi, puis il trouvait une défense à l'angle du château. En D est une grande poterne protégée par une barbacane P ; d'autres poternes plus petites sont réparties le long de l'enceinte et permettent à des rondes de faire le tour des lices, et même de descendre dans la campagne sans ouvrir les portes principales. C'était là un point important. On remarquera que la poterne percée dans la tour D, et donnant sur les lices, est placée latéralement, masquée par la saillie du contre-fort d'angle, et le seuil de cette poterne est à plus de deux mètres au-dessus du sol extérieur ; il fallait donc poser des échelles pour entrer ou sortir. Aux précautions sans nombre que l'on prenait alors pour défendre les portes, il est naturel de supposer que les assaillants les considéraient toujours comme des points faibles. L'artillerie a modifié cette opinion, en changeant les moyens d'attaque ; mais alors on conçoit que quels que fussent les obstacles accumulés autour d'une entrée, l'assiégeant préférait encore tenter de les vaincre, plutôt que de venir se loger au pied d'une tour épaisse pour la saper à main d'hommes, ou la battre au moyen d'engins très-imparfaits. Aussi pendant les XIIe, XIIIe et XIVe siècles, quand on voulait donner une idée de la force d'une place, on disait qu'elle n'avait qu'une ou deux portes. Mais pour le service des assiégés, surtout lorsqu'ils devaient garder une double enceinte, il fallait cependant rendre les communications faciles entre ces deux enceintes, pour pouvoir porter rapidement des secours sur un point attaqué. C'est ce qui fait que nous voyons, en parcourant l'enceinte intérieure de Carcassonne, un grand nombre de poternes plus ou moins dissimulées, et qui devaient permettre à la garnison de se répandre dans les lices sur beaucoup de points à la fois, à un moment donné, ou de rentrer rapidement dans le cas où la première enceinte eût été forcée. Outre les deux grandes portes publiques de l'Aude et Narbonnaise, nous comptons six poternes percées dans l'enceinte intérieure, à quelques mètres au-dessus du sol, et auxquelles, par conséquent, on ne pouvait accéder qu'au moyen d'échelles. Il en est une, entre autres, percée dans la grande courtine de l'évêché, qui n'a que 2 mètres de hauteur sur 0^m,90 de largeur, et dont le seuil est placé à

12 mètres au-dessus du sol des lices. Dans l'enceinte extérieure on en découvre une autre percée dans la courtine entre la porte de l'Aude et le château; celle-ci est ouverte au-dessus d'un escarpement de rochers de 7 mètres de hauteur environ. Par ces issues, la nuit, en cas de blocus, et au moyen d'une échelle de cordes, on pouvait recevoir des émissaires du dehors sans craindre une trahison, ou jeter dans la campagne des porteurs de messages ou des espions. On observera que ces deux poternes, d'un si difficile accès, sont placées du côté où les fortifications sont inabordables pour l'ennemi à cause de l'escarpement qui domine la rivière d'Aude. Cette dernière poterne, ouverte dans la courtine de l'enceinte extérieure, donne dans l'enclos protégé par la grosse barbacane, et par le mur crénelé qui suivait la rampe de la porte de l'Aude; elle pouvait donc servir au besoin à jeter dans ces enclos une compagnie de soldats déterminés, pour faire une diversion dans le cas où l'ennemi aurait pressé de trop près les défenses de cette porte ou la barbacane, mettre le feu aux engins, beffrois ou chats des assiégeants. Il est certain que l'on attachait une grande importance aux barbacanes; elles permettaient aux assiégés de faire des sorties. En cela, la barbacane de Carcassonne est d'un grand intérêt (12) : bâtie en bas de la côte au sommet de laquelle est construit le château, elle met celui-ci en communication avec les bords de l'Aude[1]; elle force l'assaillant à se tenir loin des remparts du château; assez vaste pour contenir de quinze à dix-huit cents piétons, sans compter ceux qui garnissaient le boulevard, elle permettait de concentrer un corps considérable de troupes qui pouvaient, par une sortie vigoureuse, culbuter les assiégeants dans le fleuve. La barbacane D du château de la cité carcassonnaise masque complétement la porte B, qui des rampes donne

---

[1] Le plan que nous donnons ici est à l'échelle de 1 centimètre pour 15 mètres. La barbacane de Carcassonne a été détruite en 1821 pour construire un moulin; ses fondations seules existent, mais ses rampes sont en grande partie conservées, surtout dans la partie voisine du château, qui est la plus intéressante.

sur la campagne. Ces rampes E sont crénelées à droite et à gauche. Leur chemin est coupé par des parapets chevauchés, et

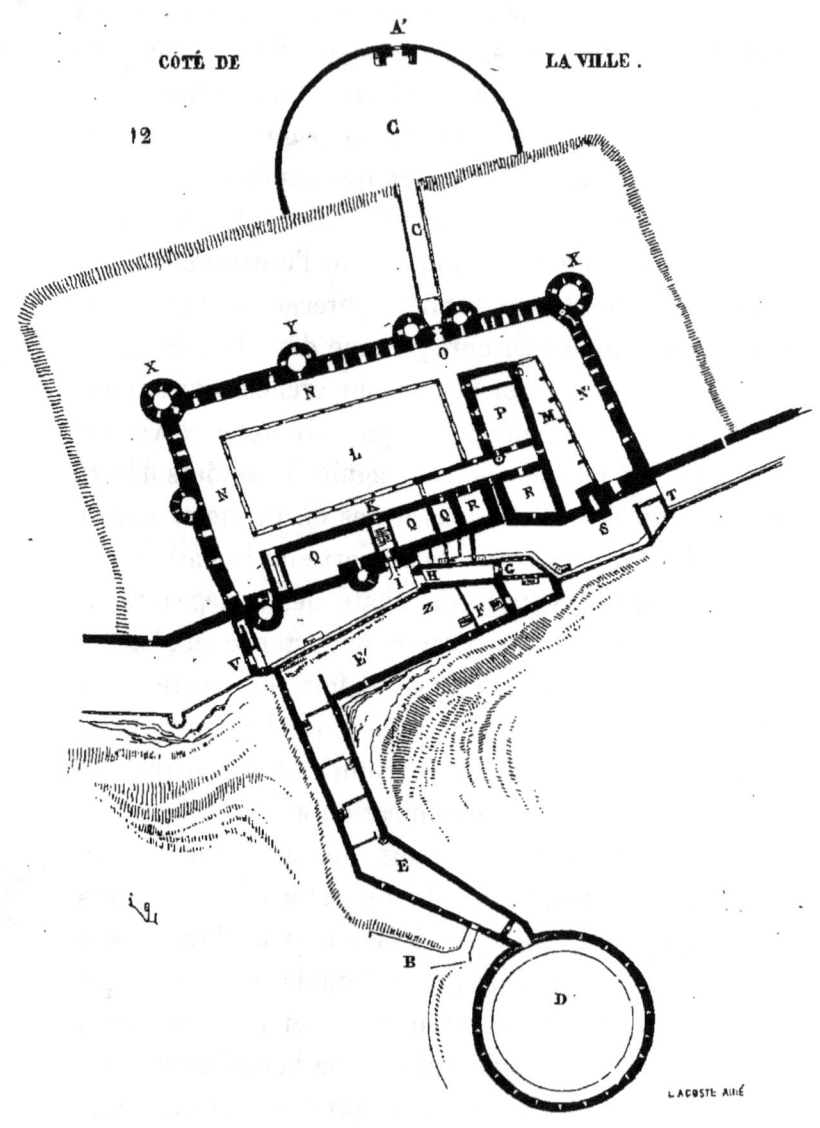

l'ensemble de l'ouvrage, qui monte par une pente roide vers le château, est enfilé dans toute sa longueur par une tour et deux courtines supérieures. Si l'assiégeant parvenait au sommet de la première rampe, il lui fallait se détourner en E' : il était alors battu en flanc ; en F il trouvait un parapet fortifié, puis une porte bien munie et crénelée ; s'il franchissait cette première porte, il devait longer un parapet percé d'archères, forcer une barrière, se détourner brusquement et s'emparer d'une deuxième porte G, étant encore battu en flanc. Alors il se trouvait devant un ouvrage considérable et bien défendu : c'était un couloir long, surmonté de deux étages sous lesquels il fallait passer ; le premier battait la dernière porte au moyen d'une défense en bois, et était percé de mâchicoulis dans la longueur du passage ; le second communiquait aux crénelages donnant soit à l'extérieur, du côté des rampes, soit au-dessus même de ce passage. Le plancher du premier étage ne communiquait avec les chemins de ronde des lices que par une petite porte. Si les assaillants parvenaient à s'en emparer par escalade, ils étaient pris comme dans un piége ; car, la petite porte fermée sur eux, ils se trouvaient exposés aux projectiles lancés par les mâchicoulis du deuxième étage, et l'extrémité du plancher étant interrompue brusquement en H du côté opposé à l'entrée, il leur était impossible d'aller plus avant. S'ils franchissaient le couloir à rez-de-chaussée, ils étaient arrêtés par la troisième porte H, percée dans un mur surmonté par les mâchicoulis du troisième étage, communiquant avec les chemins de ronde supérieurs du château. Si, par impossible, ils s'emparaient du deuxième étage, ils ne trouvaient plus d'issues qu'une petite porte donnant dans une seconde salle située le long des murs du château, et ne communiquant à celui-ci que par des détours qu'il était facile de barricader en un instant, et qui d'ailleurs étaient défendus par de forts ventaux. Si, malgré tous ces obstacles accumulés, les assiégeants forçaient la troisième porte, il leur fallait alors attaquer la poterne I du château ; gardée par un système de défense formidable : des meurtrières, deux mâchicoulis placés l'un au-dessus de l'autre, un pont avec plancher mobile, une herse et des ventaux. Se fût-on emparé de cette porte, qu'on se trouvait à 7 mètres en contre-bas de la cour intérieure L du château, à laquelle on n'arrivait que par des rampes étroites, et en passant à travers plusieurs portes en K.

En supposant que l'attaque fût poussée du côté de la porte de l'Aude, on était arrêté par un poste T, une porte avec ouvrage en bois et un double mâchicoulis percé dans le plancher d'un étage supérieur, communiquant avec la grande salle sud du château, au moyen d'un passage en bois qui pouvait être détruit en un instant; de sorte qu'en s'emparant de cet étage supérieur on n'avait rien fait. Si, après avoir franchi la porte du rez-de-chaussée, on poussait plus loin sur le chemin de ronde le long de la grande tour carrée S, on rencontrait bientôt une porte bien munie de mâchicoulis et bâtie parallèlement au couloir CH. Après cette porte et ces défenses, c'était une seconde porte étroite et basse, percée dans le gros mur de refend Z qu'il fallait forcer; puis enfin, on arrivait à la poterne I du château. Si, au contraire (chose qui n'était guère possible), l'assaillant se présentait du côté opposé par les lices du nord, il était arrêté par une défense V. Mais de ce côté l'attaque ne pouvait être tentée, car c'est le point de la cité qui est le mieux défendu par la nature, et pour forcer la première enceinte entre la tour du Trésau (voy. fig. 11) et l'angle du château, il fallait d'abord gravir une rampe fort roide, et escalader des rochers. D'ailleurs, en attaquant la porte V du nord, l'assiégeant se présentait de flanc aux défenseurs garnissant les hautes murailles et tours de la seconde enceinte. Le gros mur de refend Z qui, partant de la courtine du château, s'avance à angle droit jusque sur la descente de la barbacane, était couronné de mâchicoulis transversaux qui commandaient la porte H, et se terminait à son extrémité par une échauguette qui permettait de voir ce qui se passait dans la rampe descendant à la barbacane, afin de prendre des dispositions intérieures de défense en cas de surprise, ou de reconnaître les troupes remontant de la barbacane au château.

Le château pouvait donc tenir longtemps encore, la ville et ses abords étant au pouvoir de l'ennemi; sa garnison, défendant facilement la barbacane et ses rampes, restait maîtresse de l'Aude, dont le lit était alors plus rapproché de la cité qu'il ne l'est aujourd'hui, s'approvisionnait par la rivière et empêchait le blocus de ce côté; car il n'était guère possible à un corps de troupes de se poster entre cette barbacane et l'Aude sans danger, n'ayant aucun moyen de se couvrir, et le terrain plat et marécageux étant dominé de toutes parts. La barbacane avait encore cet avantage de mettre le moulin du Roi en communication avec la garnison du château, et ce moulin lui-même était fortifié. Un plan de la cité de Carcassonne, relevé en 1774, note dans sa légende un grand souterrain existant sous le boulevard de la barbacane, mais depuis longtemps fermé et comblé en partie. Peut-être ce souterrain était-il destiné à établir une communication couverte entre ce moulin et la forteresse.

Du côté de la ville, le château de Carcassonne était également défendu par une grande barbacane C en avant du fossé. Une porte A' bien défendue donnait entrée dans cette barbacane; le pont C communiquait à la porte principale O. De vastes portiques N étaient destinés à loger une garnison temporaire en cas de siége. Quant à la garnison ordinaire, elle logeait du côté de l'Aude, dans des bâtiments à trois étages Q, P. Sur le portique N, côté sud, était une vaste salle d'armes, percée de meurtrières du côté du fossé et prenant ses jours dans la cour M. R R étaient les donjons, le plus grand séparé des constructions voisines par un isolement et ne pouvant communiquer avec les autres bâtiments que par des ponts de bois qu'on enlevait facilement. Ainsi, le château pris, les restes de la garnison pouvaient encore se réfugier dans cette énorme tour complétement fermée et tenir quelque temps. En S est une immense tour de guet qui domine toute la ville et ses environs; elle contenait seulement un escalier de bois. Les tours X, Y, la porte O et les courtines intermédiaires sont du XIIe siècle, ainsi que la tour de guet et les soubassements des bâtiments du côté de la barbacane. Ces constructions furent complétées et restaurées sous saint Louis. La grosse barbacane de l'Aude avait deux étages de meurtrières et un chemin de ronde supérieur crénelé et pouvant être muni de *hourds*¹ Voici (13) une vue cavalière de ce château et de sa barbacane, qui viendra compléter la description que nous venons d'en faire; avec le plan (fig. 12) il est facile de retrouver la position de chaque partie de la défense. Nous avons supposé les fortifications armées en guerre, et munies de leurs défenses de bois, bretèches, hourds, et de leurs palissades avancées.

Mais il est nécessaire, avant d'aller plus avant, de faire connaître ce que c'étaient que ces *hourds*, et les motifs qui les avaient fait adopter dès le XIIe siècle.

On avait reconnu le danger des défenses de bois au ras du sol, l'assaillant y mettait facilement le feu; et du temps de saint Louis on remplaçait déjà les lices et barbacanes de bois, si fréquemment employées dans le siècle précédent, par des enceintes extérieures et des barbacanes en maçonnerie. Cependant on ne renonçait pas aux défenses de charpentes, on se contentait de les placer assez haut pour rendre leur combustion par des projectiles incendiaires difficile sinon impossible. Alors comme aujourd'hui (et les fortifications de la cité de Carcassonne nous en donnent un exemple), lorsqu'on voulait de bonnes défenses, on avait le soin de conserver partout au-dessus du sol servant d'assiette au pied des murs et tours, un *minimum* de hauteur, afin de les mettre également à l'abri des escalades sur tout leur développement. Ce *minimum* de hauteur n'est pas le même pour les deux enceintes extérieure et intérieure : les courtines de la première défense sont maintenues à 10 mètres environ du fond du fossé ou de la crête de l'escarpement au sol des hourds, tandis que les courtines de la seconde enceinte ont, du sol des lices au sol des hourds, 14 mètres au moins. Le terrain servant d'assiette aux deux enceintes n'étant pas sur un plan horizontal, mais présentant des différences de niveau considérable, les remparts se conforment aux mouvements du sol, et les hourds suivent l'inclinaison du chemin de ronde. Il y avait donc alors

---

[1] *Hourd, hour, hourt;* ouvrage en bois que l'on plaçait, en temps de siége, au sommet des tours et courtines afin de battre leur pied.

des données, des règles, des formules pour l'architecture militaire, comme il en existait pour l'architecture religieuse ou civile.

Avec le système de créneaux et d'archères ou meurtrières pratiquées dans les parapets en pierre, on ne pouvait empêcher des assaillants nombreux et hardis, protégés par des *chats* recouverts de peaux ou de matelas, de saper le pied des tours ou courtines, puisque par les meurtrières, malgré l'inclinaison de leur coupe, il est impossible de voir le pied des fortifications, et par les créneaux, à moins de sortir la moitié du corps, on ne pouvait non plus viser un objet placé en bas de la muraille. Il fallait donc établir des galeries saillantes, bien munies de défenses, et permettant à un grand nombre d'assiégés de battre le pied des murailles ou des tours par une grêle de pierres et de projectiles de toute nature. Soit (**14**) une courtine couronnée de créneaux et d'archères, l'homme placé en A ne peut voir le pionnier B qu'à la condition d'avancer la tête en dehors des créneaux ; mais alors il se démasque complétement, et toutes fois que des pionniers étaient attachés au pied d'une muraille on avait le soin de protéger leur travail en envoyant des volées de flèches ou de carreaux aux parapets lorsque les assiégés se laissaient voir. En temps de siége, dès le XIIe siècle [1], on garnissait les parapets de hourds C afin de commander complétement le pied des murs au moyen d'un mâchicoulis continu D. Non-seulement les hourds remplissaient parfaitement cet objet, mais ils laissaient les défenseurs libres dans leurs mouvements, l'approvisionnement des projectiles et la circulation se faisant en dedans du parapet en E. D'ailleurs si ces hourds étaient garnis, outre le mâchicoulis continu, de meurtrières, les archères pratiquées dans la construction de pierre restaient démasquées dans leur partie inférieure et permettaient aux archers ou arbalétriers postés en dedans du parapet de lancer des traits sur les assaillants. Avec ce système, la défense était aussi active que pos-

[1] Le château de la cité de Carcassonne est du commencement du XIIe siècle, et toutes ses tours et courtines étaient bien munies de hourds qui devaient être très saillants, d'après les précautions prises pour empêcher la bascule des bois des planchers.

sible, et le manque de projectiles devait seul laisser quelque répit aux assiégeants. On ne doit donc pas s'étonner si dans quelques siéges mémorables, après une défense prolongée, les

assiégés en étaient réduits à découvrir leurs maisons, à démolir les murs de jardins, enlever les cailloux des rues, pour garnir les hourds de projectiles et forcer les assaillants à s'éloigner du pied des fortifications. Ces hourds se posaient promptement et facilement ; on les retirait en temps de paix. Nous donnons ici

56 ARCHITECTURE MILITAIRE

(15) le figuré des travaux d'approche d'une courtine flanquée de

tours avec fossé plein d'eau, afin de rendre intelligibles les divers moyens de défense et d'attaque dont nous avons parlé ci-dessus. Sur le premier plan est un *chat* A; il sert à combler le fossé et s'avance vers le pied de la muraille sur les amas de fascines et de matériaux de toutes sortes que les assaillants jettent sans cesse par son ouverture antérieure; un plancher en bois qui s'établit au fur et à mesure que s'avance le chat permet de le faire rouler sans craindre de le voir s'embourber. Cet engin est mû soit par des rouleaux à l'intérieur au moyen de leviers, soit par des cordes et des poulies de renvoi B. Outre l'auvent qui est placé à la tête du chat, des palissades et des mantelets mobiles protégent les travailleurs. Le chat est garni de peaux fraîches pour le préserver des matières inflammables qui peuvent être lancées par les assiégés. Les assaillants, avant de faire avancer le chat contre la courtine pour pouvoir saper sa base, ont détruit les hourds de cette courtine au moyen de projectiles lancés par des machines de jet. Plus loin, en C, est un grand trébuchet; il bat les hourds de la seconde courtine. Ce trébuchet est bandé, un homme met la fronde avec sa pierre en place. Une palissade haute protége l'engin. A côté, des arbalétriers postés derrière des mantelets roulants visent les assiégés qui se démasquent. Au delà, en E, est un beffroi muni de son pont mobile, garni de peaux fraîches; il s'avance sur un plancher de madriers au fur et à mesure que les assaillants, protégés par des palissades, comblent le fossé; il est mû comme le chat par des câbles et des poulies de renvoi. Au delà encore est une batterie de deux trébuchets qui lancent des barils pleins de matières incendiaires contre les hourds des courtines. Dans la ville, sur une grosse tour carrée terminée en plate-forme, les assiégés ont monté un trébuchet qui bat le beffroi des assaillants. Derrière les murs un autre trébuchet masqué par les courtines lance des projectiles contre les engins des assaillants. Tant que les machines de l'armée ennemie ne sont pas arrivées au pied des murs, le rôle de l'assiégé est à peu près passif; il se contente, par les archères de ses hourds, d'envoyer force carreaux

et sagettes. S'il est nombreux, hardi, la nuit il pourra tenter d'incendier le beffroi, les palissades et machines, en sortant par quelque poterne éloignée du point d'attaque; mais s'il est timide ou démoralisé, s'il ne peut disposer d'une troupe audacieuse et dévouée, au point du jour son fossé sera comblé, le plancher de madriers légèrement incliné vers la courtine permettra au beffroi de s'avancer rapidement par son propre poids, les assaillants n'auront qu'à le maintenir. Sur les débris des hourds mis en pièces par les pierres lancées par les trébuchets, le pont mobile du beffroi s'abattra tout à coup, et une troupe nombreuse de chevaliers et de soldats d'élite se précipitera sur le chemin de ronde de la courtine (16).

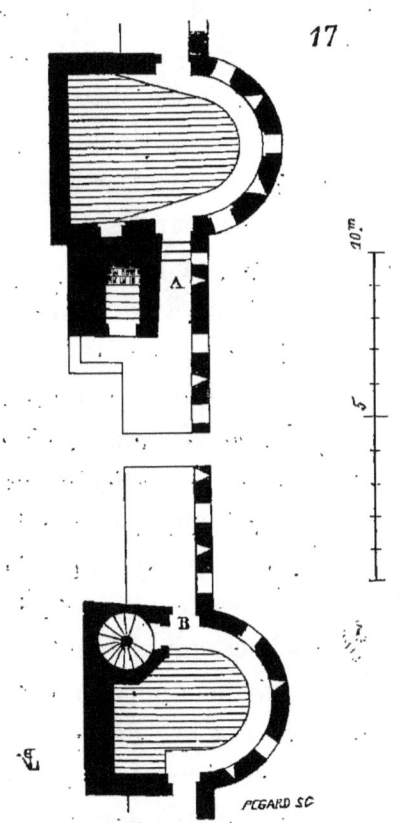

17

Mais cette catastrophe est prévue : si la garnison est fidèle, en abandonnant la courtine prise, elle se renferme dans les tours qui l'interrompent d'espace en espace (17)[1]; elle peut se rallier, enfiler le chemin de ronde et le couvrir de projectiles, faire par les deux portes A et B une brusque sortie pendant que l'assaillant cherche à descendre dans la ville, et avant qu'il soit trop nombreux, le culbuter, s'emparer du beffroi et l'incendier. Si la garnison forcée ne peut tenter ce coup hardi, elle se barricade dans les tours, et l'assaillant doit faire le siége de chacune d'elles, car au besoin chaque tour peut faire un

---

[1] L'exemple que nous donnons ici est tiré de l'enceinte intérieure de la cité de Carcassonne, partie bâtie par Philippe le Hardi. Le plan des tours est pris au niveau de la courtine; ce sont les tours dites de Daréja et Saint-Laurent, côté sud.

petit fort séparé, indépendant; beaucoup sont munies de puits, de fours et de caves pour conserver des provisions. Les portes qui mettent les tours en communication avec les chemins de ronde sont étroites, bien ferrées, fermées à l'intérieur, et renforcées de barres de bois qui rentrent dans l'épaisseur de la muraille, de sorte qu'en un instant le vantail peut être poussé et barricadé en tirant rapidement la barre de bois (17 *bis*).

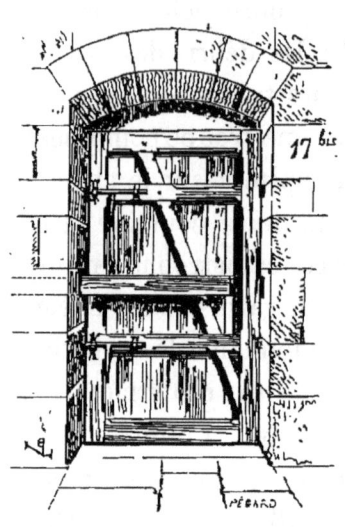

On est frappé, lorsqu'on étudie le système défensif adopté du XIIe au XVIe siècle, avec quel soin on s'est mis en garde contre des surprises; toutes les précautions sont prises pour arrêter l'ennemi et l'embarrasser à chaque pas par des dispositions compliquées, par des détours impossibles à prévoir. Evidemment un siége avant l'invention des bouches à feu n'était réellement sérieux pour l'assiégé comme pour l'assaillant que quand on en était venu à se prendre, pour ainsi dire, corps à corps. Une garnison aguerrie luttait avec quelques chances de succès jusque dans ses dernières défenses. L'ennemi pouvait entrer dans la ville par escalade, ou par une brèche, sans que pour cela la garnison se rendît; alors, renfermée dans les tours qui, je le répète, sont autant de forts, elle résistait longtemps, épuisait les forces de l'ennemi, lui faisait perdre du monde à chaque attaque partielle; car il fallait briser un grand nombre de portes bien barricadées, se battre corps à corps sur des espaces étroits et embarrassés. Prenait-on le rez-de-chaussée d'une tour, les étages supérieurs conservaient encore des moyens puissants de défense. On voit que tout était calculé pour une lutte possible pied à pied. Les escaliers à vis qui donnaient accès aux divers étages des tours étaient facilement et promptement barricadés, de manière à rendre vains les efforts des assaillants pour monter d'un étage à un autre. Les bourgeois d'une ville eussent-ils voulu capituler, que la garnison pouvait se garder contre eux et leur interdire l'accès des tours et courtines. C'est un système de défiance adopté envers et contre tous.

C'est dans tous ces détails de la défense pied à pied qu'apparaît l'art de la fortification du XIe au XVIe siècle. C'est en examinant avec soin, en étudiant scrupuleusement jusqu'aux moindres traces des obstacles défensifs de ces époques, que l'on comprend ces récits d'attaques gigantesques, que nous sommes trop disposés à taxer d'exagération. Devant ces moyens de défense si bien prévus et combinés, on se figure sans peine ces travaux énormes des assiégeants, ces beffrois mobiles, ces contrevallations, boulevards ou bastilles, que l'on opposait à un assiégé ayant calculé toutes les chances de l'attaque, qui prenait souvent l'offensive, et n'était disposé à céder un point que pour se retirer dans un autre plus fort.

Aujourd'hui, grâce à l'artillerie, un général qui investit une place non secourue par une armée de campagne peut prévoir le jour et l'heure où cette place tombera. On annoncera d'avance le moment où la brèche sera praticable, où les colonnes d'attaque entreront dans tel ouvrage. C'est une partie plus ou moins longue à jouer, que l'assiégeant est toujours sûr de gagner, si le matériel ne lui fait pas défaut, s'il a un corps d'armée proportionné à la force de la garnison et de bons officiers du génie. « Place attaquée, place prise, » dit le dicton français [1].

---

[1] Comme beaucoup d'autres, ce dicton n'est pas absolument vrai cependant, et bien des exemples viennent lui donner tort. Il est certain que, même aujourd'hui, une place défendue par un commandant habile, ingénieux, et dont le coup-d'œil est prompt, peut tenir beaucoup plus longtemps que celle qui sera défendue par un homme routinier et qui ne trouvera pas dans son intelligence des ressources nouvelles à chaque phase de l'attaque. Peut-être, depuis que la guerre de siége est devenue une science, une sorte de formule, a-t-on fait trop bon marché de toutes ces ressources de détail qui étaient employées encore au XVIe siècle. Il n'est pas douteux que les études archéologiques, qui ont eu sur les autres branches de l'architecture une si grande influence, réagiront également

Mais alors nul ne pouvait dire quand et comment une place devait tomber au pouvoir de l'assiégeant, si nombreux qu'il fût. Avec une garnison déterminée et bien approvisionnée, on pouvait prolonger un siége indéfiniment : aussi n'est-il pas rare de voir une bicoque résister, pendant des mois entiers, à une armée nombreuse et aguerrie. De là, souvent, cette audace et cette insolence du faible en face du fort et du puissant, cette habitude de la résistance individuelle qui faisait le fond du caractère de la féodalité, cette énergie qui a produit de si grandes choses au milieu de tant d'abus, qui a permis aux populations françaises et anglo-normandes de se relever après des revers terribles, et de fonder des nationalités fortement constituées, de trouver des ressources inconnues quand la fortune semble les abandonner.

Rien n'est plus propre à faire ressortir les différences profondes qui séparent les caractères des hommes de ces temps reculés de l'esprit de notre époque, que d'établir une comparaison entre une ville ou un château fortifié aux XIIIe ou XIVe siècles et une place forte moderne. Dans cette dernière rien ne frappe la vue, tout est en apparence uniforme, il est difficile de reconnaître un bastion entre tous. Un corps d'armée prend une ville, à peine si les assiégeants ont aperçu les défenseurs ; ils n'ont vu devant eux pendant des semaines entières que des talus de terre et un peu de fumée. La brèche est praticable, on capitule ; tout tombe le même jour ; on a abattu un pan de mur, bouleversé un peu de terre, et la ville, les bastions qui n'ont même pas vu la fumée des canons, les magasins, arsenaux, tout est rendu. Le côté matériel de l'humanité y gagne, on évite ainsi des désastres immédiats, les fureurs et les excès qui suivent une prise de vive force ; mais le sentiment de la responsabilité et de la

---

sur l'architecture militaire ; car, à notre avis (et notre opinion est partagée par des personnages compétents), s'il n'y a, dans la forme de la fortification du moyen âge, rien qui soit bon à prendre aujourd'hui, en face des moyens puissants de l'artillerie, il n'en est pas de même dans son esprit et dans son principe.

résistance individuelle se perd, le caractère énergique des nationalités s'affaiblit. Il y a quelque cent ans les choses se passaient bien différemment. Si une garnison était fidèle, aguerrie, il fallait, pour ainsi dire, faire capituler chaque tour, traiter avec chaque capitaine, s'il lui plaisait de défendre pied à pied le poste qui lui était confié. Tout du moins était disposé pour que les choses dussent se passer ainsi. On s'habituait à ne compter que sur soi et sur les siens, et l'on se défendait envers et contre tous. Aussi (car on peut conclure du petit au grand) ne suffisait-il pas alors de prendre la capitale d'un pays pour que le pays fût à vous. Ce sont des temps de barbarie si l'on veut, mais d'une barbarie pleine d'énergie et de ressources. L'étude de ces grands monuments militaires du moyen âge n'est donc pas seulement curieuse, elle fait connaître des mœurs dans lesquelles l'esprit national ne pourrait que gagner à se retremper.

Nous voyons au commencement du XIIIe siècle les habitants de Toulouse avec quelques seigneurs et leurs chevaliers, dans une ville mal fermée, tenir en échec l'armée du puissant comte de Montfort et la forcer de lever le siége. Bien mieux encore que les villes, les grands vassaux, renfermés dans leurs châteaux, croyaient-ils pouvoir résister non-seulement à leurs rivaux, mais au suzerain et à ses armées. « Le caractère propre, général de la féodalité, dit M. Guizot, c'est le démembrement du peuple et du pouvoir en une multitude de petits peuples et de petits souverains; l'absence de toute nation générale, de tout gouvernement central.... Sous quels ennemis a succombé la féodalité? qui l'a combattue en France? Deux forces : la royauté, d'une part; les communes, de l'autre. Par la royauté s'est formé en France un gouvernement central; par les communes s'est formée une nation générale, qui est venue se grouper autour du gouvernement central[1]. » Le développement du système féodal est donc limité entre les Xe et XIVe siècles. C'est alors que la féodalité élève ses forteresses les plus importantes, qu'elle fait, pen-

---

[1] *Histoire de la civilisation en France*, par M. Guizot. 2e part., 1re leçon.

dant ses luttes de seigneur à seigneur, l'éducation militaire des peuples occidentaux. « Avec le XIVe siècle, ajoute l'illustre historien, les guerres changent de caractère. Alors commencent les guerres étrangères, non plus de vassal à suzerain ou de vassal à vassal, mais de peuple à peuple, de gouvernement à gouvernement. A l'avénement de Philippe de Valois, éclatent les grandes guerres des Français contre les Anglais, les prétentions des rois d'Angleterre, non sur tel ou tel fief, mais sur le pays et le trône de France ; et elles se prolongent jusqu'à Louis XI. Il ne s'agit plus alors de guerres féodales, mais de guerres nationales ; preuve certaine que l'époque féodale s'arrête à ces limites, qu'une autre société a déjà commencé. » Mais sans la féodalité, sans ces épreuves par lesquelles la nation avait dû passer sous son régime, la France eut-elle pû lutter, pendant plus d'un siècle, avec ses conquérants d'outre-Manche, combattre et vaincre à la fois les ennemis du dehors et ceux du dedans, conserver son esprit national et se retrouver constituée le lendemain de ces luttes ? Quelque barbare et oppressif que paraisse aujourd'hui le système féodal, nous croyons cependant devoir lui rendre cet hommage. Nous lui devons nos forces les plus vivaces ; et les hommes qui, à la fin du siècle dernier, bouleversaient ses dernières ruines, n'eussent pas trouvé dans le pays cette énergie traditionnelle, si le pays n'eut pas été élevé à cette dure école. Peut-être est-il bon de ne pas l'oublier.

Le château féodal ne prend son véritable caractère défensif que lorsqu'il est isolé, que lorsqu'il est éloigné des grandes villes riches et populeuses, et qu'il domine la petite ville, la bourgade ou le village. Alors il profite des dispositions du terrain avec grand soin, s'entoure de précipices, de fossés ou de cours d'eau. Quand il tient à la grande ville, il en devient la citadelle, est obligé de subordonner ses défenses à celles des enceintes urbaines, de se placer au point d'où il peut rester maître du dedans et du dehors. Pour nous faire bien comprendre en peu de mots, on peut dire que le véritable château féodal, au point de vue de l'art de la fortification, est celui qui, ayant d'abord choisi son assiette, voit peu à peu les habitations se grouper autour de lui. Autre chose est le château dont la construction, étant postérieure à celle de la ville, a dû subordonner son emplacement et ses dispositions à la situation et aux dispositions défensives de la cité. A Paris, le Louvre de Philippe-Auguste fut évidemment construit suivant ces dernières données. Jusqu'au règne de ce prince, les rois habitaient ordinairement le palais sis dans la cité. Mais lorsque la ville de Paris eut pris un assez grand développement sur les deux rives, cette résidence centrale ne pouvait convenir à un souverain, et elle devenait nulle comme défense. Philippe-Auguste, en bâtissant le Louvre, posait une citadelle sur le point de la ville où les attaques étaient le plus à craindre, où son redoutable rival Richard devait se présenter; il surveillait les deux rives de la Seine en aval de la cité, et commandait les marais et les champs qui, de ce point, s'étendaient jusqu'aux rampes de Chaillot, et jusqu'à Meudon. En entourant la ville de murailles, il avait le soin de laisser son nouveau château, sa citadelle, en dehors de leur enceinte, afin de conserver toute sa liberté de défense. On voit dans ce plan de Paris (18), comme nous l'avons dit plus haut, qu'outre le Louvre A, d'autres établissements fortifiés sont disséminés autour de l'enceinte; H est le château du Bois entouré de jardins, maison de plaisance du roi. En L est l'hôtel des ducs de Bretagne. En C le palais du roi Robert et le monastère de Saint-Martin des Champs, entourés d'une enceinte fortifiée. En B le Temple, formant une citadelle séparée, avec ses murailles et son donjon. En G l'hôtel de Vauvert, bâti par le roi Robert, et entouré d'une enceinte [1].

Plus tard, pendant la prison du roi Jean, il fallut reculer

---

[1] En I était la maison de Saint-Lazare. En K la maladrerie. En M et N les halles. En O le grand Châtelet qui défendait l'entrée de la cité au nord, en P le petit Châtelet qui gardait le Petit-Pont, au sud. En E Notre-Dame et l'évêché. En D l'ancien Palais. En F Sainte-Geneviève et le palais de Clovis, sur la montagne. (*Descript. de Paris*, par N. de Fer. 1724. *Diss. archéol. sur les anciennes enceintes de Paris*, par Bonnardot, 1853.)

cette enceinte. La ville s'étendant toujours, surtout du côté de

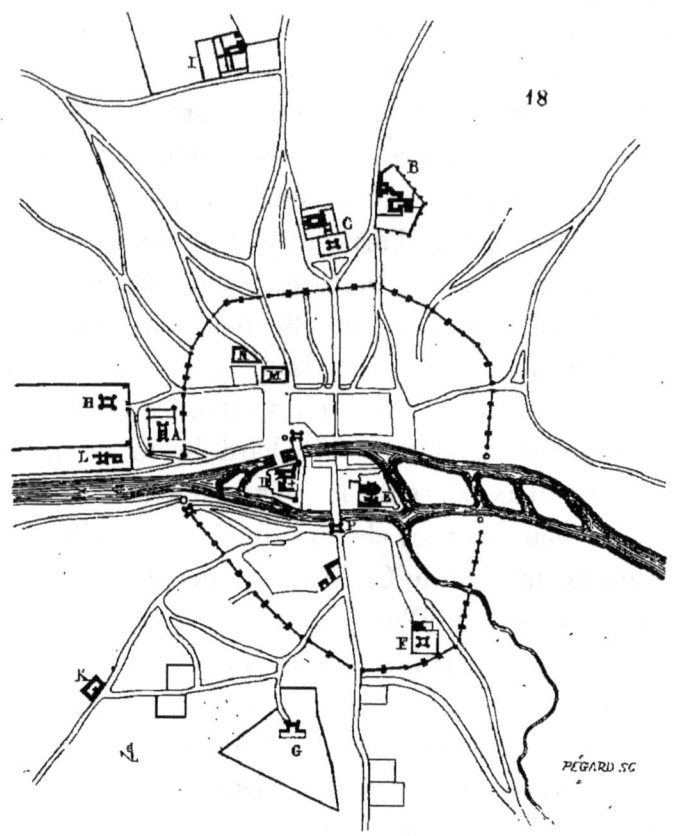

la rive droite (19), le Louvre, le Temple se trouvèrent compris dans les nouveaux murs; mais des portes bien défendues, munies de barbacanes, purent tenir lieu de forts détachés, et du côté de l'est, Charles V fit bâtir la bastille Saint-Antoine S, qui commandait les faubourgs et appuyait l'enceinte. Le palais des Tournelles R renforça encore cette partie de la ville, et d'ailleurs le Temple et le Louvre, conservant leurs enceintes, formaient avec la Bastille comme autant de citadelles intérieures. Nous avons déjà dit que le système de fortifications du moyen âge ne se prêtait pas à des défenses étendues ; il perdait de sa puissance en occupant un trop grand périmètre, lorsqu'il n'était pas accompagné de ces forteresses avancées qui divisaient les forces des assiégeants et empêchaient les approches. Nous avons vu à Carcassonne (fig. 11) une ville d'une petite dimension bien défendue par l'art et la nature du terrain ; mais le château fait

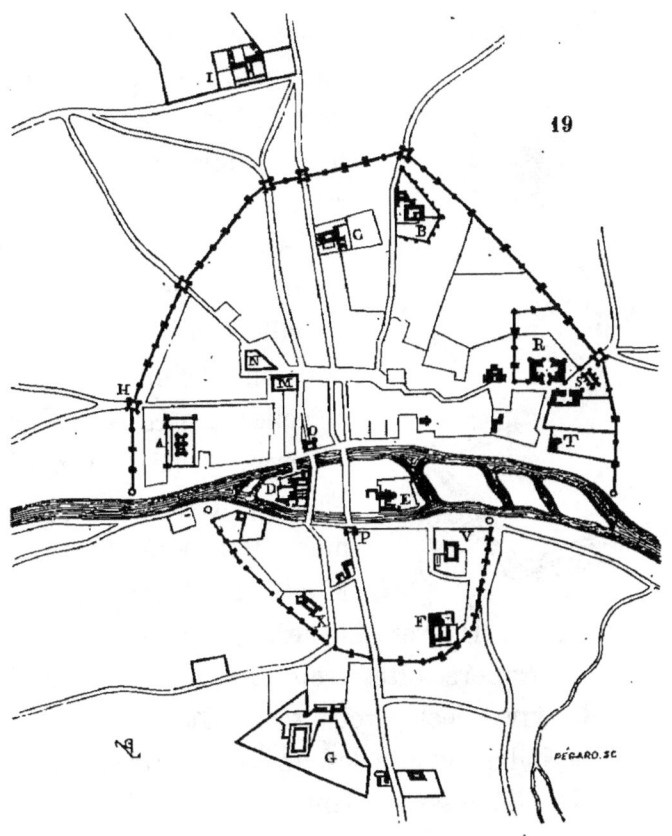

partie de la cité, il n'en est que la citadelle, et n'a pas le caractère d'un château féodal, tandis qu'à Coucy, par exemple (20), bien que le château soit annexé à une ville, il en est complétement indépendant et conserve son caractère de château féodal. Ici la ville bâtie en C est entourée d'une assez forte enceinte ; entre elle et le château B il existe une esplanade, sorte de place d'armes A, ne communiquant avec la ville que par la porte E, qui se défend des deux côtés, mais surtout contre la ville. Le château, bâti sur le point culminant de la colline, domine des escarpements fort roides, et est séparé de la place d'armes par un large fossé D. Si la ville était prise, la place d'armes et ensuite le château servaient de refuges assurés à la garnison.

C'était dans l'espace A qu'étaient disposés les écuries, les communs, et les logements de la garnison tant qu'elle n'était pas obligée de se retirer dans l'enceinte du château ; des poternes percées dans les courtines de la place d'armes permettaient de faire des sorties, ou de recevoir des secours du dehors, si les ennemis tenaient la ville, et n'étaient pas en nombre suffisant pour garder la cité et bloquer le château. Beaucoup de villes présentaient des dispositions défensives analogues à celles-ci, Guise, Château-Thierry, Châtillon-sur-Seine, Falaise, Meulan, Dieppe, Saumur, Bourbon-l'Archambaut, Montfort-l'Amaury, Montargis, Boussac, Orange, Hyères, Loches, Chauvigny en Poitou, etc. Dans cette dernière cité trois châteaux dominaient la ville à la fin du XIVe siècle, tous trois bâtis sur une colline voisine, et étant indépendants les uns des autres. Ces cités, dans lesquelles les défenses étaient ainsi divisées, passaient avec raison pour être très-fortes; souvent des armées ennemies, après s'être emparées des fortifications urbaines, devaient renoncer à faire le siége du château, et, poursuivant leurs conquêtes, laissaient sans pouvoir les entamer des garnisons qui le lendemain de leur départ reprenaient la ville et inquiétaient leurs derrières. Certes, si la féodalité eût été unie, aucun système n'était plus propre à arrêter les progrès d'une invasion que ce morcellement de la défense, et cela explique même l'incroyable facilité avec laquelle se perdaient alors des conquêtes de province ; car il était impossible d'assurer comme aujourd'hui les résultats d'une campagne par la centralisation du pouvoir militaire et par une discipline absolue. Si le pays conquis était divisé en une quantité de seigneuries, qui se défendaient cha-

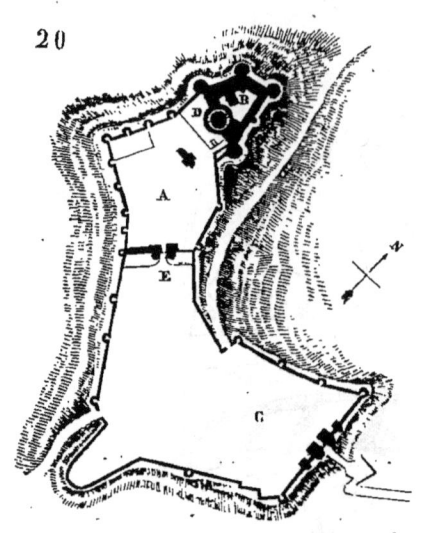

cune pour leur compte plutôt encore que pour garder la foi jurée au suzerain, les armées étaient composées de vassaux qui ne devaient, d'après le droit féodal, que quarante ou soixante jours de campagne, après lesquels chacun retournait chez soi, lorsque le suzerain ne pouvait prendre ses troupes à solde. Sous ce rapport, dès la fin du XIIIe siècle la monarchie anglaise avait acquis une grande supériorité sur la monarchie française. La féodalité anglo-normande formait un faisceau plus uni que la féodalité française; elle l'avait prouvé en se faisant octroyer la grande charte, et était par suite de cet accord intimement liée au suzerain. Cette forme de gouvernement, relativement libérale, avait amené l'aristocratie anglaise à introduire dans ses armées des troupes de gens de pied pris dans les villes, qui étaient déjà disciplinés, habiles à tirer de l'arc, et qui déterminèrent le gain de presque toutes les funestes batailles du XIVe siècle, Crécy, Poitiers, etc. Le même sentiment de défiance qui faisait que le seigneur féodal français isolait son château de la ville placée sous sa protection, ne lui permettait pas de livrer des armes aux bourgeois, de les familiariser avec les exercices militaires; il comptait sur ses hommes, sur la bonté de son cheval et de son armure, sur son courage surtout, et méprisait le fantassin qu'il n'employait en campagne que pour faire nombre, le comptant d'ailleurs pour rien au moment de l'action. Cet esprit qui fut si fatal à la France à l'époque des guerres avec les Anglais, et qui fut cause de la perte des armées françaises dans maintes batailles rangées pendant le XIVe siècle, malgré la supériorité incontestable de la gendarmerie féodale de ce pays, était essentiellement favorable au développement de l'architecture militaire; et, en effet, nulle part en Occident, on ne rencontre de plus nombreuses, de plus complètes et plus belles fortifications féodales, pendant les XIIIe et XIVe siècles, qu'en France[1]. C'est dans les châteaux féodaux surtout qu'il faut

---

[1] Le nombre des châteaux qui couvraient le sol de la France, surtout sur les frontières des provinces, est incalculable. Il n'était guère de village, de bourgade ou de petite ville qui n'en possédât au moins un, sans

étudier les dispositions militaires : c'est là qu'elles se développent du XIIe au XIVe siècle avec un luxe de précautions, une puissance de moyens extraordinaires.

Nous avons distingué déjà les châteaux servant de refuges, de citadelles aux garnisons des villes, se reliant aux enceintes urbaines, des châteaux isolés dominant des villages, des bourgades et des petites villes ouvertes, ou commandant leurs défenses, et ne s'y rattachant que par des ouvrages intermédiaires. Parmi ces châteaux, il en était de plusieurs sortes : les uns se composaient d'un simple donjon entouré d'une enceinte et de quelques logements, d'autres comprenaient de vastes espaces enclos de fortes murailles, des réduits isolés, un ou plusieurs donjons; placés sur des routes, sur le bord des fleuves, ils pouvaient intercepter les communications, et formaient ainsi des places fortes, vastes et d'une grande importance sous le point de vue militaire, exigeant pour les bloquer une armée nombreuse, pour les prendre un attirail de siége considérable et un temps fort long. Le Château-Gaillard, aux Andelys, était de ce nombre. Bâti par Richard Cœur-de-Lion, après que ce prince eut reconnu la faute qu'il avait faite, par le traité d'Issoudun, en laissant à Philippe-Auguste le Vexin et la ville de

compter les châteaux isolés, les postes et les tours qui, de distance en distance, se rencontraient sur les cours des rivières, dans les vallées servant de passages, et dans les *marches*. Dès les premiers temps de l'organisation féodale, les seigneurs, les villes, les évêques, les abbés avaient dû dans maintes circonstances recourir à l'autorité suzeraine des rois de France pour interdire la construction de nouveaux châteaux préjudiciables à leurs intérêts et à « ceux de la patrie. » (Les Olim.) D'un autre côté, malgré la défense de ses vassaux, le roi de France, par acte du parlement, autorisait la construction de châteaux forts, afin d'amoindrir la puissance presque rivale de ses grands vassaux. « Cùm abbas et conventus Dalo-
« nensis associassent dominum regem ad quemdam locum qui dicitur
« Tauriacus, pro quadam bastida ibidem construenda, et dominus Garne-
« rius de Castro-Novo, miles, et vicecomes Turenne se opponerent, et
« dicerunt dictam bastidam absque eorum prejudicio non posse fieri.
« Auditis eorum contradicionibus et racionibus, pronunciatum fuit quod
« dicta bastida ibidem fieret et remaneret. » (Les Olim, édit. du min. de l'Instr. publ. Philippe III, 1279, t. II, p. 147.)

Gisors, ce château conserve encore, malgré son état de ruine, l'empreinte du génie militaire du roi anglo-normand. Mauvais politique, Richard était un homme de guerre consommé, et il était dans la nature de son esprit de réparer ses fautes d'homme d'état à force de courage et de persévérance. A notre sens, le Château-Gaillard des Andelys dévoile une partie des talents de Richard. On est trop disposé à croire que cet illustre prince n'était qu'un batailleur brave jusqu'à la témérité ; ce n'est pas seulement avec les qualités d'un bon soldat, payant largement de sa personne, qu'on acquiert dans l'histoire une aussi grande place. Pour son temps Richard était un héros d'une bravoure à toute épreuve ; c'était encore un habile capitaine, un *ingénieur* plein de ressources, expérimenté, possédant la pratique de son art, capable de devancer son siècle, et ne se soumettant pas à la routine. Grâce à l'excellent travail de M. A. Deville sur le Château-Gaillard [1], chacun peut se rendre un compte exact des circonstances qui déterminèrent la construction de cette forteresse, la clé de la Normandie, place frontière capable d'arrêter longtemps les envahissements du roi Français. La rive droite de la Seine étant en la possession de Philippe-Auguste jusqu'aux Andelys, une armée française pouvait, en une journée, se trouver au cœur de la Normandie et menacer Rouen. S'apercevant trop tard de ce danger, Richard voulut en garantir sa province du continent. Avec ce coup d'œil qui appartient aux hommes de génie, il choisit l'assiette de la forteresse destinée à couvrir la capitale normande, et une fois son projet arrêté, il en poursuivit l'exécution avec une tenacité et une volonté telles qu'il brisa tous les obstacles opposés à son entreprise, et qu'en un an, non-seulement la forteresse fut bâtie, mais encore un système complet d'ouvrages défensifs fut appliqué avec un rare talent, sur les rives de la Seine, au point où ce fleuve peut couvrir Rouen. Il est rare de trouver à cette époque de ces larges dispositions qui

---

[1] *Hist. du Château-Gaillard et du siége qu'il soutint contre Philippe-Auguste, en* 1203 *et* 1204, par A. Deville. Rouen, 1849.

indiquent l'influence d'un homme de guerre; il ne s'agit plus ici de la défense isolée d'un poste, mais bien des frontières d'une grande province. De Bonnières à Gaillon, la Seine descend presque en ligne droite vers le nord-nord-ouest. Près de Gaillon, elle se détourne brusquement vers le nord-est jusqu'aux Andelys, puis revient sur elle-même et forme une presqu'île, dont la gorge n'a guère que deux mille six cents mètres d'ouverture. Les Français, par le traité qui suivit la conférence d'Issoudun, possédaient sur la rive gauche Vernon, Gaillon, Pacy-sur-Eure; sur la rive droite, Gisors, qui était une des places les plus fortes de cette partie de la France. Une armée dont les corps réunis à Evreux, à Vernon, et à Gisors, se seraient simultanément portés sur Rouen, en se faisant suivre d'une flottille, pouvait en deux jours investir la place et s'approvisionner de toutes choses par la Seine. Planter une forteresse à cheval sur le fleuve entre ces deux places de Vernon et Gisors, et de manière à commander la navigation, c'était couper les deux corps d'invasion, rendre leur communication avec Paris impossible, et les mettre dans la fâcheuse alternative d'être battus séparément sous les murs de Rouen. La position était donc parfaitement choisie. La presqu'île située en face les Andelys, facilement retranchée à la gorge, appuyée par une place très-forte de l'autre côté du fleuve, permettait l'établissement d'un camp que l'on ne pouvait songer à forcer. La ville de Rouen était couverte, et les armées françaises ne pouvaient s'avancer sur cette place, sans jeter un regard d'inquiétude sur le point militaire qu'elles laissaient entre elles et la France. Cette courte description fait déjà connaître que Richard était mieux qu'un capitaine d'une bravoure emportée. Voici comme le roi anglo-normand disposa l'ensemble des défenses de ce point stratégique (20*). A l'extrémité de la presqu'île A, du côté de la rive droite, la Seine côtoie des escarpements de rochers fort élevés qui dominent toute cette presqu'île. Sur une petite île B qui divise le fleuve, Richard éleva d'abord un fort octogone muni de tours, de fossés et de palissades[1]; un pont de bois

---

[1] Les parties intérieures de cet ouvrage existent encore.

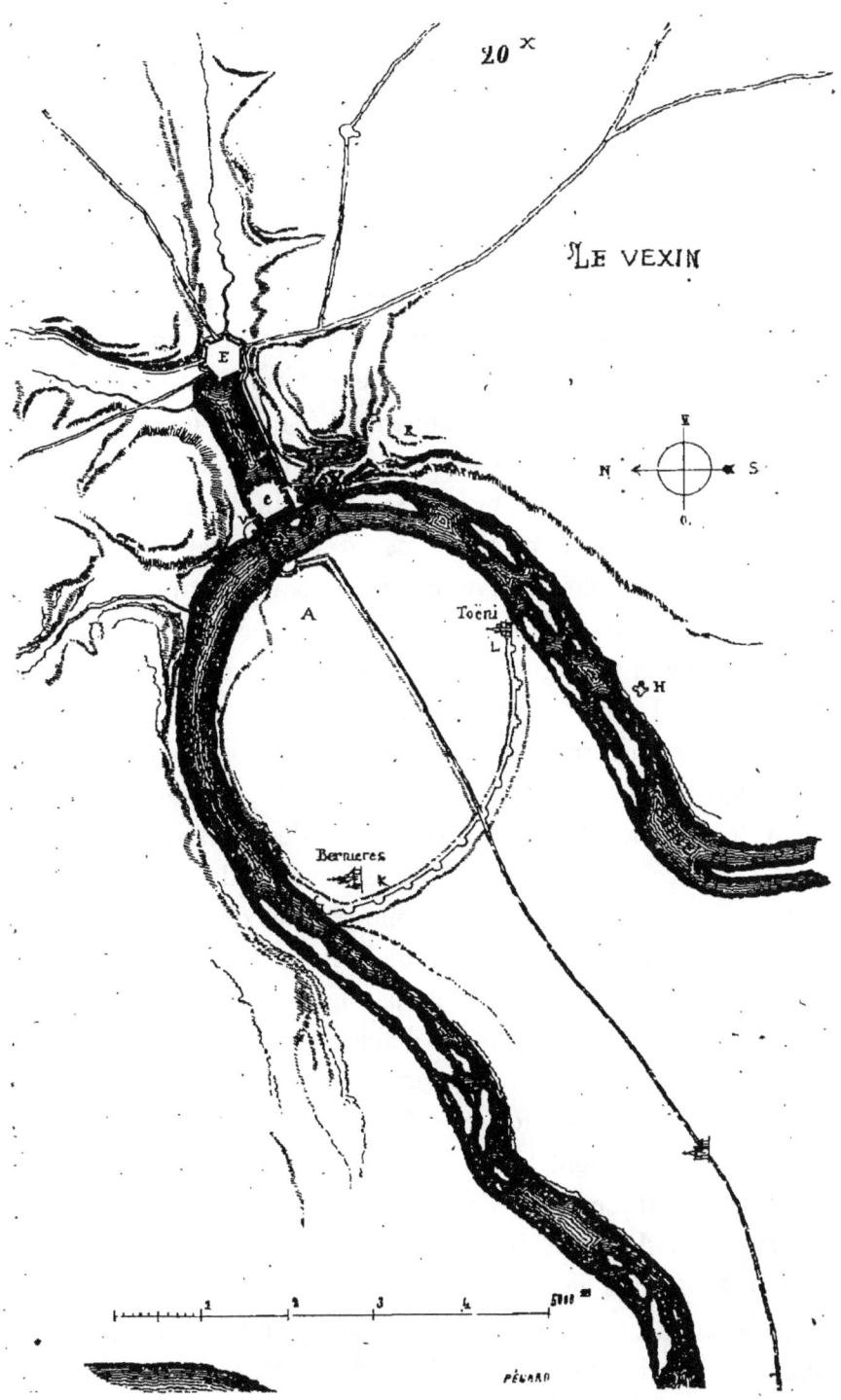

passant à travers ce châtelet unit les deux rives. A l'extrémité de ce pont en C, sur la rive droite, il bâtit une enceinte, large tête de pont qui fut bientôt remplie d'habitations et prit le nom de *Petit-Andely*. Un lac formé par la retenue des eaux de deux ruisseaux, en D, isola complétement cette tête de pont. Le Grand-Andely E fut également fortifié et enclos de fossés encore existants. Sur un promontoire de roches crayeuses qui s'élève à plus de cent mètres au-dessus du niveau de la Seine, la forteresse principale fut assise en profitant de toutes les saillies du rocher; vers le sud, une langue de terre de quelques mètres de largeur réunit seulement ce promontoire aux collines environnantes. En bas de l'escarpement, et enfilée par le château, une estacade F composée de trois rangées de pieux vint barrer le cours de la Seine. Cette estacade était en outre protégée par des ouvrages palissadés établis sur le bord de la rive droite et par un mur descendant d'une tour bâtie à mi-côte; de plus, un fort fut bâti en H sur les bords de la Seine, et prit le nom de *Boutavant*. La presqu'île gardée, il était impossible à une armée de trouver un campement sur un terrain raviné, couvert de roches énormes. Le val situé entre les deux Andelys, rempli par les eaux du ruisseau, commandé par les fortifications des deux bourgs, ne pouvait être occupé. Le seul point attaquable de la forteresse était cette langue de terre qui la réunit aux collines au midi. Voici comment Richard, qui présidait lui-même à l'exécution de cette forteresse, qui ne quittait pas les ouvriers, hâtait leur travail en le dirigeant, établit ses défenses (20**). En A, en face la langue de terre qui réunit l'assiette du château à la hauteur voisine, il fit creuser un fossé profond dans le roc et bâtit une forte et haute tour dont les parapets atteignaient le niveau du plateau dominant, afin de commander le sommet du côteau. Cette tour fut flanquée de deux autres plus petites en B; les courtines A D vont en dévallant et suivent la pente naturelle du roc; la tour A commandait tout l'ouvrage avancé A D D. Un second fossé également creusé dans le roc sépare cet ouvrage avancé du corps de la place. Les deux tours C C commandaient

probablement les tours D D [1]. La première enceinte du château
E contenait les écuries, des communs et la chapelle ; c'était la

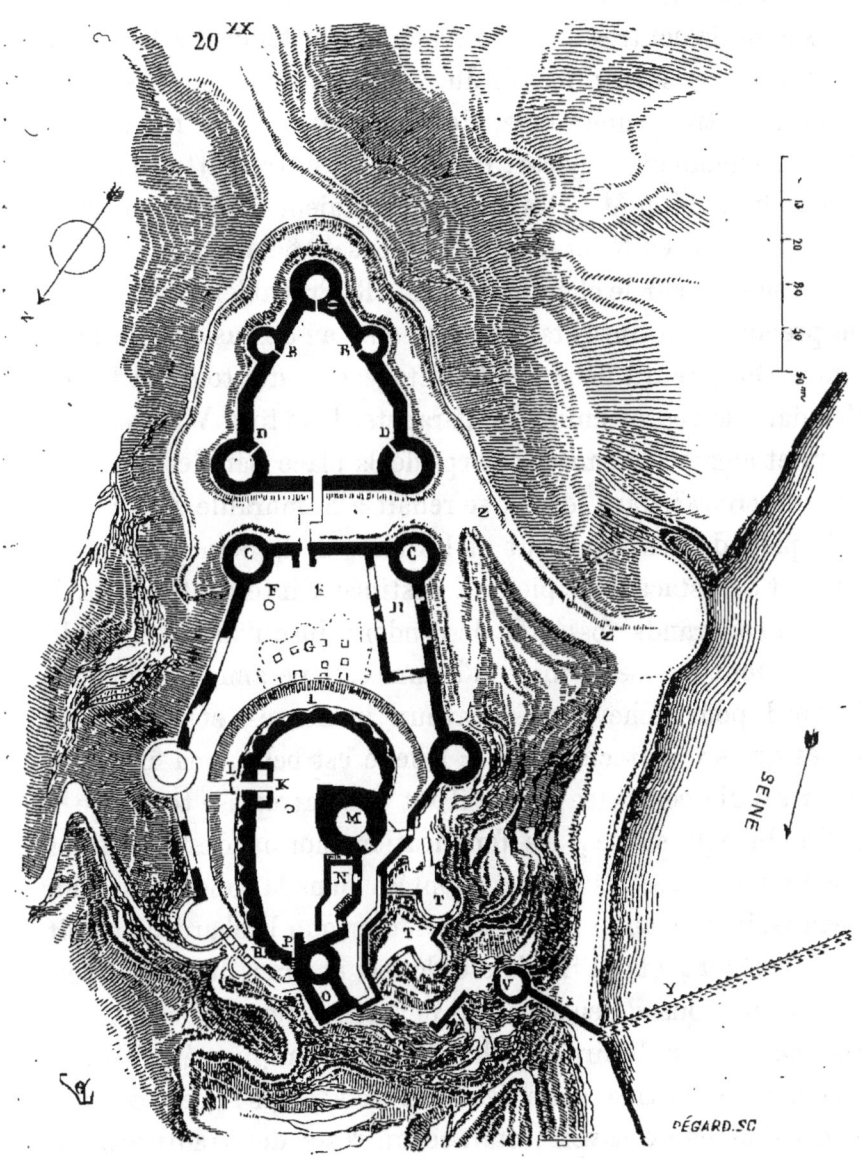

basse cour. Un puits existait en F ; sous l'aire de la cour en G
sont creusées de vastes caves soutenues par des piliers de réserve

[1] Ces quatre tours sont dérasées aujourd'hui ; on n'en distingue plus que
le plan et quelques portions debout.

prenant jour dans le fossé I du château, et communiquant, par deux boyaux creusés dans le roc, avec les dehors. En K s'ouvre la porte du château dont le seuil est élevé de plus de deux mètres au-dessus de la contrescarpe du fossé L. Du temps de Richard, un ouvrage posé sur un massif du roc réservé dans le fossé couvrait cette entrée; une herse, des ventaux et deux réduits ou postes, défendaient la porte, qui était en outre battue par les défenses du donjon M. Des logements étaient disposés du côté de l'escarpement en N, et une forte défense O flanquait la poterne P, qui s'ouvrait sur le chemin de ronde R. Probablement la porte de la première enceinte était ouverte en S au-dessus des escarpements [1]. Du côté du fleuve en T s'étageaient des tours et flancs taillés dans le roc et munis de parapets. Une tour V accolée au rocher, et communiquant au corps de la place par des escaliers et boyaux creusés dans le roc, se reliait à la muraille X qui barrait le pied de l'escarpement et les rives de la Seine, et qui se rattachait à l'estacade de pieux Y destinée à intercepter la navigation. Les grands fossés Z descendent jusqu'au bord de la rivière et sont creusés à main d'hommes. Une année avait suffi à Richard pour achever ces travaux immenses et toutes les défenses qui s'y rattachaient [2]. « Quelle est belle, ma fille d'un « an! » s'écria ce prince lorsqu'il vit son entreprise terminée [3]. A la fin du XIIe siècle, les fortifications normandes n'avaient aucun rapport avec les formes adoptées dans la construction du château Gaillard; aussi ne peut-on douter que Richard n'en soit l'unique auteur, et qu'il n'ait ordonné et tracé lui-même certaines dispositions défensives qui dénotent une profonde expérience de l'art militaire. Richard avait-il rapporté d'Orient ces connaissances très-avancées pour son temps? c'est ce qu'il nous est difficile de savoir; était-ce un reste des traditions ro-

---

[1] Nous avons laissé au trait les défenses dont il ne reste plus que des traces à peine visibles.

[2] 1196-1197.

[3] « Ecce quam pulchra filia unius anni ! » (Bromton, *Hist. angl. scriptores antiqui*, col. 1276. — *Hist. du Chât.-Gaillard*, par A. Deville.)

maines[1] ?.... Ou bien, ce prince avait-il, à la suite d'observations pratiques, trouvé dans son propre génie les idées dont il fit alors une si remarquable application ?

Si nous jetons les yeux sur le plan 20**, nous remarquerons la configuration étrange de l'enceinte elliptique du château intérieur ; c'est une suite de segments de cercle de trois mètres de corde environ, séparés entre eux par des portions de courtine d'un mètre seulement. En plan, chacun de ces segments donne la figure suivante (20***), qui forme un flanquement continu

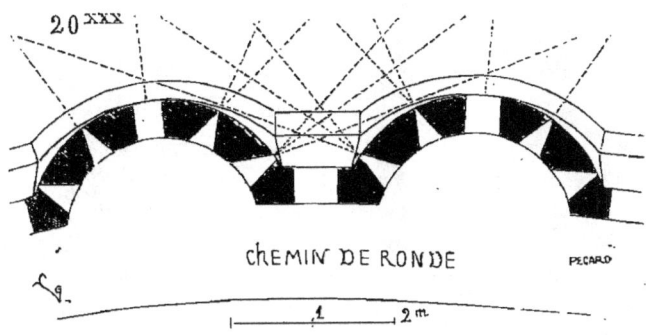

très fort eu égard aux armes de jet de cette époque, ainsi que l'indiquent les lignes ponctuées. En élévation, cette muraille dont la base s'appuie sur le roc taillé présente un aspect formidable (20****). Aucune meurtrière n'est ouverte dans la partie inférieure, toute la défense était disposée au sommet[2]. Le donjon n'est pas moins intéressant à étudier ; il se compose (20*****) d'une suite de pyramides posées sur le sommet et accolées aux flancs de la tour. Ces pyramides devaient recevoir sur leur base retournée des arcs formant mâchicoulis[3] pour la défense rap-

---

[1] Jean de Marmoutier, moine chroniqueur du XIIe siècle, raconte que Geoffroy Plantagenet, grand-père de Richard Cœur-de-Lion, assiégeant un certain château fort, étudiait le traité de Végèce. (*Ibid.*)

[2] Les constructions sont dérasées aujourd'hui au niveau du point O ; il est probable que des hourds ou bretèches se posaient, en cas de siége, à la partie antérieure des segments, ainsi que nous l'avons indiqué en B. Nous en sommes réduit sur ce point aux conjectures.

[3] Ces couronnements n'existent plus ; la construction est dérasée au

prochée, et porter un parapet crénelé pour la défense éloignée.

niveau du point O. La vue que nous donnons est prise du côté de la

Ces pyramides mourant sur le talus inférieur donnaient des

poterne du donjon, au nord, laquelle est percée dans le premier étage.

ébrasements très-judicieusement combinés pour battre le pied du donjon, en même temps qu'elles consolidaient tout l'ouvrage. Du côté de l'aire du château, ce donjon présentait un bec saillant (voir le plan 20**) qui rendait les maçonneries plus résistantes sur le seul point où il eut été possible de les saper.

Dans tous ces ouvrages, on ne remarque aucune sculpture, aucune moulure; tout a été sacrifié à la défense : la maçonnerie est bien faite, composée d'un blocage de silex reliés par un excellent mortier revêtu d'un parement de petit appareil exécuté avec soin, et présentant sur quelques points des assises alternées de pierres blanches et rousses.

Tant que vécut Richard, Philippe-Auguste, malgré sa réputation bien acquise de grand preneur de forteresses, n'osa tenter de faire le siége du Château-Gaillard; mais après la mort de ce prince, et lorsque la Normandie fut tombée aux mains de Jean-sans-Terre, le roi français résolut de s'emparer de ce point militaire qui lui ouvrait les portes de Rouen. Le siége de cette place, raconté jusques dans les plus menus détails par le chapelain du roi, Guillaume le Breton, témoin oculaire, fut un des plus grands faits militaires du règne de ce prince; et si Richard avait montré un talent remarquable dans les dispositions stratégiques de cette place et de ses abords, Philippe-Auguste conduisit son entreprise en homme de guerre consommé.

Le Château-Gaillard était défendu par Roger de Lascy, connétable de Chester; avec lui un grand nombre de chevaliers de renom s'étaient enfermés dans la forteresse. L'armée française investit la presqu'île de Bernières (voy. fig. 20*), appuyant sa gauche à ce village, sa droite à Toëni. Le pont de bois qui reliait cette presqu'île au châtelet situé sur l'île d'Andely fut aussitôt rompu par les Anglo-Normands. Philippe-Auguste fit d'abord (et bien lui en prit) creuser un fossé d'un village à l'autre, et éleva un rempart de circonvallation K L. Afin de pouvoir faire

---

Nous supposons le bâtiment N enlevé afin de laisser voir l'escalier qui montait à cette poterne. (Voir le plan 20**.)

arriver les bateaux qui devaient lui permettre d'établir un pont en face du petit Andely pour passer sur la rive droite du fleuve, il fit rompre l'estacade par de hardis nageurs qui pratiquèrent une brèche pendant que l'on faisait une fausse attaque contre le châtelet. Une fois la brèche ouverte, « le roi, dit Guillaume
« le Breton, fit amener des divers ports de la Seine une grande
« quantité de ces bateaux plats qui servent habituellement au
« passage des hommes, des bêtes de somme et des chariots (des
« bacs), et les unissant entre eux, côte à côte d'une rive à
« l'autre, il plaça dessus un bon plancher de bois. Les bateaux
« qui portaient ce plancher étaient retenus à de forts pieux
« fixés çà et là, et furent armés de tourelles de distance en di-
« stance. Quatre bateaux plus gros M furent attachés à la partie
« centrale du pont, lequel s'appuyait à la pointe de l'île d'An-
« dely en aval; sur ces bateaux deux grands beffrois bardés de
« fer furent élevés afin de battre le châtelet. » Dès lors l'armée française passa sur la rive droite et campa en V sous les murs du petit Andely. Cependant Jean-sans-Terre tenta de secourir la place : il envoya un corps d'armée qui, la nuit, se jeta sur les derrières des Français à la gorge de la presqu'île pendant qu'une flotte partie de Rouen attaquerait le pont de bateaux; mais les deux attaques ne furent pas faites simultanément; la ligne de circonvallation arrêta l'attaque par terre, donna au camp français le temps de se reconnaître, et la flotte, arrivée trop tard, fut repoussée avec des pertes considérables. Le châtelet fut bientôt pris ainsi que le petit Andely, et occupé par des garnisons françaises. Philippe-Auguste put mettre le siége devant le château Gaillard; il établit son camp sur le plateau R en face de la langue de terre qui réunit le château à la montagne. Mais l'hiver s'approchait, le roi espéra prendre la place par famine. Investie de toutes parts, la garnison se retira dans la triple enceinte de la forteresse; des lignes de contrevallation et de circonvallation encore visibles aujourd'hui furent tracées, et furent munies de sept bastilles en bois chacune espacées régulièrement. Pendant tout l'hiver de 1203 à 1204 l'armée française resta dans ses

lignes. Au mois de février 1204, Philippe-Auguste, qui savait que la garnison du château Gaillard avait pour plus d'un an de vivres, se décida à entreprendre un siége en règle. En face de la tour du coin A (fig. 20"), il fit aplanir le terrain de la langue de terre qu'elle dominait, et sur cette assiette il établit des galeries couvertes (chats) et un beffroi qui battait la tour, le fossé fut comblé, et les pionniers attachés à la base de la tour A au-dessus de l'escarpement du rocher; bientôt la tour s'écroula sous ses étançons brûlés, la garnison abandonna l'ouvrage avancé, la première enceinte du château tomba au pouvoir du roi Philippe par surprise. Cinq bacheliers français dont Guillaume le Breton nous a conservé les noms s'introduisirent dans le bâtiment H par une petite fenêtre qui était peu élevée au-dessus du fossé, puis tout à coup, poussant de grands cris, ils firent croire à la garnison qu'une troupe nombreuse avait envahi la première enceinte; les assiégés mirent eux-mêmes le feu aux bâtiments de la basse-cour, et se retirèrent dans le château. Après des efforts inouïs, Philippe-Auguste parvint à faire mettre en batterie, en face la porte du château K, une machine de jet, et à attacher des pionniers à l'ouvrage qui défendait cette porte en faisant avancer un chat sur ce point. Bientôt la porte fut rompue, et une partie de la maçonnerie s'écroula. Les Français se précipitèrent sur la brèche avec une telle impétuosité que la garnison, réduite à cent quatre-vingts hommes, ne put se frayer un passage jusqu'à la poterne du donjon; entourée, elle dut mettre bas les armes. C'était le 6 mars 1204. Les premières opérations de l'attaque du châtelet et du passage de la Seine avaient eu lieu au mois d'août précédent. Certes, sous un autre prince que Jean-sans-Terre, le château Gaillard eût tenu plus longtemps, car l'armée assiégeante, harcelée par des troupes du dehors, n'eût pu procéder avec cette méthode et cet ensemble. Le journal de ce siége met en évidence un fait curieux pour l'histoire de la fortification. Le château Gaillard, malgré sa situation, malgré l'habileté déployée par Richard dans les détails de la défense, est trop resserré. Déjà, pour cette époque, les dispositions défensives accumulées sur un point se nuisaient au lieu de se prêter appui ; les moyens d'attaque, en devenant plus énergiques, plus puissants, exigeaient des défenses plus étendues. Nous verrons tout à l'heure comment, pendant le XIIIᵉ siècle, on simplifia les fortifications, on les soumit à des méthodes plus régulières et plus larges.

Le château de Montargis, dont la construction remontait au XIIIᵉ siècle, et que nous donnons ici (**20 bis**), était de même une

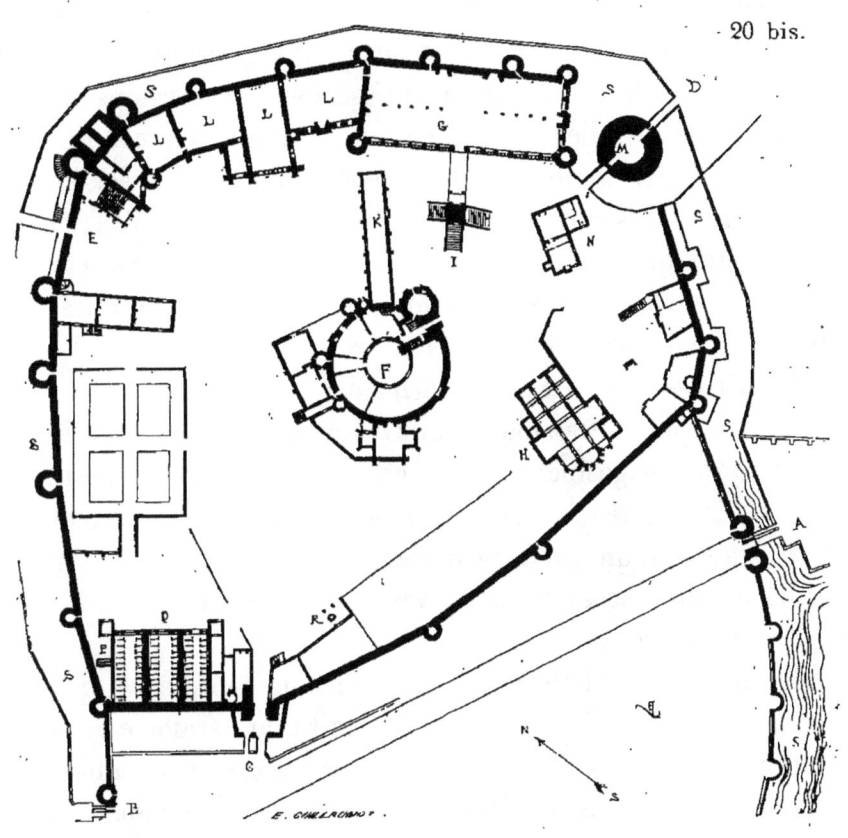

20 bis.

place assez forte pour exiger un siége en règle. Il commandait la route de Paris à Orléans qui passait sous les portes défendues A et B. Des fossés S enveloppaient les défenses extérieures et intérieures. La route était battue de flanc par un front flanqué de tours et communiquait au château par une porte C (voy., fig. **28**, la vue cavalière de cette entrée) ; une autre porte D, passant à travers une grosse tour isolée, était d'un accès très-difficile. Quant aux dispositions intérieures du château, elles sont d'un grand intérêt, et indiquent nettement les moyens défensifs des garnisons. Les tours sont très-saillantes sur les courtines pour les bien flanquer; au nord, point saillant et faible par conséquent, était élevé un gros ouvrage présentant deux murs épais l'un derrière l'autre, éperonnés par un mur de refend flanqué de deux tours d'un diamètre plus fort que les autres. En G était la grand'salle à deux étages, dans laquelle toute la garnison pouvait être réunie pour recevoir des ordres, et de là se répandre promptement sur tous les points de l'enceinte par un escalier à trois rampes I. La réunion de cet escalier à la grand'salle pouvait être coupée, et la grand'salle servir de retrait si l'enceinte était forcée. Le gros donjon F à plusieurs étages, avec une cour circulaire au centre, communiquait avec la grand'salle au premier étage par une galerie K, pouvant être de même coupée à son extrémité. Ce donjon commandait toute l'enceinte et ses bâtiments. La garnison était casernée dans les bâtiments L du côté où l'enceinte était le plus accessible. En O étaient les écuries, la boulangerie, des magasins; en H la chapelle, et en N un poste à proximité de l'entrée D. Les petits bâtiments qui entouraient le donjon étaient d'une date postérieure à sa construction. La poterne E donnait accès dans de vastes jardins entourés eux-mêmes d'une enceinte.

Le donjon était au château pendant l'époque féodale ce que le château était à la ville, la dernière retraite, le dernier moyen de résistance; aussi était-il construit avec un soin particulier, muni de tous les moyens de défense alors en usage. Pendant la période romane, le donjon est le plus ordinairement bâti sur un plan carré, renforcé de contre-forts à pans rectangulaires ou semi-circulaires, qui avaient cet avantage de flanquer les murailles au moyen des crénelages ménagés à leur sommet. Tels sont les donjons des châteaux de Langeais, de Loches, de Beaugency-sur-Loire, de Chauvigny, dont nous donnons ici le plan (20 ter)[1],

---

[1] Ce plan est, à l'état actuel, à la hauteur du 1er étage. La construction de ce donjon remonte au xie siècle.

de Montrichard, de Domfront, de Nogent-le-Rotrou, de Falaise, etc. Leurs étages étaient voûtés ou séparés par des

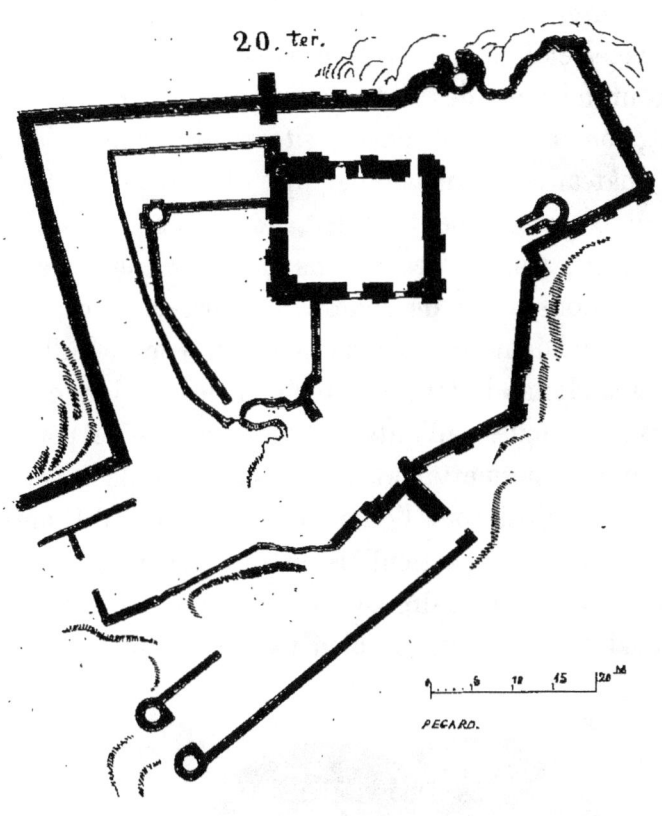

planchers en bois portant sur une ligne de piles isolées; de rares fenêtres éclairaient ces salles garnies souvent de cheminées, de fours et de puits à rez-de-chaussée. On faisait en sorte de les bâtir sur le point le plus élevé du plateau sur lequel le château se trouvait établi, ou sur des *mottes* ou monticules faits à main d'hommes. Un mur de contre-garde ou *chemise* assez élevée protégeait leur base, et on ne pouvait accéder dans l'intérieur que par une poterne étroite élevée de quelques mètres au-dessus du sol, et au moyen d'escaliers de bois ou de ponts volants communiquant avec le chemin de ronde de la chemise. Dès cette époque l'élévation des donjons était considérable, de 30 à

50 mètres, afin de commander non-seulement les défenses extérieures du château, mais même les dehors. Il n'existe plus, que nous sachions, de donjons du Xe à la fin du XIe siècle, dont les défenses supérieures aient été conservées ; nous ne pouvons dire si leurs crénelages étaient munis de hourds en temps de guerre, s'ils étaient couronnés par des plates-formes ou des combles aigus.

Cependant, comme dans les parties supérieures conservées des défenses du château de Carcassonne, qui datent de la fin du XIe siècle ou du commencement du XIIe, nous avons retrouvé les traces parfaitement visibles des hourds en bois, il est très-probable que les donjons carrés de l'ouest, du nord et du centre de la France, se défendaient de la même manière. Vers le milieu du XIIe siècle on abandonna la forme carrée pour les donjons comme pour les tours ; les angles saillants des plans carrés ne pouvant être bien défendus, permettaient aux assiégeants de saper ces angles et de ruiner ainsi tout l'ouvrage. Le donjon d'Étampes présente une disposition particulière et qui dénote les efforts tentés au XIIe siècle pour faire de ces défenses majeures des demeures féodales, des ouvrages bien flanqués. Voici (**20 a**) le

plan du rez-de-chaussée de ce donjon[1]. Le donjon de Provins,

---

[1] Ce plan est à l'échelle de 0,0025.

dit tour de César, bâti au XIIe siècle, est plus intéressant encore à étudier; c'est un véritable fort polygonal flanqué de quatre tourelles engagées à leur base, mais qui se détachaient du corps de la construction dans la partie supérieure, et permettaient de

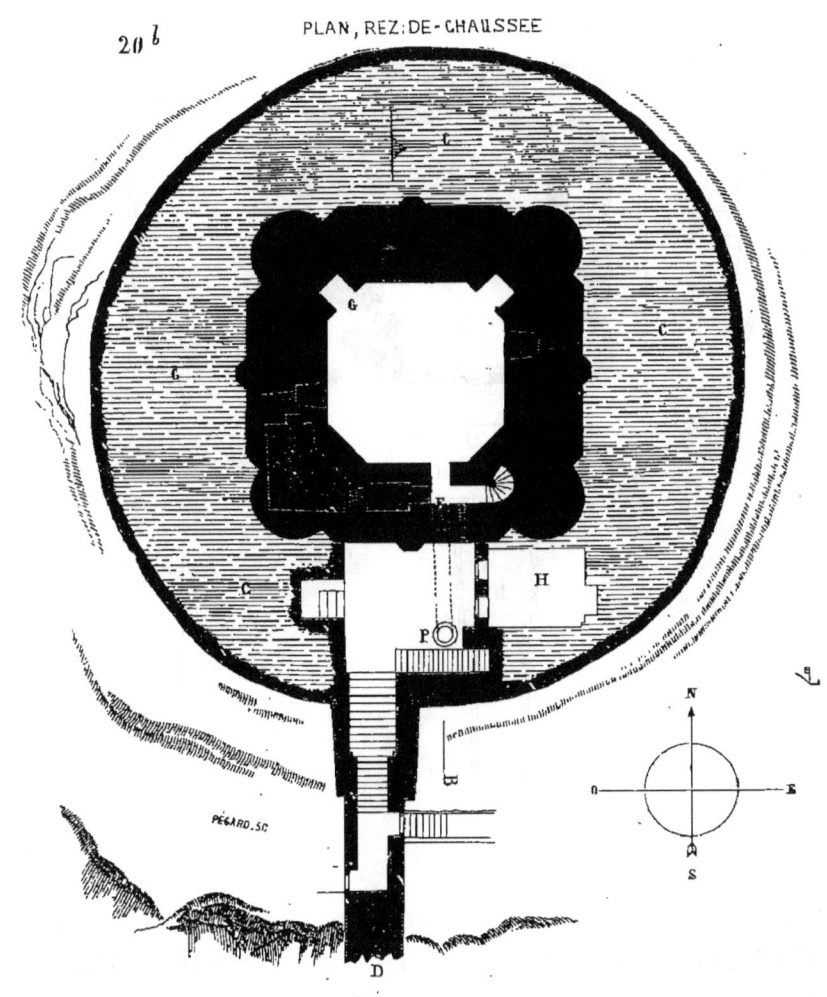

battre tous les alentours. Cet ouvrage pouvait être garni d'un grand nombre de défenseurs, à cause de ses différents étages en retraite, et de la position flanquante des tourelles. Voici (**20 b**) le plan du rez-de-chaussée de ce donjon; (20 c) le plan du pre-

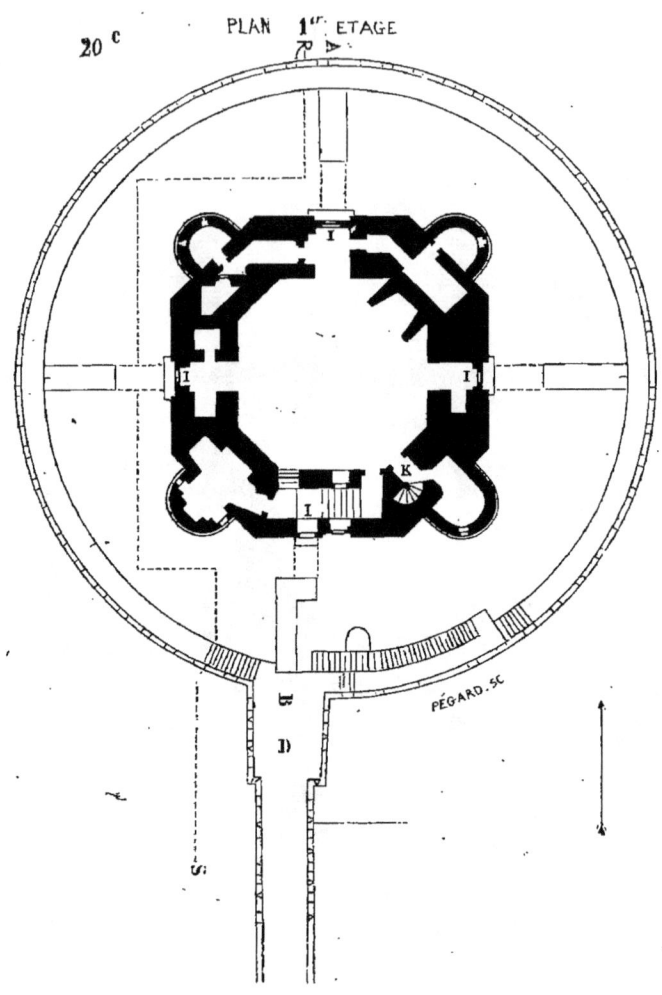

mier étage; (20 d) le plan du troisième étage et du premier chemin de ronde de défense; (20 e) l'élévation du côté de l'ouest, et (20 f) la coupe sur la ligne A B [1]. Le terre-plein C (fig. 20 b) qui entoure le donjon de Provins date du XVe siècle et fut élevé par les Anglais pour recevoir probablement de l'artillerie à feu, il remplaçait un mur de contre-garde d'une époque beaucoup

---

[1] Même échelle de 0,0025.

plus ancienne. Le mur de prolongement D aboutissait à la porte

20 *d*

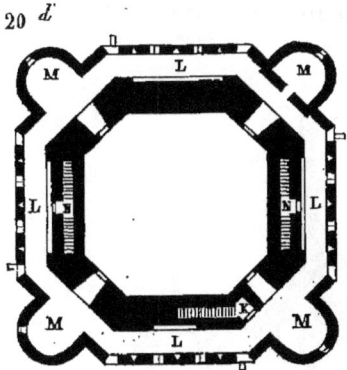

de Paris et permettait de communiquer du terre-plein C ou du

20 *e*

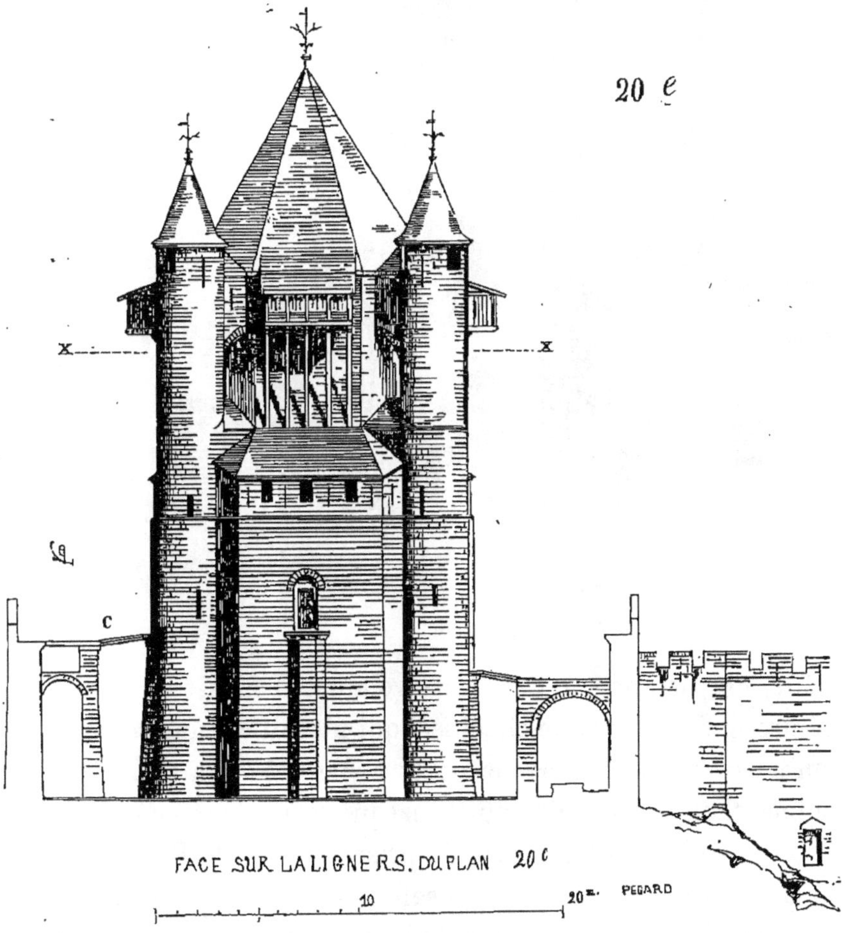

mur de contre-garde aux chemins de ronde des murs de la ville.

Autrefois on entrait dans la salle du premier étage du donjon par le chemin de ronde du mur de contre-garde et quatre poternes I

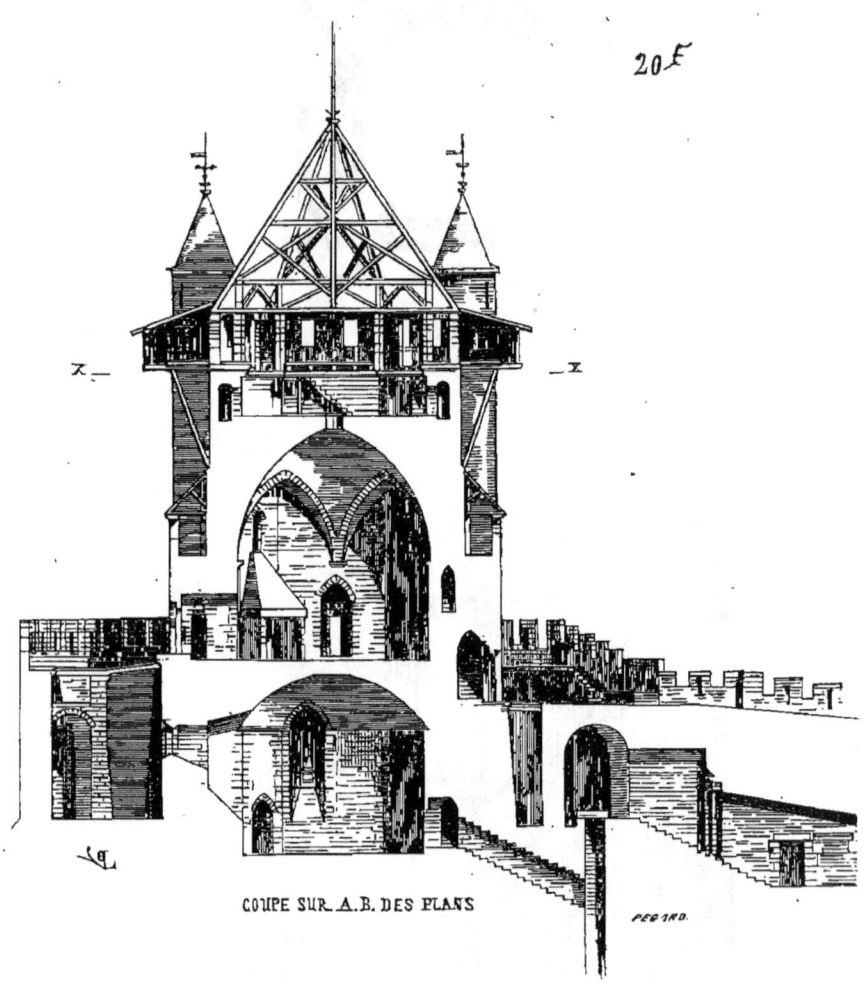

COUPE SUR A.B. DES PLANS

(fig. 20 c) en passant sur des ponts volants. Il fallait du premier étage descendre au rez-de-chaussée, qui n'avait aucune communication avec les dehors; par la porte F (fig. 20 b) on arrivait par un emmarchement jusqu'au puits masqué P (v. la coupe fig. 20 f). Un cachot qui, dit-on, servit de prison à Jean le Bon, duc de Bretagne, forme avec la grand'salle centrale les logements du rez-de-chaussée; en G un four avait été établi pendant le XVe siècle; une petite chapelle existait en H. Le premier étage présente un grand nombre de réduits, de pièces séparées propres au logement des chefs. Par les quatre poternes I et les ponts volants la garnison se répandait facilement sur le chemin de ronde de la chemise primitive, que nous supposons rétablie dans le plan (fig. 20 c), et sortait sur le mur de prolongement D communiquant avec les dehors. Par le petit escalier à vis K on accédait aux parapets crénelés L (fig. 20 d) et aux échauguettes M. Puis par les rampes N on arrivait au deuxième étage dont la défense est en partie détruite. Les anciennes constructions sont dérasées aujourd'hui au niveau X X (fig. 20 e et 20 f). Il n'est pas douteux que la partie supérieure en fût défendue avec beaucoup de soin, la disposition des tourelles d'angle l'indique. Nous avons essayé, dans l'élévation et la coupe, la restauration de cette partie supérieure, en nous conformant aux défenses existantes de cette époque et aux renseignements que l'on trouve dans les manuscrits antérieurs au XIIIe siècle, renseignements qui, nous devons le dire, sont fort insuffisants. La position des hourds en bois des quatre faces supérieures ne nous semble pas douteuse, on ne s'expliquerait pas autrement la retraite ménagée au-dessus du chemin de ronde (fig. 20 f), et qui paraît avoir été destinée à porter les pieds des grands liens de hourds assez saillants pour former mâchicoulis en avant des chemins de ronde du premier étage. Ces hourds ainsi disposés flanquent les tourelles qui elles-mêmes flanquent les faces.

Mais au XIIIe siècle on sembla renoncer aux formes carrées ou combinées dans le tracé des plans des donjons, pour adopter définitivement le plan circulaire. Dès la fin du XIIe siècle ou le commencement du XIIIe, le donjon de Châteaudun, celui du Louvre étaient élevés suivant une forme cylindrique. Vers 1220 Enguerrand III de Coucy faisait bâtir l'admirable donjon que nous voyons encore aujourd'hui. Nous nous arrêterons à celui-là comme étant le plus vaste, le plus complet, et celui dont le système défensif est le plus fort en même temps qu'il est le plus facile à expliquer. Nous avons donné (fig. 20) l'assiette du château de Coucy, sa situation par rapport à la ville. De la place d'armes ou basse-cour, dans laquelle étaient établis les communs, on entre dans le château par un pont A (20 g) flanqué

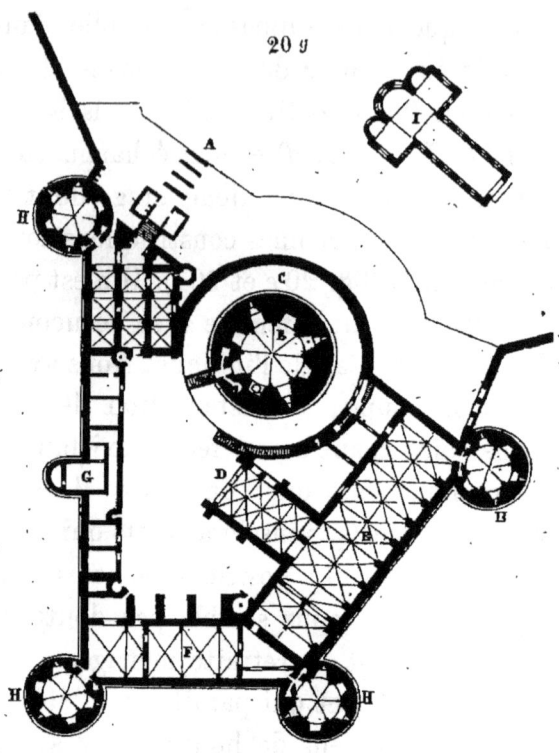

de deux corps de garde. Ce pont pouvait être enlevé facilement en temps de guerre, son tablier ne reposant que sur des piles isolées. Le gros donjon B et sa chemise commandaient la basse-cour aussi bien que le fossé, le revers des courtines environnantes et tout le château. Les tours H et la chapelle D sont de la même époque que le donjon. Les parties supérieures de l'entrée, les grandes salles E F avaient été rebâties au commencement du XVe siècle. Le château pris, la garnison se retirait dans le donjon, dans lequel on ne peut s'introduire que par une seule porte munie d'un pont volant. Un fossé C isolait le donjon de sa chemise. Le couloir A d'entrée (voy. le plan du rez-de-chaussée fig. 20 h) était défendu par une herse, deux portes et une grille ; à droite on trouve un escalier spacieux qui conduit aux étages supérieurs, à gauche un réduit qui mène à des latrines

B. Ce rez-de-chaussée était à peine éclairé par des fenêtres étroites, rares, fort élevées au-dessus du sol (voy. la coupe 20 *m*

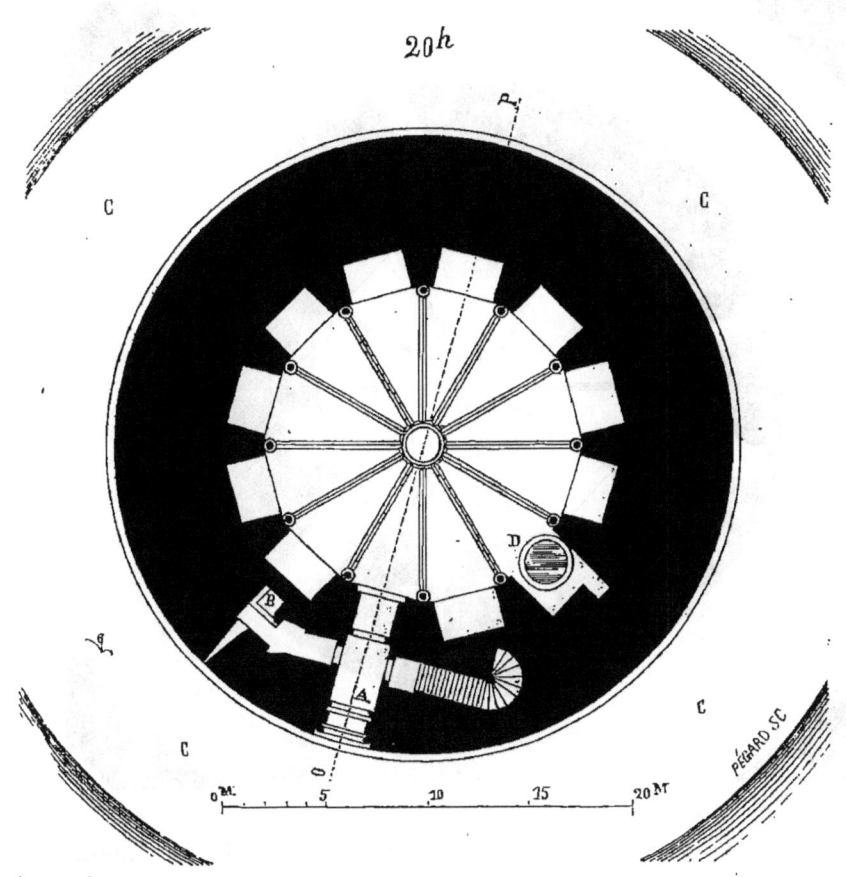

faite sur les lignes O P des plans), et probablement par l'œil central de la voûte qui devait se répéter à chaque étage jusqu'au sommet, pour communiquer des ordres, monter des projectiles et donner de l'air. Un puits large et très-profond s'ouvre en D dans l'un des onze renfoncements qui entourent la salle ; dans la seconde travée à la suite du puits est une cheminée. La voûte détruite aujourd'hui, mais dont les naissances existent, reposait sur des chapiteaux d'une belle sculpture et des culs-de-lampe représentant des personnages accroupis. Le premier étage donne un plan semblable au rez-de-chaussée (20 *i*). Sous l'appui ébrasé d'une des fenêtres est ménagé un cabinet communiquant à une poterne D, qui, au moyen d'un pont volant, permettait à la

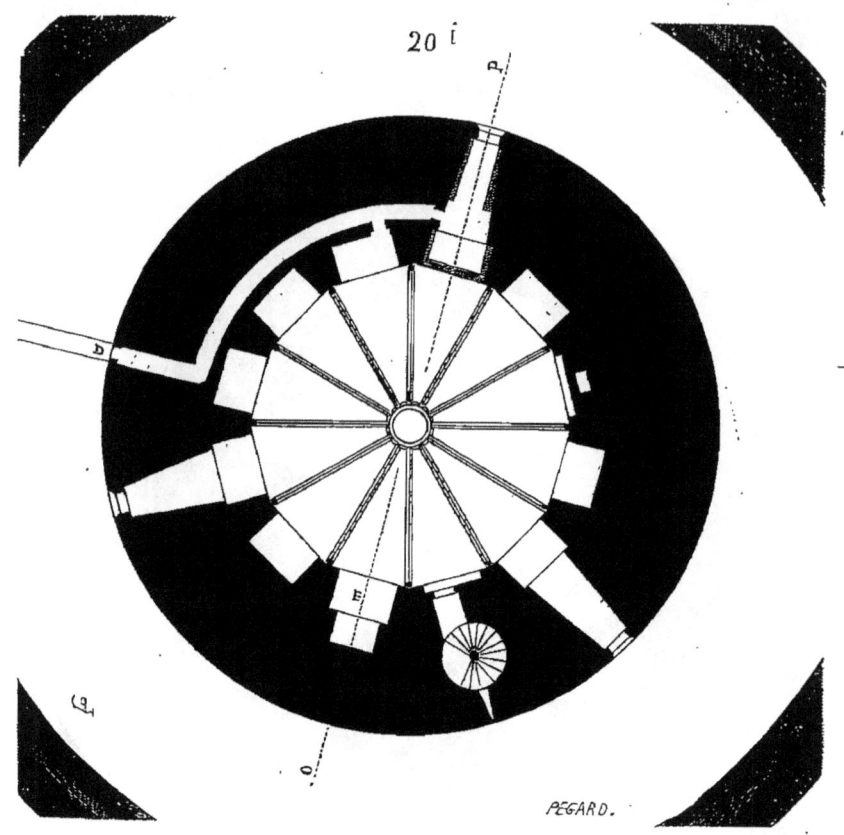

garnison de se répandre sur le chemin de ronde de la chemise. La cheminée de cet étage est en E. Le second étage (20 k) présente une admirable disposition ; c'est une grande salle entourée d'un portique dont le sol est élevé de trois mètres environ au-dessus du pavé de la salle; en G des balcons en bois, dont la trace est partout évidente, permettaient de s'avancer jusqu'à la circonférence intérieure formée par les têtes de piles. C'était là qu'on réunissait toute la garnison, lorsqu'il fallait donner des ordres généraux. Douze à quinze cents hommes pouvaient facilement, à la faveur de ce portique et des balcons, se tenir dans cette immense rotonde et entendre ce qui se disait au centre. Nous ne connaissons rien ni dans les monuments de l'antiquité romaine, ni dans nos édifices modernes, qui ait un aspect à la fois plus grandiose et plus puissant que cette belle construction,

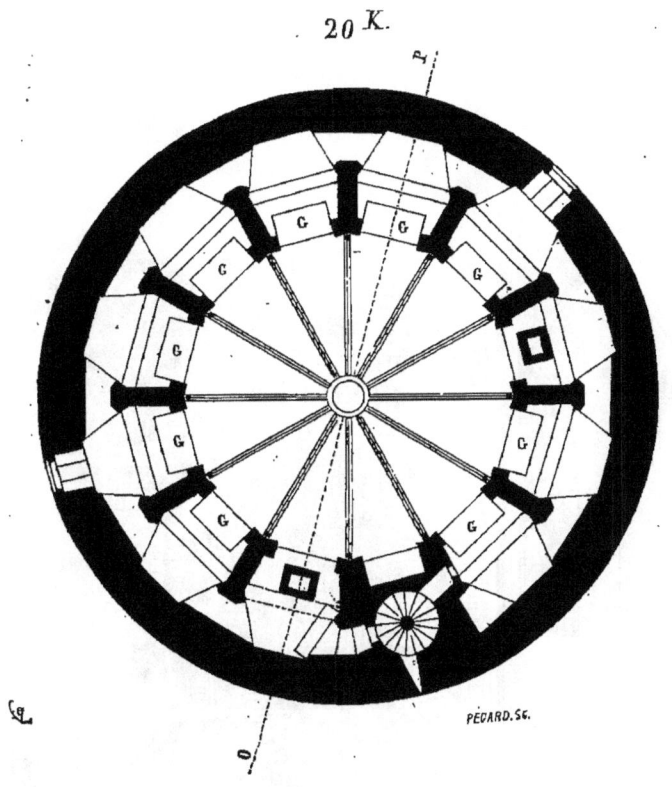

dont notre coupe (20 m) ne peut donner qu'une bien faible idée. En montant toujours par l'escalier à vis on arrive à l'étage crénelé (20 *l*). Une couverture en dalles ou en plomb protégeait la voûte et formait une plate-forme en pavillon ; à l'entour un large chemin de ronde permet de circuler librement et d'accéder aux créneaux. Les écoulements d'eau bien ménagés dans les reins de chacune des voûtes du portique ne peuvent laisser douter que cet étage n'ait toujours été à ciel ouvert; cependant, en temps de guerre, de grands hourds à double étage étaient posés sur les corbeaux en pierre qui existent en contrebas du crénelage (fig. 20 *m*). On voit apparaître ici la transition des hourds de bois aux mâchicoulis de pierre. En effet, pour un ouvrage aussi puissamment conçu et exécuté, les hourds de bois portés sur des solives en bascule ne devaient pas paraître une défense assez

durable. Ce système de hourds portés sur des consoles de pierre est appliqué, non-seulement au donjon de Coucy, mais aussi aux tours du château. Les dispositions défensives de Coucy n'at-

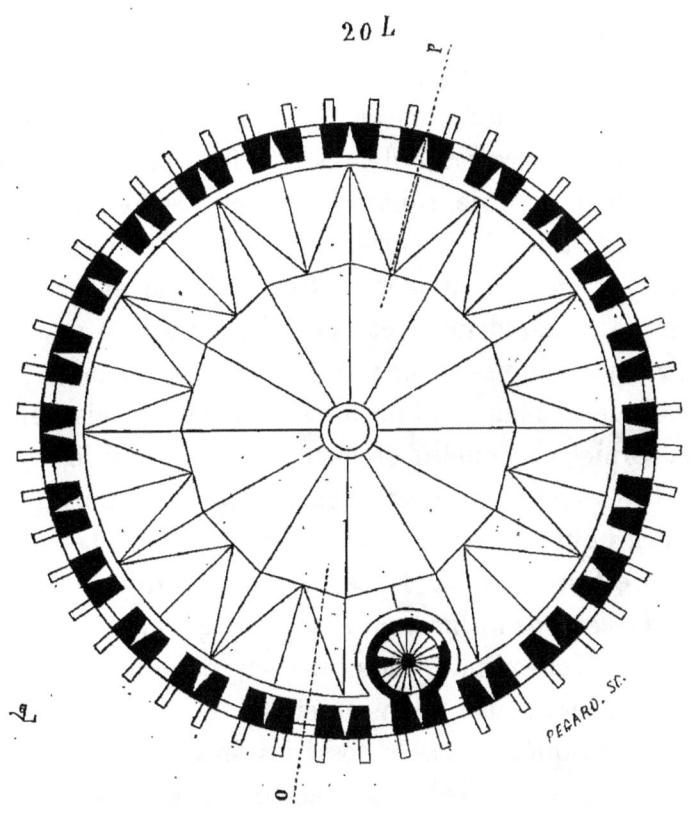

tirent pas seules l'attention de l'architecte archéologue ; le donjon présente, ainsi que nous l'avons dit déjà, des fragments de sculpture de la plus grande beauté : partout on retrouve des traces de peintures d'ornement très-simples, mais d'un beau style. Nous signalerons encore plusieurs faits curieux dans la construction de cette immense forteresse ; tout ce qui indique un usage journalier, les bancs, les marches des escaliers, les alléges des créneaux supérieurs dépassent l'échelle humaine ; les bancs ont $0^m,60$ de hauteur, les marches de $0^m,30$ à $0^m,40$, les alléges des créneaux $1^m,20$. Les matériaux mis en œuvre sont d'une énorme dimension ; on voit des lintaux de portes qui ne cubent pas moins de deux mètres, des assises qui ont jusqu'à $0^m,70$ de hauteur.

Voici par quel procédé le donjon de Coucy dut être élevé : la construction fut conduite en spirale de la base au sommet, au moyen d'un échafaudage dressé en même temps que les maçonneries s'élevaient ; cet échafaud formait ainsi en dehors du parement extérieur un chemin incliné qui permettait de rouler sans difficultés les plus grosses pierres jusqu'au faîte. Les trous carrés des traverses de cet échafaud et des liens qui empêchaient leur bascule sont visibles et très-régulièrement disposés au pourtour de l'énorme cylindre. Il était impossible d'employer un procédé à la fois plus simple et plus ingénieux pour bâtir rapidement et sans frais inutiles une aussi grosse tour, qui n'a pas moins de $30^m,50$ de diamètre hors œuvre et 60^m de haut du fond du fossé au bas du glacis qui surmontait la corniche à doubles crochets. Aujourd'hui les voûtes des deux étages sont crevées, et le glacis supérieur ainsi que les quatre pinacles qui le couronnaient n'existent plus. Le couronnement nous est indiqué par Ducerceau dans son livre *Des plus excellents bâtiments de France*; on rencontre quelques morceaux de ce glacis sur le chemin de ronde supérieur et au fond du fossé ; quant aux pinacles, nous n'avons pu en découvrir de fragments ; des fouilles pratiquées dans le fossé les feraient probablement retrouver en partie [1]. Toute la maçonnerie était chaînée au moyen de longrines de bois de $0^m,20$ à $0^m,30$ d'équarrissage, noyées dans l'épaisseur des murs, suivant la méthode encore en usage pendant le XIIe siècle. Au-dessus de la voûte du premier étage, ce chaînage se reliait à une enrayure également en bois.

Il semblerait que ce donjon ait été bâti pour une race de géants, l'aspect des constructions est en harmonie avec la puissance dé-

---

[1] Il serait à désirer que le Gouvernement voulût bien faire exécuter des fouilles dirigées avec intelligence dans le château de Coucy ; il y a là une mine de précieux renseignements pour l'histoire de l'architecture appliquée à l'art militaire du moyen âge. Nous allons fouiller à Ninive, et à quelques kilomètres de Paris nous laissons enfouis les traces encore vivantes de l'histoire de notre pays. Toutes les substructions des bâtiments et du donjon sont couvertes de débris du milieu desquels quelques coups de pioche ont fait sortir des fragments du plus grand intérêt.

ployée dans l'exécution; et, en effet, Enguerrand III de Coucy est la plus grande figure de la féodalité. On ne doit pas oublier que ce personnage héroïque, après avoir ravagé les diocèses de Reims et de Laon, après que le roi Philippe-Auguste eut répondu au chapitre de Reims qui se plaignait de ses violences et du ravage de leurs terres : « Je ne puis faire autre chose pour vous que « de prier le sire de Coucy de ne point vous inquiéter », aspira sous la minorité de Louis IX au trône de France. Il était seigneur de Montmirail, d'Oisy, de Crèvecœur, de la Ferté-Aucoul, de la Ferté-Gaucher, possédait la terre de Condé en Brie, était comte de Roucy, vicomte de Meaux et châtelain de Cambrai. Cinquante chevaliers étaient toujours auprès de lui indépendamment des vassaux qui lui devaient le service militaire. Or cinquante chevaliers formaient une garde de cinq cents hommes environ. Au XIIIe siècle, un pareil état et un château comme celui de Coucy plaçaient un vassal du roi de France sur le pied d'égalité avec son suzerain. Mais s'il n'était donné qu'à un petit nombre de vassaux de la couronne de France de prendre une si belle place et d'acquérir d'aussi grandes richesses, une influence considérable, tous, à des degrés différents, voulaient conserver leur indépendance, se maintenir à l'état de lutte permanente avec une société qui déjà aspirait à l'unité monarchique; tous construisaient des châteaux; le plus petit seigneur avait son nid, son refuge fermé, ses hommes; et en temps de guerre il tenait pour tel ou tel parti, pour le roi comme pour son seigneur direct, ou l'étranger, suivant qu'il y trouvait honneur, profit, ou parfois aussi une vengeance à exercer.

Quelque pauvre que fût le château, autant que faire se pouvait, on profitait des escarpements naturels du terrain pour le planter; car il se trouvait ainsi à l'abri des machines de guerre, de la sape ou de la mine. L'attaque ne se faisant que de très-près, et les machines de jet ne pouvant élever leurs projectiles qu'à une hauteur assez limitée, il y avait avantage à dominer l'assaillant soit par les escarpements des rochers, soit par des constructions d'une grande élévation, en se réservant dans la construction inférieure des tours et courtines le moyen de battre l'ennemi extérieur au niveau du plan de l'attaque. En se divisant, sous l'influence du pouvoir monarchique, la féodalité suppléait à son manque de ressources en appelant à son aide les moyens de défense les plus actifs, elle s'ingéniait à mettre ses châteaux en état de résister à des attaques formidables, elle multipliait les obstacles autour de ses refuges; c'était là sa préoccupation constante, le but de ses sacrifices, l'emploi le plus utile, à son point de vue, de ses revenus ou du produit de ses prouesses. Elle tendait ainsi à faire progresser rapidement l'art de la fortification.

Nous avons vu que les tours de l'époque romane ancienne étaient pleines dans leur partie inférieure, et les courtines terrassées. Dès le commencement du XII° siècle on avait reconnu l'inconvénient de ce mode de construction, qui ne donnait à l'assiégé que le sommet des tours et courtines pour se défendre, et livrait tous les soubassements aux mineurs ou pionniers ennemis; ceux-ci pouvaient poser des étançons sous les fondations, et faire tomber de larges pans de murailles en mettant le feu à ces étais, ou creuser une galerie de mine sous ces fondations et terrassements, et déboucher dans l'intérieur de l'enceinte.

Pour prévenir ces dangers, les constructeurs militaires établirent, dans les tours, des étages inférieurs à partir du sol des fossés ou du niveau de l'eau, ou de l'arase des escarpements de rocher; ces étages furent percés de meurtrières, se chevauchant ainsi que l'indique la figure 21, de manière à envoyer des carreaux sur tous les points de la circonférence des tours autant que faire se pouvait. Ils en établirent également dans les courtines, surtout lorsqu'elles servaient de murs à des logis divisés en étages, ce qui, dans les châteaux, avait presque toujours lieu. Les pionniers arrivaient ainsi plus difficilement au pied des murs, car il leur fallait se garantir non-seulement contre les projectiles jetés du haut en bas, mais aussi contre les traits décochés obliquement et horizontalement par les meurtrières; s'ils parvenaient à faire un trou au pied du mur ou de la tour, ils devaient se trouver en face d'un corps d'assiégés qui, prévenus par les coups

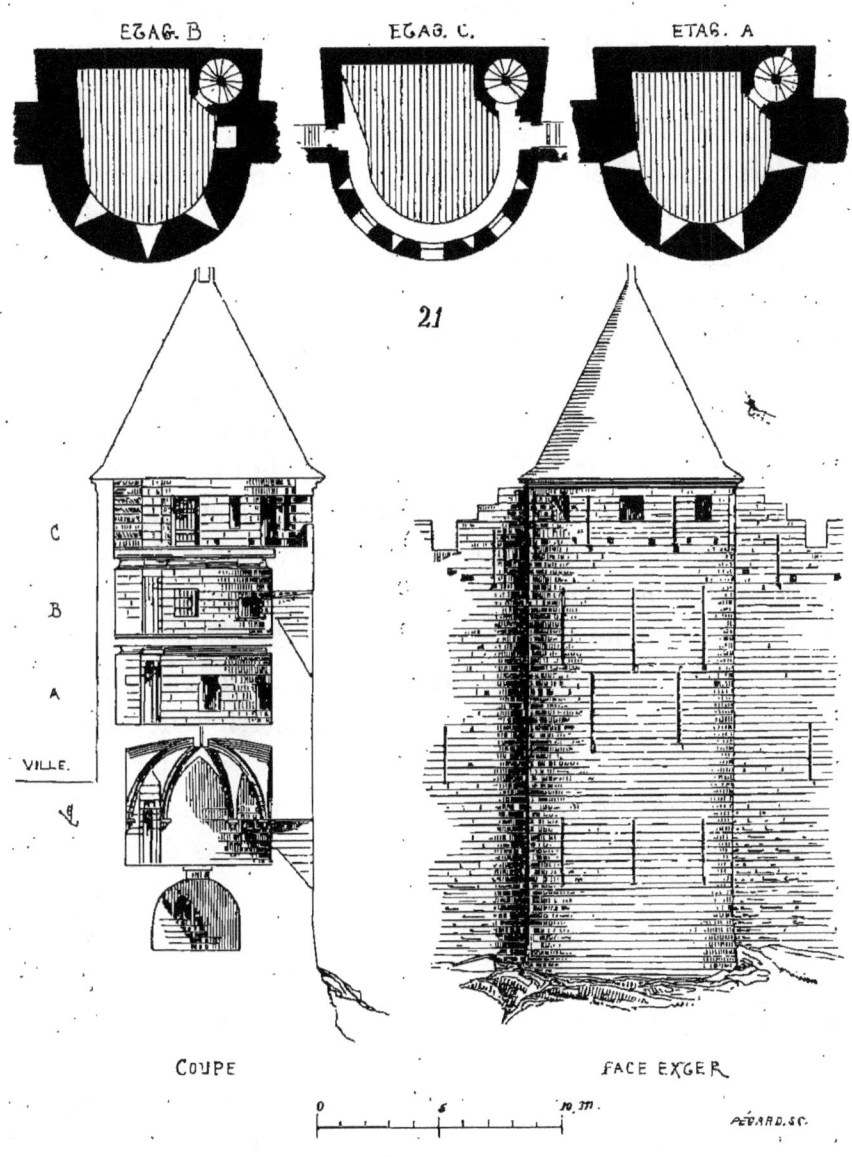

de la sape, avaient pu élever une palissade ou un second mur en arrière de ce trou, et rendre leur travail inutile. Ainsi, lorsque l'assaillant avait, au moyen de ses engins, démonté les hourds, écrêté les créneaux, comblé les fossés, lorsque, avec ses compagnies d'archers ou d'arbalétriers, balayant le sommet des remparts, il avait ainsi rendu le travail des pionniers possible, ceux-ci, à moins qu'ils ne fussent très-nombreux et hardis, qu'ils pussent entreprendre de larges tranchées et faire tomber un ouvrage entier, trouvaient derrière le percement un ennemi qui les attendait dans les salles basses au niveau du sol. L'assaillant eût-il pénétré dans ces salles en tuant les défenseurs, qu'il ne pouvait monter aux étages supérieurs que par des escaliers étroits facilement barricadés, et munis de portes ou de grilles.

Nous devons observer que les défenses extérieures, les tours des lices, étaient percées de meurtrières, permettant à l'assiégé un tir rasant, afin de défendre les approches à une grande distance, tandis que les meurtrières des tours et courtines des secondes enceintes étaient percées de façon à faciliter le tir plongeant. Toutefois ces ouvertures, qui n'avaient à l'extérieur que $0^m,10$ de largeur environ, et 1^m à $1^m,50$ à l'intérieur, servaient plutôt à reconnaître les mouvements des assiégeants et à donner du jour et de l'air dans les salles des tours qu'à la défense ; elles battaient les dehors suivant un angle trop aigu, surtout quand les murs des tours sont épais, pour qu'il fût possible de nuire sérieusement aux assaillants, en décochant des carreaux, des sagettes ou viretons par ces fentes étroites. La véritable défense était disposée au sommet des ouvrages. Là, en temps de paix, et quand les hourds n'étaient pas montés, le mur du parapet, dont l'épaisseur varie de $0^m,50$ à $0^m,70$, percé d'archères rapprochées, dont l'angle d'ouverture est presque droit, battait tous les points des dehors ; les créneaux, munis de portières en bois roulant sur un axe horizontal et qu'on relevait plus ou moins au moyen d'une crémaillère, suivant que l'ennemi était plus ou moins éloigné, permettaient de découvrir facilement les fossés et la campagne en restant à couvert (21 bis)[1].

[1] Nous donnons ici un des créneaux des étages supérieurs des tours de la cité de Carcassonne, qui datent de la fin du XIIIe siècle ; la partie inférieure de la fermeture posée seulement sur deux crochets en fer s'enlevait lorsqu'on posait les hourds, puisqu'alors ces créneaux servaient

Les tours rondes flanquant les courtines résistaient mieux à la sape et aux coups du bélier que les tours carrées, aussi avaient-elles été adoptées généralement dès les premiers siècles du moyen âge; mais jusqu'à la fin du XIIe siècle leur diamètre était petit, elles ne pouvaient contenir qu'un nombre très-restreint de défenseurs; leur circonférence peu étendue ne permettait d'ouvrir que deux ou trois meurtrières à chaque étage, et par conséquent elles battaient faiblement les deux courtines voisines; leur diamètre fut augmenté au XIIIe siècle, lorsqu'elles furent munies d'étages jusqu'au niveau du fossé. Il était plus facile à un assiégeant de battre une tour qu'une courtine (22),

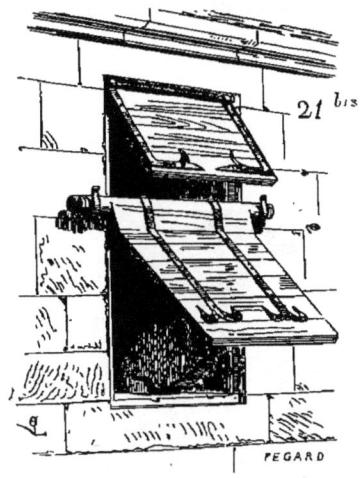

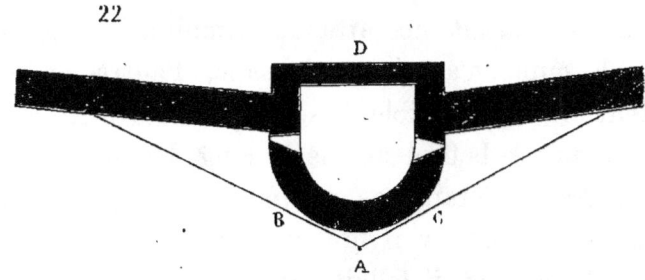

car une fois logé au point A, du moment qu'il avait détruit ou brûlé les hourds de B en C, l'assiégé ne pouvait l'inquiéter; mais dans les enceintes des villes toutes les tours étant fermées à la gorge en D, lorsque l'assaillant avait fait un trou en A ou fait tomber la demi-circonférence extérieure de la tour, il n'était pas dans la ville, et trouvait de nouvelles difficultés à vaincre.

de passage de l'intérieur sur ces hourds. Quant à la partie supérieure de la fermeture, elle était ferrée à demeure, les deux gonds se regardant, et s'élevait pour donner de l'air et du jour sans craindre les projectiles du dehors, lorsque la partie inférieure était baissée.

C'est pourquoi dans les siéges des places on s'attaquait de préférence aux courtines, quoique les approches en fussent plus difficiles que celles des tours (23) : l'assiégeant, arrivé au point

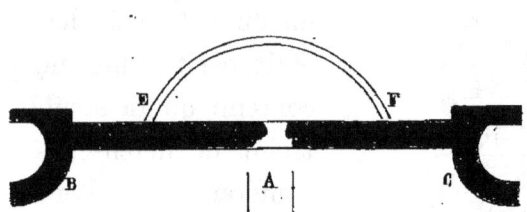

23

A après avoir détruit les défenses supérieures des tours B C, et fait son trou ou sa brèche, était dans la ville, à moins, ce qui arrivait souvent, que les assiégés n'eussent élevé promptement un second mur E F ; mais il était rare que ces défenses provisoires pussent tenir longtemps. Toutefois, dans les siéges bien dirigés, l'assaillant faisait des attaques simultanées, les unes au moyen de la mine, d'autres par la sape, d'autres enfin (et celles-là étaient les plus terribles) au moyen des beffrois roulants ; car, une fois le beffroi amené le long des murailles, la réussite de l'assaut n'était pas douteuse. Mais pour pouvoir amener, sans risquer de les voir brûler par les assiégés, ces tours de bois contre le parapet, il fallait détruire les hourds et crêtes des courtines et tours voisines, ce qui exigeait l'emploi de nombreux engins et beaucoup de temps. Il fallait combler solidement les fossés, s'être assuré, lorsque le fossé était sec, que l'assiégé n'avait pas miné le fond de ce fossé sous le point où la tour était dirigée, ce qu'il ne manquait pas de tenter, lorsque la nature du sol ne s'y opposait pas.

A la fin du XIII⁰ siècle déjà, on avait senti la nécessité, pour mieux battre les courtines, non-seulement d'augmenter le diamètre des tours, et de rendre par conséquent la destruction de leurs défenses supérieures plus longue et plus difficile, mais encore d'augmenter leurs flancs en les terminant à l'extérieur par un bec saillant qui leur donnait déjà la forme d'une corne (24). Ce bec A avait plusieurs avantages : 1° il augmentait con-

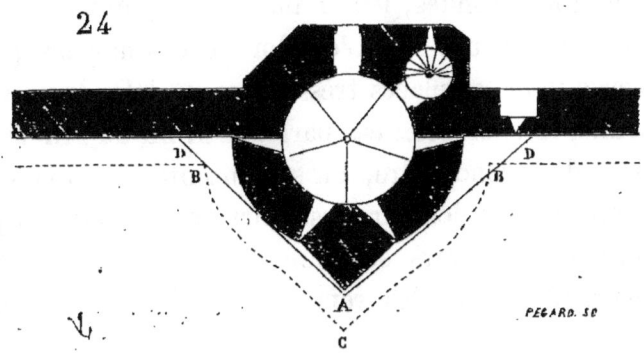

sidérablement la force de résistance de la maçonnerie de la tour au point où on pouvait tenter de la battre avec le *mouton* ou de la saper; 2° il défendait mieux les courtines en étendant les flancs des hourds B C qui se trouvaient ainsi se rapprocher d'une ligne perpendiculaire aux remparts; 3° en éloignant les pionniers, il permettait aux défenseurs placés dans les hourds des courtines en D de les découvrir suivant un angle beaucoup moins aigu que lorsque les tours étaient circulaires, et par conséquent de leur envoyer des projectiles de plus près. A Carcassonne les becs sont disposés ainsi que l'indique en plan la figure 24. Mais au château de Loches, comme à Provins à la porte Saint-Jean, on leur donnait la forme en plan de deux courbes brisées (24 *bis*);

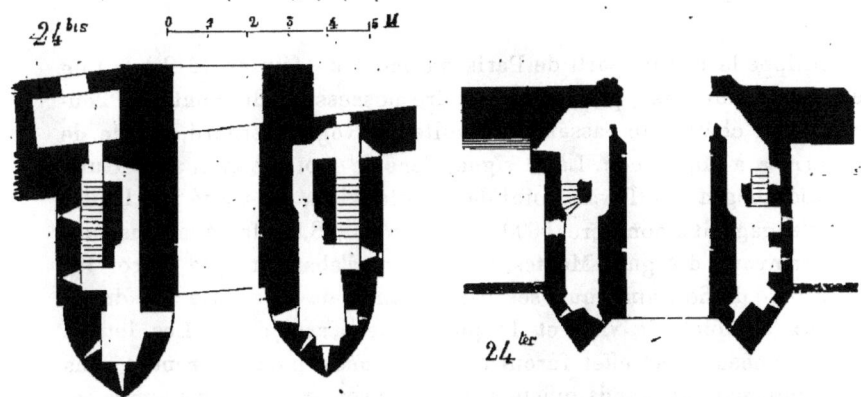

à la porte de Jouy de la même ville (24 *ter*), ou aux portes de Villeneuve-le-Roi, la forme d'ouvrages rectangulaires posés en pointe, de manière à battre obliquement l'entrée et les deux courtines voisines. On avait donc reconnu dès le XIIIᵉ siècle l'inconvénient des tours rondes, leur faiblesse au point de la tangente parallèle aux courtines. L'emploi de ces moyens paraît avoir été réservé pour les places très-fortement défendues, telles que Carcassonne, Loches, etc.; car parfois à la fin du XIIIᵉ siècle, dans les places de second ordre, on se contentait de tours carrées peu saillantes pour défendre les courtines, ainsi qu'on peut le voir encore de nos jours sur l'un des fronts de l'enceinte d'Aigues-Mortes (25), dont les remparts (sauf la tour de Con-

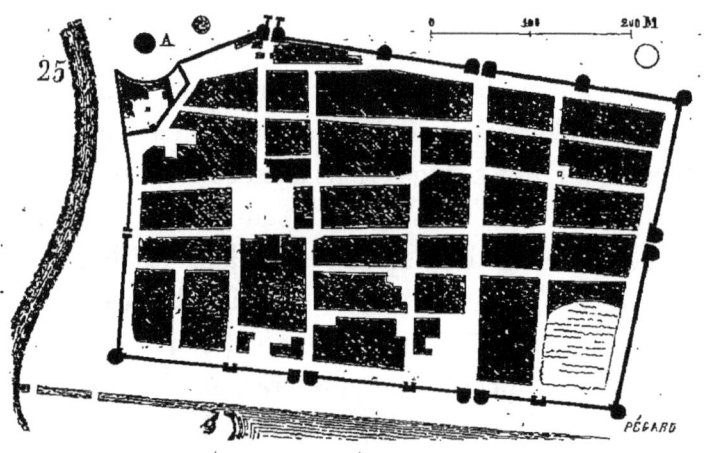

stance A qui avait été bâtie par saint Louis, et qui servait de donjon et de phare) furent élevés par Philippe le Hardi[1].

[1] « Philippe le Hardi, parti de Paris au mois de février 1272 à la tête d'une armée nombreuse, pour aller prendre possession du comté de Toulouse, et pour châtier en passant la révolte de Roger Bernard, comte de Foix, s'arrêta à Marmande. Là, il signa, dans le mois de mai, avec Guillaume Boccanegra, qui l'avait joint dans cette ville, un traité par lequel celui-ci s'engageait à consacrer 5000 liv. tournois (88,500 fr.) à la construction des remparts d'Aigues-Mortes, moyennant l'abandon que le roi lui faisait, à titre de fief, ainsi qu'à ses descendants, de la moitié des droits domaniaux auxquels la ville et le port étaient assujettis. Les lettres patentes données à cet effet furent contre-signées, pour les rendre plus authentiques, par les grands officiers de la couronne. En même temps, et pour contribuer aux mêmes dépenses, Philippe ordonna qu'on lèverait,

Mais c'est aux angles saillants des places que l'on reconnut surtout la nécessité de disposer des défenses d'une grande valeur. Comme encore aujourd'hui, l'assaillant regardait un angle saillant plus facile d'accès qu'un front flanqué. Les armes de jet n'étaient pas d'une grande portée jusqu'au moment de l'emploi du canon, les angles saillants ne pouvant être flanqués par des défenses éloignées demeuraient faibles (26); et lorsque l'assail-

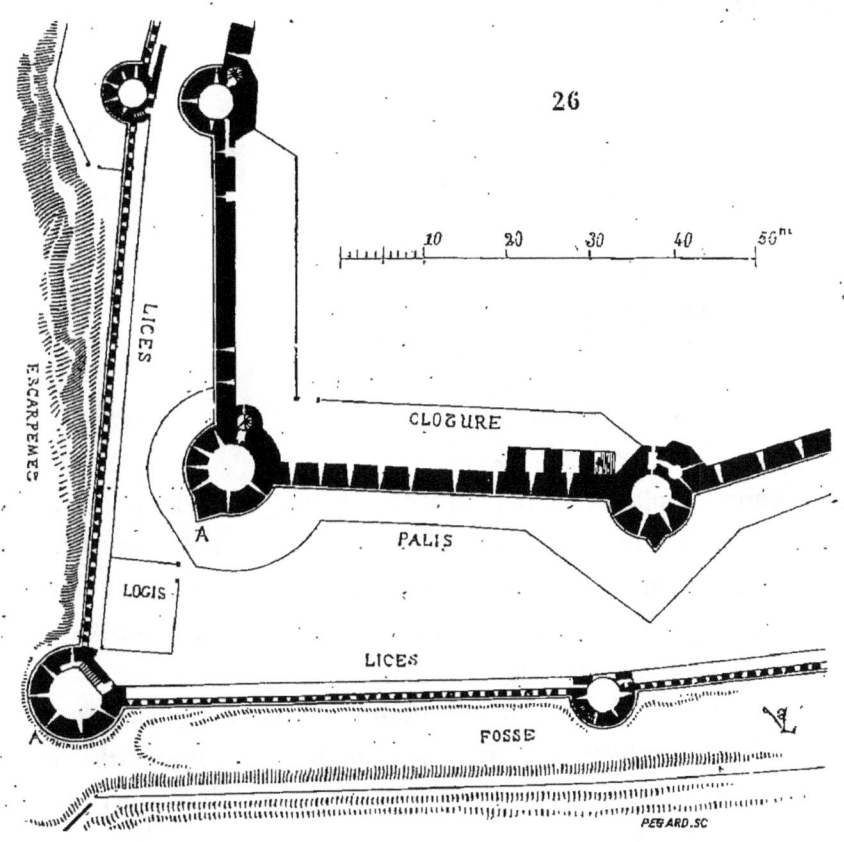

lant avait pu se loger en A, il était complétement masqué pour les défenses rapprochées. Il fallait donc que les *tours du coin*, comme on les appelait généralement alors, fussent très-fortes

outre le denier pour livre déjà établi, un quarantième sur toutes les marchandises qui entreraient à Aigues-Mortes par terre ou par mer. » (*Hist. génér. du Languedoc.* Reg. 30 du trésor des chartes, n° 441. *Hist. d'Aigues-Mortes*, par F. Em. di Pietro, 1849.)

par elles-mêmes. On les bâtissait sur une circonférence plus grande que les autres, on les tenait plus hautes, on multipliait les obstacles à leur base à l'extérieur par des fossés plus larges, des palissades, quelquefois même des ouvrages avancés, on les armait de becs saillants, on les isolait des courtines voisines, on avait le soin de bien munir les deux tours en retour [1], et parfois de réunir ces tours par un second rempart intérieur (26 bis)[2]. On évitait d'ailleurs autant que possible ces angles

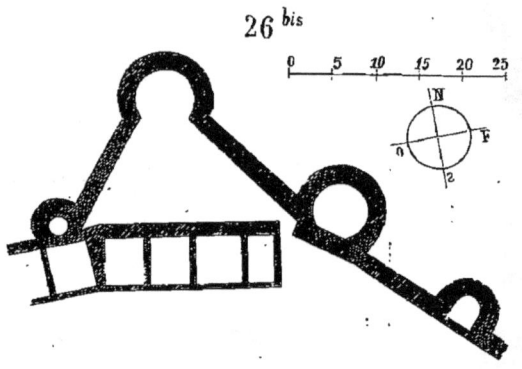

saillants dans les places bien fortifiées, et lorsqu'ils existaient, c'est qu'ils avaient été imposés par la configuration du terrain, afin de dominer un escarpement, de commander une route ou une rivière, et pour empêcher l'ennemi de s'établir de plain-pied au niveau de la base des remparts.

Jusqu'au XIVe siècle les portes étaient munies de vantaux bien doublés, de herses, de mâchicoulis, de bretèches à doubles et triples étages; mais elles ne possédaient pas de ponts-levis.

---

[1] Le plan que nous donnons ici est celui de l'angle ouest de la double enceinte de la cité de Carcassonne, bâti par Philippe le Hardi.

[2] Cet angle saillant (26 bis), qui présente clairement la disposition signalée ici, est une des défenses du XIIIe siècle dépendant du château de Falaise. Nous avons vu comme, à Château-Gaillard, Richard Cœur-de-Lion avoit bien compris la faiblesse de la tour du coin de sa forteresse, et comme il avait séparé tout l'ouvrage saillant du château même par un double rempart flanqué et par un fossé.

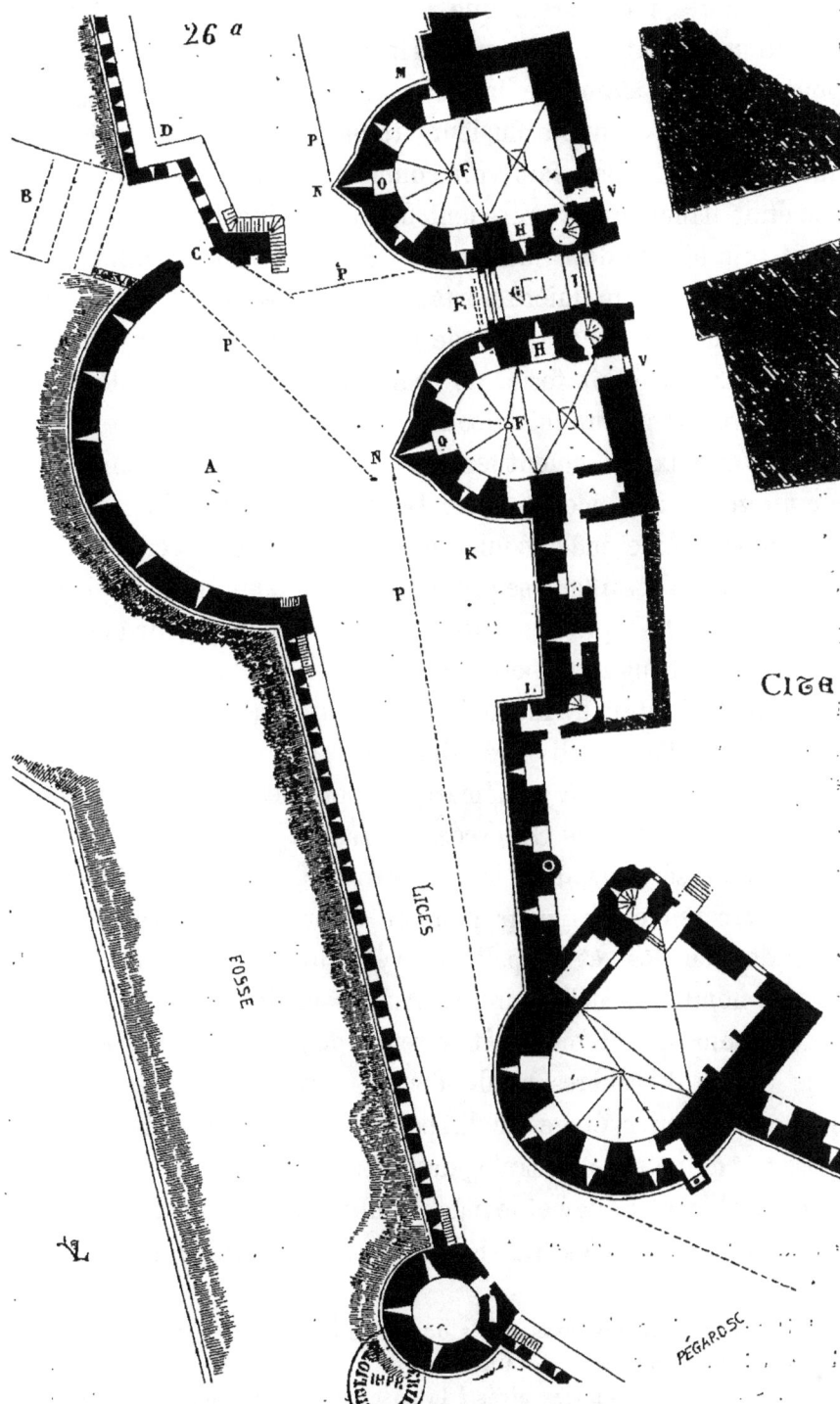

La belle porte Narbonnaise de la cité de Carcassonne (26 a), qui est une des plus fortes que nous connaissions et dont la construction remonte à Philippe le Hardi, n'est pas fermée par un pont-levis. En avant de la barbacane A, sur le pont B qui traversait le fossé, un ou plusieurs tabliers mobiles existaient originairement. Ce plan fait voir comment l'entrée C de la barbacane était flanquée par un redent de la courtine D, et comme on avait pris le soin de la masquer du dehors. Si les assaillants franchissaient cette première porte, ils se présentaient de flanc devant les défenses de la porte de la cité E. Le passage entre les deux tours FF était fermé : 1° par une chaîne tendue d'une tour à l'autre, 2° par un mâchicoulis, 3° par une première herse, 4° par des vantaux solidement ferrés et munis de barres pesantes, 5° par un grand mâchicoulis carré G, et deux meurtrières H, 6° par un troisième mâchicoulis devant la seconde herse qui tombait en I. Si l'assaillant se présentait en K pour saper le pied de la tour, il était pris en revers par le redent L surmonté d'une grande échauguette percée d'archères ; de l'autre côté de la porte en M, il était de même battu par une tour très-voisine. Ainsi que nous l'avons dit précédemment, les becs saillants N forçaient les pionniers à se démasquer pour les courtines voisines ; et des meurtrières O percées au ras du sol, dans la salle du rez-de-chaussée, gênaient leurs approches. Des palissades P devaient être renversées pour pouvoir saper le pied des murs ou poser des échelles, et ces palissades étaient, en cas d'attaque, garnies de nombreux défenseurs [1]. Au-dessus de l'entrée de la porte Narbonnaise en E on posait en temps de guerre une bretèche en bois percée d'archères et de deux étages de mâchicoulis [2]. Le plan du premier étage de la porte Narbonnaise (26 *b*) se compose : 1° d'une salle centrale, dans le sol de laquelle s'ouvrent le grand mâchicoulis carré et le mâchicoulis oblong percé en avant de la seconde herse ; c'est aussi dans cette salle qu'on manœu-

---

[1] Dans la même planche nous avons donné le plan du premier étage de la tour R dite tour du *Trésau*, dont nous avons eu déjà l'occasion de parler.

[2] Les entailles et trous nécessaires à la pose de cette bretèche sont parfaitement visibles encore aujourd'hui.

vrait la première herse. On remarquera les deux petits couloirs coudés S qui communiquent au-dessus du premier mâchicoulis extérieurs, et qui sont disposés de façon à ce que les défenseurs puissent jeter des pierres sur les assaillants sans se laisser voir. Des deux côtés du grand mâchicoulis central sont ménagés deux renfoncements T qui servaient de même à masquer les

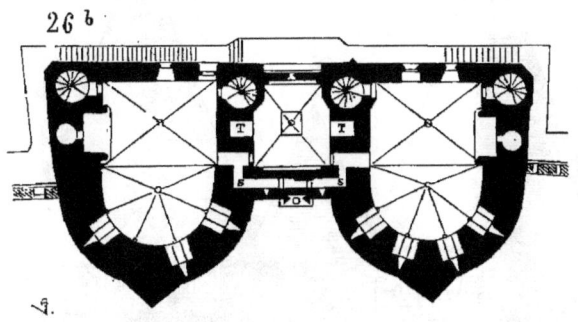

défenseurs occupés à faire rouler des matériaux sur les assaillants arrêtés par la seconde herse. 2° De deux salles dans les deux tours munies de cheminées avec fours ; ce premier étage était voûté comme le rez-de-chaussée. Du rez-de-chaussée on monte au premier étage par les deux escaliers voisins du passage ; mais pour monter du premier au deuxième étage et à l'étage supérieur crénelé, il faut prendre les deux escaliers d'angle. C'est ainsi que, à chaque pas, on multipliait les obstacles, les difficultés ; en cas de surprise, il fallait être familier avec les localités pour ne pas se perdre au milieu de ces détours et de ces moyens d'accès soigneusement dissimulés. De la ville on ne pouvait pénétrer dans les tours que par les deux portes V, car le chemin de ronde de la courtine est fort élevé au-dessus du sol des rues et sans communication directe avec elles. Les deux escaliers d'angle montaient au deuxième étage comprenant toute la surface intérieure de l'ouvrage[1]. Cet étage communiquait sur la face antérieure, entre les deux tours, à la

---

[1] Au XVe siècle, des divisions furent construites pour séparer cette salle en trois.

grande bretèche indiquée dans l'élévation (26 c) par une ouverture qui, lorsque les bretèches étaient enlevées en temps de

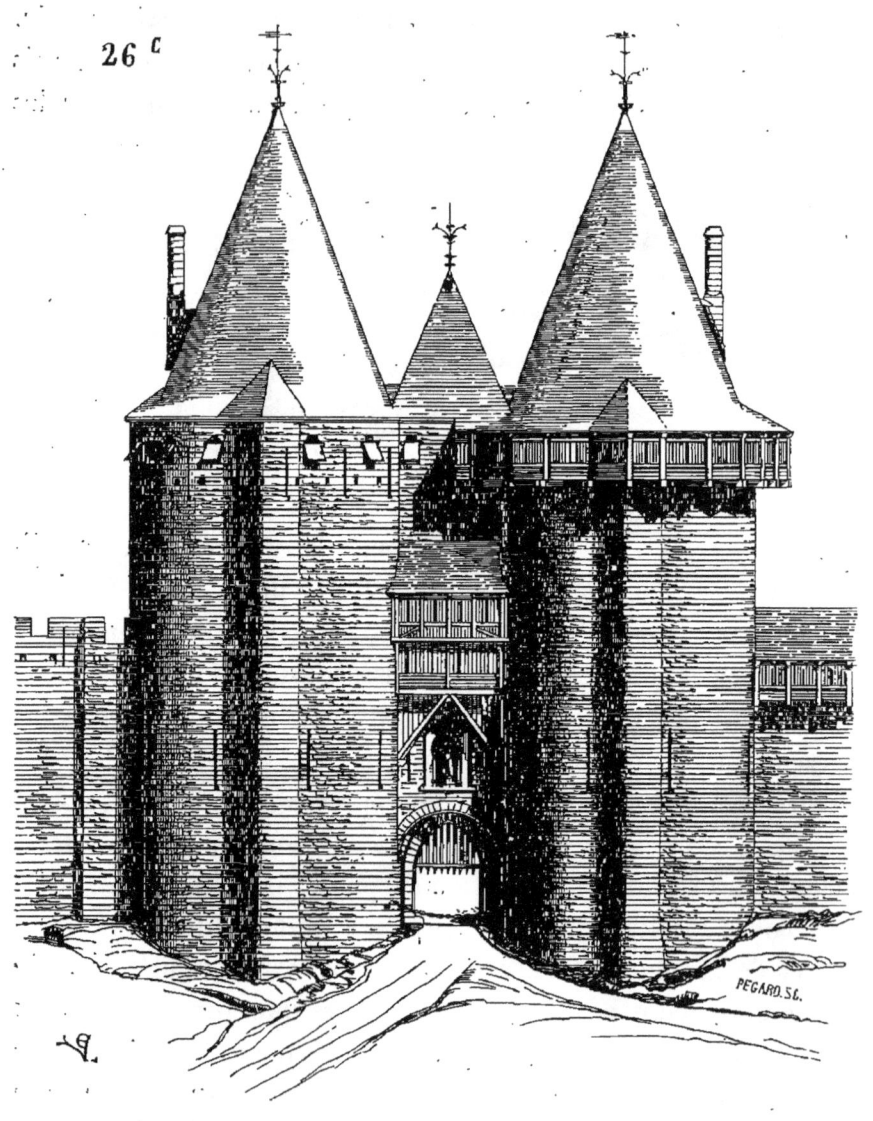

26 ^C

paix, servait de fenêtre[1]; il était largement éclairé du côté de la ville par cinq grandes fenêtres ogivales à meneaux, munies

---

[1] Dans cette élévation géométrale nous avons figuré la bretèche et les hourds posés au sommet d'une des tours.

en dehors de fortes grilles croisées. Puis on arrivait à l'étage supérieur crénelé (26 d) qui portait le comble. Le grand mâchi-

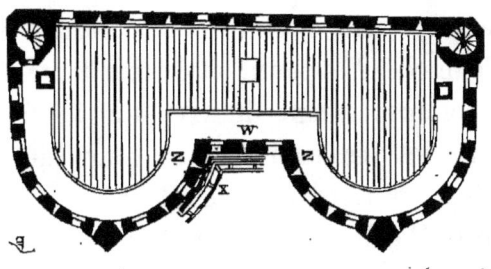

coulis carré percé au milieu du passage dans la voûte du rez-de-chaussée se répétait dans la voûte couvrant le premier étage, et probablement aussi dans le plancher de l'étage crénelé. Par ce trou, qui servait de défense, on pouvait aussi communiquer des ordres de la partie supérieure de la porte aux étages inférieurs ; car, d'après la disposition des tours de cette époque, les ordres devaient partir des étages supérieurs, puisque c'était là que résidait la défense active. Toute la partie antérieure de cette porte pouvait être garnie au niveau de l'étage crénelé de hourds dont tous les trous sont apparents et percés régulièrement à la base des parapets. Dans le plan 26 d et dans l'élévation 26 c, nous avons indiqué en X une portion de ces hourds en place. Les bretèches et les hourds pouvaient facilement contenir deux cents hommes, sans compter ceux qui étaient chargés d'apporter et de répartir les projectiles, et qui faisaient leur service sans gêner les défenseurs. La bretèche prise par escalade ou détruite par les machines de jet, on fermait la seule issue qui donnait accès dans les bretèches, et l'assaillant était exposé aux coups des hourds des deux flancs Z et du front W. La seconde herse se manœuvrait du dehors sur le chemin de ronde, et les ordres étaient communiqués aux servants par une petite fenêtre grillée donnant dans la salle centrale du premier étage, à hauteur d'homme. Du sol du rez-de-chaussée des deux tours on descend dans deux caveaux voûtés en cul de four et en berceau par deux trappes fermées par des dalles. L'aspect de cet ouvrage répond à sa force effective ; la construction est faite en grandes pierres d'un grès vert très-dur; tous les parements extérieurs sont à bossages, c'est-à-dire que les arêtes de chaque pierre sont relevées par une ciselure, et le milieu de la pierre est laissé brut. Ce mode d'appareil était fort usité à la fin du XIIIe siècle et au commencement du XIVe pour les fortifications. C'est ainsi que toutes les courtines et tours de la cité de Carcassonne et des remparts d'Aigues-Mortes, qui datent du règne de Philippe le Hardi, sont appareillés.

Dans les châteaux, souvent des ponts volants en bois, qu'on enlevait en cas de siége, interceptaient complétement les communications avec le dehors; mais dans les enceintes des villes, des barrières palissadées ou des barbacanes défendaient les approches; du reste, une fois la barrière prise, on entrait ordinairement dans la ville de plain-pied. Ce ne fut guère qu'au commencement du XIVe siècle que l'on commença d'établir à l'entrée des ponts jetés sur les fossés, devant les portes, des ponts-levis en bois tenant aux barrières (27), ou à des ouvrages

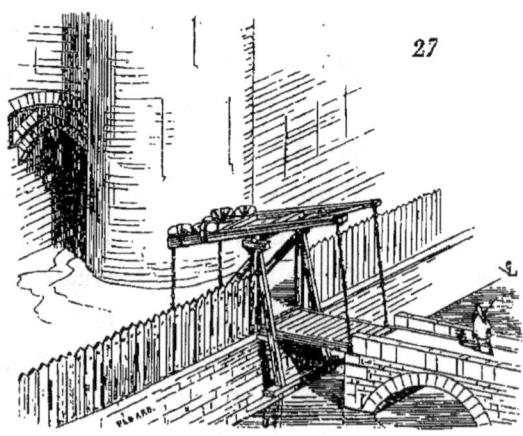

avancés en maçonnerie (28)[1]. Puis bientôt, vers le milieu du

---

[1] Entrée du château de Montargis du côté de la route de Paris à Orléans. (Ducerceau, *Châteaux royaux de France.*)

xiv⁰ siècle, on appliqua le pont-levis aux portes elles-mêmes, ainsi qu'on peut le voir au fort de Vincennes, entre autres

exemples. Cependant, nous devons dire que dans beaucoup de cas, même pendant les xiv⁰ et xv⁰ siècles, les ponts-levis furent seulement attachés aux ouvrages avancés. Ces ponts-levis étaient disposés comme ceux généralement employés aujourd'hui, c'est-à-dire, composés d'un tablier en charpente qui se relevait sur un axe, au moyen de deux chaînes, de leviers et de contre-poids; en se relevant, le tablier fermait (comme il ferme encore dans nos forteresses) l'entrée du passage. Mais on employait pendant les xii⁰, xiii⁰ et xiv⁰ siècles d'autres genres de ferme-tures à bascule : on avait le *tapecu*, spécialement adapté aux poternes, et qui, roulant sur un axe placé horizontalement au sommet du vantail, retombait sur les talons du sortant (29) ; les

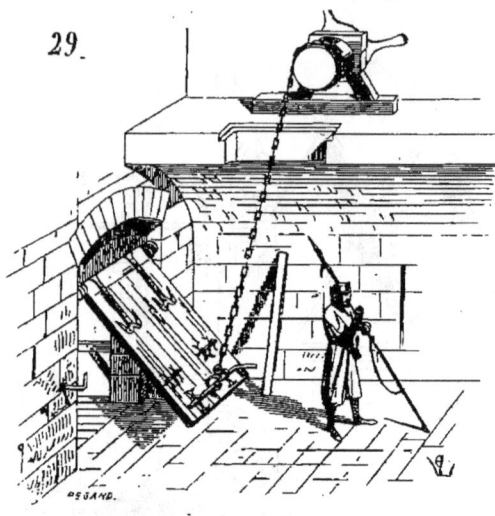

portes de barrières qui roulaient sur des axes horizontaux posés vers la moitié de leur hauteur (30), l'une des deux moitiés servant

de contre-poids à l'autre. Dans le beau manuscrit des *Chroniques de Froissart* de la bibliothèque Impériale [1], on trouve une vi-

---

[1] Manusc. 8320, t. I, in-fol., commencement du xve siècle. Cette vignette, dont nous donnons ici une partie, accompagne le chap. XLVI de ce manuscrit intitulé : *Comment le comte de Haynault print et détruit Aubenton*

gnette qui représente l'attaque des barrières de la ville d'Aubenton par le comte de Hainaut. La porte de la barrière est disposée de cette manière (31); elle est munie et défendue par deux

tours de bois. En arrière on voit la porte de la ville qui est une

en terasse. C'est le chap. CII de l'édit. des *Chroniques de Froissart* du *Panthéon littéraire.* « ... Si commença l'assaut grand et fort durement, et
« s'employèrent arbalétriers de dedans et dehors à traire moult vigoureu-
« sement ; par lequel trait il y en eut moult de blessés des assaillans et
« des défendans. Le comte de Haynault et sa route, ou moult avoit d'ap-
« perts chevaliers et écuyers, vinrent jusques aux barrières de l'une des
« portes.... Là eut un moult grand et dur assaut. Sur le pont mêmement,
« à la porte vers Chimay, étoient messire Jean de Beaumont et messire
« Jean de la Bove. Là eut très grand assaut et forte escarmouche, et con-
« vint les François retraire dedans la porte; car ils perdirent leurs
« barrières, et les conquirent les Hainuyers et le pont aussi. Là eut dure

construction de pierre, bien que le texte dise que la ville d'Aubenton « n'étoit fermée que de palis. » Des soldats jettent pardessus les créneaux un banc, des meubles, des pots.

Nous avons vu comment, pendant les XIIe et XIIIe siècles, il était d'usage de garnir les sommets des tours et courtines de hourds en bois. Il n'est pas besoin de dire que les assaillants, au moyen des machines de jet, cherchaient à briser ces hourds avec des pierres, ou à les incendier avec des projectiles enflammés, ce à quoi ils parvenaient facilement, si les murailles n'étaient pas d'une très-grande élévation, ou si les hourds n'étaient pas garnis de peaux fraîches, s'ils n'étaient *hourdés* en torchis ou en mortier. Déjà vers le milieu du XIIIe siècle on avait cherché à rendre les hourds en charpente moins faciles à brûler en les portant sur des consoles formées d'encorbellements de pierre. C'est ainsi qu'à Coucy les hourds des portes de la ville, des tours et du donjon, qui datent de cette époque, étaient supportés (*voy.* fig. 20 *m*). Mais encore les parements et les planchers de ces hourds pouvaient-ils prendre feu. Au XIVe siècle, pendant les guerres de cette époque, où tant de villes en France furent incendiées et pillées, « arses et robées, » comme dit Froissart, on remplaça presque partout les hourds de charpente par des bretèches continues de pierre, qui présentaient tous les avantages des hourds, en ce qu'elles battaient le pied des murailles, sans en avoir les inconvénients ; ces nouveaux couronnements ne pouvaient être incendiés et résistaient mieux aux projectiles lancés par les engins ; ils étaient fixes et ne se posaient pas seulement en temps de guerre comme les hourds de bois. Nous avons vu au château Gaillard comment Richard Cœur-de-Lion avait appliqué déjà, en devançant son siècle, une disposition de mâchicoulis fort bonne et incombustible. Mais pour offrir un large chemin de ronde aux défenseurs, et

« escarmouche forte, et grand assaut et félonneux, car ceux qui étoient
« montés sur la porte jetoient bois et mairein contre val, et pots pleins de
« chaux, et grand foison de pierres et de cailloux, dont ils navroient et
« mes-haignoient gens, s'ils n'étoient fort armés.... »

une saillie sur le nu des murs qui permît d'ouvrir des mâchicoulis d'une bonne dimension, il fallut bientôt modifier tout le système de la construction des parties supérieures des défenses. Au moyen des hourds de bois non-seulement on ajoutait au chemin de ronde en maçonnerie fixe A (32) une coursière B

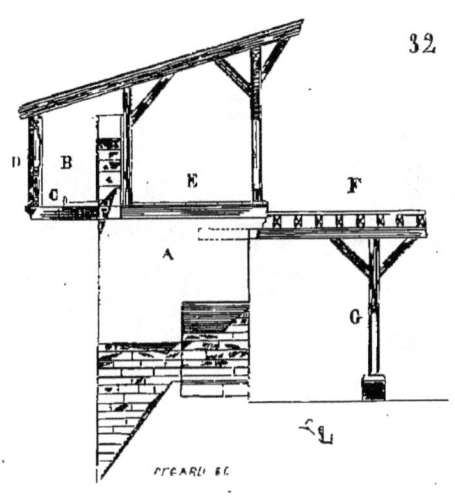

percée de mâchicoulis en C et d'archères en D, mais on augmentait encore souvent la largeur des chemins de ronde, soit en faisant déborder les hourds à l'intérieur de la ville en E, soit en ajoutant au chemin de ronde des planchers de bois F, dont les solives entraient dans des trous ménagés de distance en distance sous la tablette supérieure des courtines, et étaient supportées par des poteaux G. Ces suppléments de défenses étaient ordinairement réservés pour les courtines qui paraissaient faibles, et dont les approches étaient faciles[1]. Les hourds avaient l'avantage de laisser subsister le parapet de pierre, et de conserver encore une défense debout derrière eux, lorsqu'ils étaient brisés ou brûlés. On obtenait difficilement avec les bretèches et mâchi-

---

[1] A Carcassonne, du côté du midi, les remparts de la seconde enceinte étaient munis de ces ouvrages de bois en temps de guerre; les traces en sont parfaitement conservées de la porte Narbonnaise à la tour du coin à l'ouest (voy. fig. 11).

coulis de pierre ces grands espaces et ces divisions utiles à la défense; voici comment on procédait pour les courtines que l'on tenait à bien munir (33). On posait des corbeaux les uns sur les

33

autres, formant encorbellements espacés environ de 0^m70 à $1^m,20$ au plus d'axe en axe. Sur l'extrémité de ces corbeaux on élevait un parapet crénelé B de 0^m33 à 0^m40 en pierre, et de 2 mètres de haut. Pour maintenir la bascule des corbeaux en C, on montait un mur percé de portes et d'ouvertures carrées de distance en distance, et qui était assez haut pour donner à la couverture D l'inclinaison convenable. Derrière le mur C on établissait des coursières de bois L, qui remplaçaient les chemins E des hourds de bois (fig. 32), et qui étaient nécessaires à l'approvisionnement des parapets et à la circulation, sans gêner les arbalétriers ou archers postés en G (fig. 33). Pour les tours on fit mieux encore.

Disposant l'étage des mâchicoulis G (34) comme celui des cour-

tines, on suréleva le mur C d'un étage H percé de créneaux ou de meurtrières, et même quelquefois à la chute des combles en I on ménagea encore un chemin découvert crénelé. Ainsi le chemin G eût-il été pris par escalade, ou au moyen des beffrois mobiles, après la destruction des parapets B, qu'en barricadant les portes K on pouvait encore culbuter l'assaillant qui serait parvenu à se loger en G sur un espace sans issues, en lui jetant par les créneaux des étages H et I des pierres, madriers et tous autres projectiles. Le manuscrit de Froissart de la bibliothèque

Impériale, que nous avons déjà cité, donne dans ses vignettes un grand nombre de tours disposées de cette manière (35)[1].

Beaucoup de ces figures font voir que l'on conservait avec les mâchicoulis de pierre des hourds de bois A, maintenus pour la défense des courtines; et, en effet, ces deux défenses furent longtemps appliquées ensemble, les bretèches et hourds de bois étant beaucoup moins dispendieux à établir que les mâchicoulis de pierre. Le château de Pierrefonds, bâti pendant les dernières années du XIV° siècle, présente encore d'une manière bien complète ces sortes de défenses supérieures. Voici (36) l'état actuel de l'angle formé par la tour du nord-est et la courtine nord. On voit parfaitement en A les mâchicoulis encore en place, en B

---

[1] Vignette accompagnant le chap. cxxv, intitulé : « Comment le roy « David d'Éscoce (David Bruce d'Écosse) vint à tout grand ost devant le « neuf chasteau sur Thin. »

l'arrachement des parapets de pierre, en C le filet de l'appentis qui recouvrait le chemin de ronde D, en E les corbeaux de pierre qui portaient le faîtage de cet appentis, en G les portes qui

donnaient entrée de l'escalier sur les chemins de ronde, et en F des ouvertures permettant de passer du dedans de la tour des projectiles aux défenseurs des créneaux; en H un étage crénelé ouvert au-dessus des mâchicoulis, et en I le dernier crénelage découvert à la base du comble; en K la tour de l'escalier servant de guette à son sommet. Mais, dans les châteaux particulièrement, à cause du peu d'espace réservé entre leurs enceintes, les courtines devenaient murs gouttereaux des bâtiments rangés entre les tours le long de ces enceintes, de sorte que le chemin de ronde donnait accès dans les salles qui remplaçaient l'appentis de bois L, indiqué dans la figure 33. Voici (37) la restauration de cette partie des défenses de Pierrefonds. On comprendra ainsi facilement la destination de chaque détail de la construction militaire que nous venons de décrire. Mais c'étaient là les défenses les plus fortes des tours et des murailles; beaucoup leur étaient inférieures comme disposition et se composaient seulement de créneaux et mâchicoulis peu saillants, avec chemin de ronde peu large. Tels sont les murs d'Avignon qui, comme conservation, sont certes les plus beaux qu'il y ait sur le sol actuel de la France, mais qui, comme force, ne présentaient pas une défense formidable pour l'époque où ils furent élevés. Suivant la méthode alors en usage en Italie, les murs d'Avignon sont flanqués de tours qui, sauf quelques exceptions, sont carrées[1]. En France la tour ronde avait été reconnue, avec raison, comme

---

[1] On a vu plus haut que les remparts d'Aigues-Mortes sont également, sur un front, flanqués de tours carrées, et nous ne devons pas oublier qu'ils furent élevés par le Génois Boccanegra. Cependant l'enceinte de Paris, rebâtie sous Charles V, était également flanquée de tours barlongues; mais l'enceinte de Paris ne passa jamais pour très-forte. Les tours carrées appartiennent plutôt au midi qu'au nord de la France; les remparts de Cahors, qui datent des XIIe, XIIIe et XIVe siècles, présentent des tours carrées d'une belle disposition défensive; les remparts des villes du comtat Venaissin sont garnis généralement de tours carrées qui datent du XIVe siècle, ainsi que la plupart des villes de Provence et du Rhône. Orange était munie de tours carrées construites à la fin du XVe siècle. Les Normands et les Poitevins, jusqu'au moment de la réunion de ces provinces au domaine royal, c'est-à-dire jusqu'au commencement du XIIIe siècle, paraissent avoir, de préférence, adopté la forme carrée dans la construction de leurs tours et donjons. La plupart des anciens châteaux bâtis par les Normands en Angleterre et en Sicile présentent des défenses rectangulaires.

plus forte que la tour carrée; car, ainsi que nous l'avons démon-

37

tré plus haut, le pionnier attaché à la base de la tour ronde était battu obliquement par les courtines voisines, tandis que s'il arrivait à la base de la face extérieure d'une tour carrée en O, il était complétement masqué pour les défenses rapprochées (38); 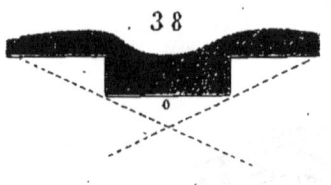 et en empêchant les défenseurs de se montrer aux créneaux, en détruisant quelques mâchicoulis placés perpendiculairement au-dessus de lui, il pouvait saper en toute sécurité. Contrairement aussi aux usages admis dans la fortification française des XIIIe et XIVe siècles, les tours carrées des remparts d'Avignon sont ouvertes du côté de la ville (39), et ne pouvaient tenir, par conséquent, du moment que l'ennemi s'était introduit dans la cité. Les murs d'Avignon ne sont guère qu'une enceinte flan-

quée, comme l'étaient les enceintes extérieures des villes munies de doubles murailles, et non des courtines interrompues par des forts pouvant tenir contre un ennemi maître de la place. Ces murailles ne sont même pas garnies dans toute leur étendue de mâchicoulis, et le côté du midi de la ville n'est défendu que par de simples crénelages non destinés à recevoir des hourds de bois. Leur hauteur n'atteint pas partout le minimum donné aux bonnes défenses pour les mettre à l'abri des échelades[1]. Cependant il y a, dans l'enceinte d'Avignon, une certaine disposition grandiose, un ensemble qui fait voir qu'à cette époque l'art de la fortification était complet, que les tâtonnements avaient fait place à la méthode dans la défense des villes, que l'expérience et une longue pratique dirigeaient les constructeurs. Afin de donner une idée assez complète des défenses d'Avignon, nous donnons ici des exemples du système de flanquement généralement adopté. (39 A) présente

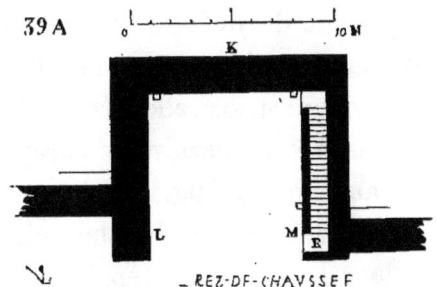

le rez-de-chaussée de l'une de ces tours; un escalier E, fermé

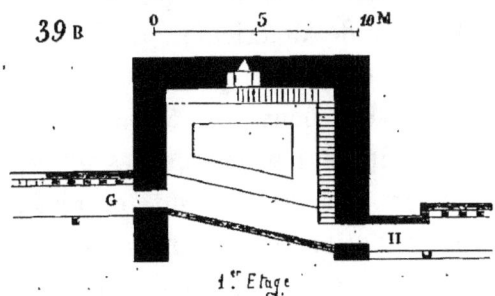

par une porte, donne accès au premier étage (39 B), qui

---

[1]. Escalade au moyen d'échelles.

communique par deux portes avec les courtines voisines G H. Un second escalier en encorbellement monte jusqu'à l'étage crénelé (39 c), percé de mâchicoulis. Cette tour ne se défend,

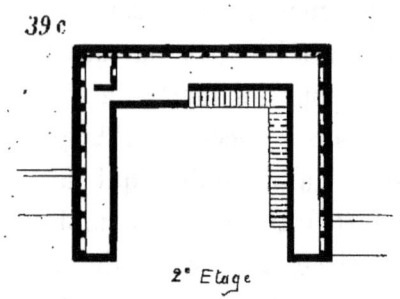

comme on peut le voir, que par son sommet. La vue perspective (39 D), prise du côté de la ville, explique complètement tout le système de défense et les accès aux différents étages. Cette tour est l'une des plus fortes, et n'est point fermée à l'intérieur; mais elle permettait à un assez grand nombre de défenseurs de garnir les parapets supérieurs; et si elle était sapée au point K (fig. 39 A) par l'assiégeant, il était encore possible de défendre la brèche soit en élevant un rempart d'une épaule à l'autre, de L en M, soit en jetant sur les assaillants des pierres par le grand mâchicoulis dont le plancher du premier étage était percé. Si l'enceinte d'Avignon n'était qu'une défense de deuxième ou de troisième ordre, le château, résidence des papes pendant le XIV° siècle, était une redoutable citadelle, pouvant, à cause de son assiette, de son étendue, et de la hauteur de ses tours, soutenir un long siége. Là encore les tours sont carrées, mais d'une épaisseur et d'une élévation telles qu'elles pouvaient défier la sape et les projectiles lancés par les engins alors en usage; elles étaient couronnées de parapets et mâchicoulis en pierre portés sur des corbeaux. Quant aux mâchicoulis des courtines, ils se composent d'une suite d'arcs en tiers-point, laissant entre eux et le parement extérieur un espace vide propre à jeter des pierres

39 D

ou tous autres projectiles. Dans les provinces du midi et de l'ouest ces sortes de mâchicoulis étaient fort en usage au XIVᵉ siècle, et ils étaient préférables aux mâchicoulis des hourds de bois ou des parapets de pierre posant sur des corbeaux, en ce qu'ils étaient continus, non interrompus par les solives ou les consoles, et qu'ils permettaient ainsi de jeter sur l'assaillant, le long du mur (40), de longues et lourdes pièces de bois qui,

tombant en travers, brisaient infailliblement les chats et pavois sous lesquels se tenaient les pionniers.

L'art de la fortification qui avait fait, au commencement du XIII° siècle, un grand pas, et qui était resté à peu près stationnaire pendant le cours de ce siècle, fit de nouveaux progrès en France pendant les guerres de 1330 à 1400. Quand Charles V eut ramené l'ordre dans le royaume, et repris un nombre considérable de places aux Anglais, il fit réparer ou reconstruire presque toutes les défenses des villes ou châteaux reconquis, et dans ces nouvelles défenses il est facile de reconnaître une méthode, une régularité qui indiquent un art avancé et basé sur des règles fixes. Le château de Vincennes en est un exemple (41)[1]. Bâti

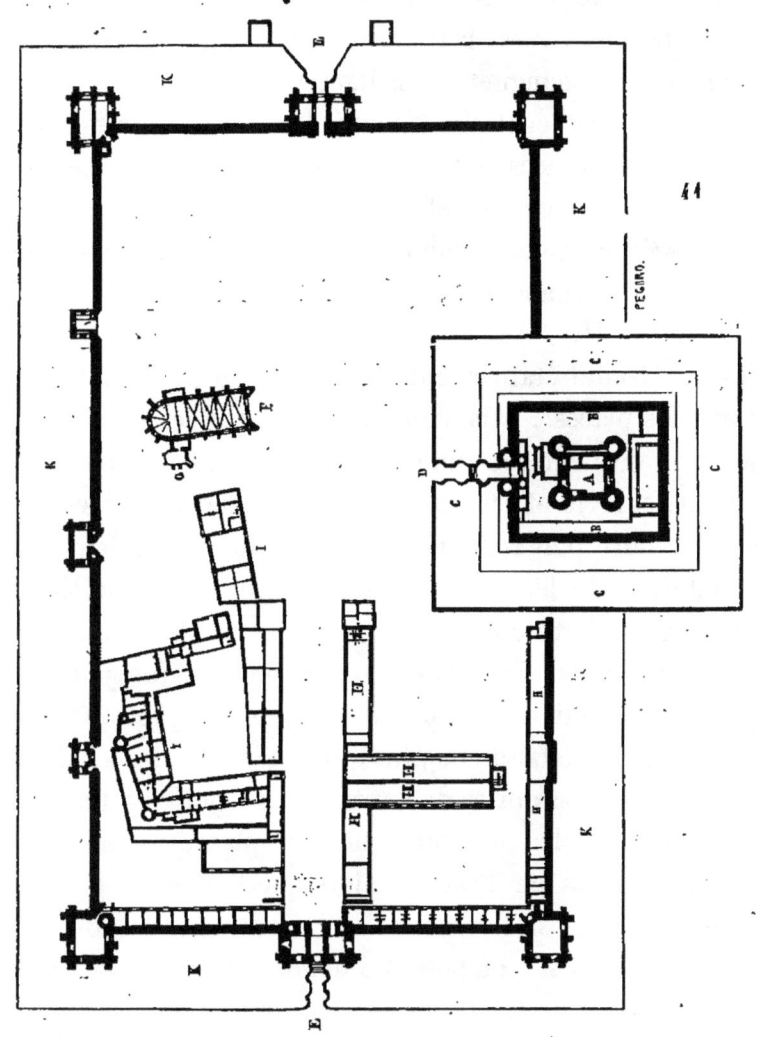

en plaine, il n'y avait pas à profiter là de certaines dispositions

[1] Nous donnons ici le plan du château de Vincennes, qui est plutôt une grande place d'armes, une enceinte fortifiée, qu'un *château* dans l'ancienne acception du mot. En E sont les deux seules entrées de l'enceinte qui étaient défendues par des ouvrages avancés et deux hautes tours barlongues ; en A est le donjon entouré d'un mur d'enceinte particulier et d'une *chemise* B. Un très-large fossé revêtu C protége ce donjon. En K sont les fossés de l'enceinte, dont la contrescarpe est également revêtue et l'a toujours été. F est la chapelle et G le trésor. D le pont qui donne accès au donjon, H et I des

particulières du terrain; aussi son enceinte est-elle parfaitement régulière, ainsi que le donjon et ses défenses. Toutes les tours sont barlongues ou carrées, mais hautes, épaisses et bien munies à leur sommet d'échauguettes saillantes flanquant les quatre faces; le donjon est également flanqué aux angles de quatre tournelles; les distances entre les tours sont égales; celles-ci sont fermées et peuvent se défendre séparément [1]. Le château de Vincennes fut commencé par Philippe de Valois et achevé par Charles V, sauf la chapelle, qui ne fut terminée que sous François Ier et Henri II.

Le système féodal était essentiellement propre à la défense et à l'attaque des places : à la défense, en ce que les seigneurs et leurs hommes vivaient continuellement dans ces forteresses qui protégeaient leur vie et leur avoir, ne songeaient qu'à les améliorer et les rendre plus redoutables chaque jour, afin de pouvoir défier l'ambition de leurs voisins ou imposer des conditions à leur suzerain; à l'attaque, en ce que, pour s'emparer d'une forteresse alors, il fallait en venir aux mains chaque jour, disposer par conséquent de troupes d'élite, braves, et que la vigueur et la hardiesse faisaient plus que le nombre des assaillants ou les combinaisons savantes de l'attaque. Les perfectionnements dans l'art de défendre et d'attaquer les places fortes étaient déjà très-développés en France, alors que l'art de la guerre de campagne était resté stationnaire. La France possédait des troupes d'élite excellentes, composées d'hommes habitués aux armes dès leur enfance, braves jusqu'à la témérité, et elle n'avait pas d'armées; son infanterie ne se composait que de soudoyers génois, brabançons, allemands, et de troupes irrégulières des

---

logements et écuries. (Voy. *Vue des maisons royales et villes*, Israël Sylvestre, in-f°. Nous n'avons extrait du plan donné par Israël que les constructions antérieures au xvie siècle; il devait, pendant les xive et xve siècles, en exister beaucoup d'autres, mais nous n'en connaissons plus ni la place ni la forme.)

[1] Le petit côté du parallélogramme de l'enceinte, compris la saillie des tours, a 212 mètres.

bonnes villes, mal armées, n'ayant aucune notion des manœuvres, indisciplinées, plus embarrassantes qu'utiles dans une action. Ces troupes se débandaient au premier choc, se précipitaient sur les réserves et mettaient le désordre dans les escadrons de gendarmerie [1]. Le passage de Froissart que nous donnons en

[1] « Il n'est nul home, tant fut présent à celle journée, ni eut bon loisir
« d'aviser et imaginer toute la besogne ainsi qu'elle alla, qui en sçut ni
« put imaginer, ni recorder la vérité, espécialement de la partie des Fran-
« çois, tant y eut povre arroy et ordonnance en leurs conrois; et ce que
« j'en sais, je l'ai sçu le plus par les Anglois, qui imaginèrent bien leur
« convenant, et aussi par les gens de messire Iean de Haynaut, qui fut
« toujours de lez le roy de France. Les Anglois qui ordonnés étoient en
« trois batailles, et qui séoient jus à terre tout bellement, sitôt qu'ils virent
« les François approcher, ils se levèrent moult ordonnément, sans nul
« effroi, et se rangèrent en leurs batailles (divisions), celle du prince tout
« devant, leurs archers mis en manière d'une herse (formant une ligne
« dentelée de manière à ne pas se gêner les uns les autres pendant le tir),
« et les gens d'armes au fond de la bataille. Le conte de Narbantonne et
« le conte d'Arondel et leur bataille, qui faisoient la seconde, se tenoient
« sur aile bien ordonnément, et avisés et pourvus pour conforter le prince,
« si besoin étoit. Vous devez savoir que ces seigneurs, rois, ducs, contes,
« barons françois, ne vinrent mie jusques là tous ensemble, mais l'un de-
« vant, l'autre derrière, sans arroy et sans ordonnance. Quand le roi
« Philippe vint jusques sur la place où les Anglois étoient près de là
« arrêtés et ordonnés, et il les vist, le sang lui mua, car il les héoit; et
« ne se fut adonc nullement réfréné ni abstenu d'eux combattre, et dit à
« ses mareschaux : « Faites passer nos Gennevois devant et commencer
« la bataille, au nom de Dieu et de monseigneur saint Denys. » Là avoit
« de cesdits Gennevois arbalétriers environ quinze mille qui eussent eu
« aussi cher néant que commencer adonc la bataille ; car ils étoient dure-
« ment las et travaillés d'aller à pied ce jour plus de six lieues, tous armés,
« et de leurs arbalètres porter ; et dirent adonc à leurs connétables qu'ils
« n'étoient mie adonc ordonnés de faire grand exploit de bataille ; ces
« paroles volèrent jusques au conte d'Alençon, qui en fut durement cour-
« roucé et dit : « On se doit bien charger de telle ribaudaille qui faillent
« au besoin.... »

« .... Quand les Gennevois furent tous recueillis et mis ensemble, et ils
« durent approcher leurs ennemis, ils commencèrent à crier si très-haut
« que ce fut merveilles, et le firent pour ébahir les Anglois ; mais les
« Anglois se tinrent tous cois, ni onques n'en firent semblant. Seconde-
« ment encore crièrent eux aussi, et puis allerent un petit pas en avant ;
« et les Anglois restoient tous cois, sans eux mouvoir de leur pas. Tièrce-

note tout au long, fait comprendre ce qu'était pendant la première moitié du XIVe siècle une armée française, et quel peu de cas la noblesse faisait de ces troupes de *bidauds*, de *brigands*[1], d'arbalétriers génois, de l'infanterie enfin. Les Anglais commencèrent à cette époque à mettre en ligne une infanterie nombreuse, disciplinée, exercée au tir de l'arc[2], se servant déjà d'armes à feu[3]. La supériorité de la chevalerie, jusqu'alors incontestable, était à son déclin; la gendarmerie française ne fit en rase campagne que se précipiter de défaites en défaites jusqu'au moment où du Guesclin organisa des compagnies de fantassins aguerris et disciplinés, et, par l'ascendant de son mérite comme capitaine,

« ment encore crièrent moult haut et moult clair, et passèrent avant, et
« tendirent leurs arbalètres et commencèrent à traire. Et ces archers
« d'Angleterre, quand ils virent cette ordonnance, passèrent un pas en
« avant, et puis firent voler ces sagettes de grand'façon, qui entrèrent et
« descendirent si ouniement sur ces Gennevois que sembloit neige. Les
« Gennevois, qui n'avoient pas appris à trouver tels archers qui sont ceux
« d'Angleterre, quand ils sentirent ces sagettes qui leur perçoient bras,
« têtes et ban-lèvres (le visage), furent tantost déconfits ; et coupèrent les
« plusieurs les cordes de leurs arcs, et les aucuns les jetoient jus : si se
« mirent ainsi au retour.
« Entre eux et les François avoit une grand'-haie de gens d'armes,
« montés et parés moult richement, qui regardoient le convenant des
« Gennevois ; si que quand ils cuidèrent retourner, ils ne purent, car le
« roy de France, par grand mautalent, quand il vit leur povre arroy, et
« qu'ils déconfisoient ainsi, commanda et dit : « Or tôt, tuez toute cette
« ribaudaille, car ils nous empêchent la voie sans raison. » Là vissiez gens
« d'armes en tous lez entre eux férir et frapper sur eux, et les plusieurs
« trébucher et cheoir parmi eux, qui onques ne se relevèrent. Et toujours
« traioient les Anglois en la plus grand'presse, qui rien ne perdoit de leur
« trait, car ils empalloient et fesoient parmi le corps ou parmi les membres
« gens et chevaux qui là chéoient et trébuchoient à grand meschef, et ne
« pouvoient être relevés, si ce n'étoit par force et grand'aide de gens.
« Ainsi se commença la bataille entre Broye et Crécy en Ponthieu, ce
« samedi à heure de vespres. » (Froissart, *Bataille de Crécy*, ch. 287.)

[1] Ainsi nommés parce qu'ils portaient une casaque de maille appelée *brigantine*.

[2] Voy. *Étud. sur le passé et l'avenir de l'artillerie*, par le P. Napoléon-Louis Bonaparte, t. Ier, p. 16 et suiv.

[3] A Crécy.

parvint à mieux diriger la bravoure de sa chevalerie. Ces transformations dans la composition des armées, et l'emploi du canon, modifièrent nécessairement l'art de la fortification, lentement il est vrai, car la féodalité se pliait difficilement aux innovations dans l'art de la guerre; il fallut qu'une longue et cruelle expérience lui apprît, à ses dépens, que la bravoure seule ne suffisait pas pour gagner des batailles ou prendre des places; que les fortes et les hautes murailles de ses châteaux n'étaient pas imprenables pour un ennemi procédant avec méthode, ménageant son monde et prenant le temps de faire des travaux d'approche. La guerre de siége pendant le règne de Philippe de Valois n'est pas moins intéressante à étudier que la guerre de campagne; l'organisation et la discipline des troupes anglaises leur donne une supériorité incontestable sur les troupes françaises dans l'une comme dans l'autre guerre. A quelques mois de distance, l'armée française, sous les ordres du duc de Normandie[1], met le siége devant la place d'Aiguillon, située au confluent du Lot et de la Garonne, et le roi d'Angleterre assiége Calais. L'armée française nombreuse, que Froissart évalue à près de cent mille hommes, composée de la fleur de la chevalerie, après de nombreux assauts, des traits de bravoure inouïs, ne peut entamer la forteresse; le duc de Normandie, ayant déjà perdu beaucoup de monde, se décide à faire un siége en règle : « Lendemain (de l'attaque in-
« fructueuse du pont du château) vinrent deux maîtres engi-
« gneurs au duc de Normandie et aux seigneurs de son conseil,
« et dirent que, si on les vouloit croire et livrer bois et ouvriers
« à foison, ils feroient quatre grands kas[2] forts et hauts sur
« quatre grands forts nefs et que on méneroit jusques aux murs
« du châtel, et seroient si hauts qu'ils surmonteroient les murs
« du château. A ces paroles entendit le duc volontiers, et com-
« mande que ces quatre kas fussent faits, quoi qu'ils dussent
« coûter, et que on mît en œuvre tous les charpentiers du pays,

---

[1] Fils de Philippe de Valois, le roi Jean, pris à Poitiers.

[2] La suite de la narration indique que ces *kas* étaient des beffrois ou chas-chateils.

« et que on leur payât largement leur journée, parquoi ils ou-
« vrissent plus volontiers et plus appertement. Ces quatre kas
« furent faits à la devise[1] et ordonnance des deux maîtres, en
« quatre fortes nefs; mais on y mit longuement, et coûta grands
« deniers. Quand ils furent parfaits, et les gens dedans entrés
« qui à ceux du châtel devoient combattre, et ils eurent passé
« la moitié de la rivière, ceux du châtel firent descliquer quatre
« martinets[2] qu'ils avoient nouvellement fait faire, pour remé-
« dier contre les quatre kas dessus dits. Ces quatre martinets
« jetèrent si grosses pierres et si souvent sur ces kas, qu'ils
« furent bientôt débrisés, et si froissés que les gens d'armes et
« ceux qui les conduisoient ne se purent dedans garantir. Si les
« convint retraire arrière, ainçois qu'ils fussent outre la rivière;
« et en fut l'un effrondé au fond de l'eau, et la plus grande partie
« de ceux qui étoient dedans noyés; dont ce fut pitié et dom-
« mage : car il y avait de bons chevaliers et écuyers, qui grand
« désir avoient de leurs corps avancer, pour honneur acquerre[3]. »
Le duc de Normandie avait juré de prendre Aiguillon, personne
dans son camp n'osait parler de déloger, mais les comtes de
Ghines et de Tancarville allèrent trouver le roi à Paris. « Si
« lui recordèrent la manière et l'état du siége d'Aiguillon, et
« comment le duc son fils l'avoit fait assaillir par plusieurs as-
« sauts, et rien n'y conquéroit. Le roi en fut tout émerveillé,
« et ne remanda point adonc le duc son fils; mais vouloit bien
« qu'il se tînt encore devant Aiguillon, jusques à tant qu'il
« les eût contraints et conquis par la famine, puisque par as-
« saut ne les pouvoit avoir. »

Ce n'est pas avec cette téméraire imprévoyance que procède
le roi d'Angleterre; il débarque à la Hogue, à la tête d'une
armée peu nombreuse, mais disciplinée; il marche à travers la
Normandie en ayant toujours le soin de flanquer le gros de
son armée de deux corps de troupes légères commandées par

---

[1] Conformément au projet.
[2] Engin à contre-poids propre à lancer de grosses pierres.
[3] Froissart, chap. 262, édit. Buchon.

des capitaines connaissant le terrain, qui battent le pays à droite et à gauche, et qui chaque soir viennent camper autour de lui. Sa flotte suit les côtes parallèlement à son armée de terre, de manière à lui ménager une retraite en cas d'échec; il envoie après chaque prise dans ses vaisseaux le produit du pillage des villes. Il arrive aux portes de Paris, continue sa course victorieuse jusqu'en Picardie; là il est enfin rejoint par l'armée du roi de France, la défait à Crécy, et se présente devant Calais. « Quand le roi d'Angleterre fut venu premièrement de-
« vant la ville de Calais, ainsi que celui qui moult la désiroit
« conquérir, il l'assiégea par grand' manière et de bonne ordon-
« nance, et fit bâtir et ordonner entre la ville et la rivière et
« le pont de Nieulay hôtels et maisons, et charpenter de gros
« merrein, et couvrir lesdites maisons, qui étoient assises et
« ordonnées par rues bien et faiticement, d'estrain[1] et de
« genêts, ainsi comme s'il dût là demeurer dix ou douze ans;
« car telle étoit son intention qu'il ne s'en partiroit, par hiver
« ni par été, tant qu'il l'eût conquise, quel temps ni quelle
« poine il dût mettre ni prendre. Et avoit en cette neuve ville
« du roi toutes choses nécessaires à un ost, et plus encore,
« et place ordonnée pour tenir marché le mercredi et le samedi,
« et là étoient merceries, boucheries, halles de draps et de
« pain et de toutes autres nécessités; et en recouvroit-on tout
« aisément pour son argent; et tout ce leur venoit tous les
« jours, par mer, d'Angleterre et aussi de Flandre, dont ils
« étoient confortés de vivres et de marchandises. Avec tout
« ce, les gens du roi d'Angleterre couroient moult souvent sur
« le pays, en la comté de Ghines, en Therouenois, et jusques
« aux portes de Saint-Omer et de Boulogne; si conquéroient
« et ramenoient en leur ost grand'foison de proie, dont ils étoient
« rafraîchis et ravitaillés. *Et point ne faisoit le roi ses gens as-*
« *saillir ladite ville de Calais, car bien savoit qu'il y perdoit*
« *sa poine et qu'il se travailleroit en vain.* Si épargnoit ses gens

[1] De chaume.

« et son artillerie, et disoit qu'il les affameroit, quelque long
« terme qu'il y dût mettre, si le roi Philippe de France de
« rechef ne le venoit combattre et lever le siége. » Mais le roi
Philippe arrive devant Calais à la tête d'une belle armée; aussitôt le roi d'Angleterre fait munir les deux seuls passages par
lesquels les Français pouvaient l'attaquer. L'un de ces passages
était par les dunes le long du rivage de la mer; le roi d'Angleterre fait « traire toutes ses naves et ses vaisseaux par devers
« les dunes, et bien garnir et fournir de bombardes, d'arbalètres,
« d'archers et d'espringales, et de telles choses par quoi l'ost
« des François ne pût ni osât par là passer. » L'autre était le
pont de Nieulay; « et fit le comte de Derby son cousin aller
« loger sur ledit pont de Nieulay, à grand'foison de gens d'armes
« et d'archers, afin que les François n'y pussent passer, si ils
« ne passoient parmi les marais, qui sont impossibles à passer.
« Entre le mont de Sangattes et la mer, de l'autre côté devant
« Calais, avoit une haute tour que trente-deux archers anglois
« gardoient; et tenoient là endroit le passage des dunes pour
« les François; et l'avoient à leur avis[1] durement fortifiée de
« grands doubles fossés. » Les gens de Tournay attaquent la tour
et la prennent en perdant beaucoup de monde; mais les maréchaux viennent dire au roi Philippe qu'on ne pouvait passer
outre sans sacrifier une partie de son armée. C'est alors que
le roi des Français s'avise d'envoyer un message au roi d'Angleterre : « Sire, disent les envoyés, le roi de France nous en-
« voie pardevers vous et vous signifie qu'il est ci venu et arrêté
« sur le mont Sangattes pour vous combattre; mais il ne peut
« ni voir ni trouver voie comment il puisse venir jusqu'à vous;
« si en a-t-il grand désir pour désassiéger sa bonne ville de
« Calais. Si a fait aviser et regarder par ses maréchaux com-
« ment il pourroit venir jusques à vous; mais c'est chose im-
« possible. Si verroit volontiers que vous voulussiez mettre de
« votre conseil ensemble, et il mettroit du sien, et par l'avis

---

[1] Contre leurs attaques.

« de ceux, aviser place là où on se pût combattre ; et de ce
« sommes-nous chargés de vous dire et requerre [1]. »

Une lettre du roi d'Angleterre à l'archevêque d'York fait connaître que ce prince accepta la singulière proposition du roi Philippe [2], mais qu'après des pourparlers, pendant lesquels l'armée assiégeante ne cessa de se fortifier davantage dans son camp et de garnir les passages, le roi des Français délogea subitement et licencia son monde le 2 août 1347.

Ce qui précède fait voir que déjà l'esprit militaire se modifiait en Occident, et, dans la voie nouvelle, les Anglo-Normands nous avaient précédés. A chaque instant au XIVe siècle, l'ancien esprit chevaleresque des Français vient se heurter contre l'esprit politique des Anglo-Normands, contre leur organisation nationale, une déjà, et puissante par conséquent. L'emploi de la poudre à canon dans les armées et dans les siéges porta un nouveau et terrible coup à la chevalerie féodale. L'énergie individuelle, la force matérielle, la bravoure emportée, devaient le céder bientôt au calcul, à la prévoyance et à l'intelligence d'un capitaine, secondé par des troupes habituées à l'obéissance. Bertrand du Guesclin sert de transition entre les chevaliers des XIIe et XIIIe siècles et les capitaines habiles des XVe et XVIe siècles. Il faut dire qu'en France l'infériorité à la guerre n'est jamais de longue durée ; une nation belliqueuse par instinct est plutôt instruite par ses revers encore que par ses succès. Nous avons dit un mot des défiances de la féodalité française à l'égard des classes inférieures, défiance qui était cause que dans les armées on préférait des soudoyers étrangers à des nationaux qui, une fois licenciés, ayant pris l'habitude des armes et du péril, se trouvant cent contre un, eussent pu se coaliser contre le réseau féodal et le rompre. La royauté, gênée par les priviléges de ses vassaux, ne pouvait directement appeler les populations sous les armes ;

[1] Froissart, chap. 318, édit. Buchon.
[2] Le récit de Froissart n'est pas conforme à la lettre du roi ; d'après ce chroniqueur, le roi Édouard aurait refusé le cartel de Philippe, disant qu'il n'avait qu'à venir le trouver dans son camp.

pour réunir une armée elle convoquait les seigneurs, qui se rendaient à l'appel du suzerain avec les hommes qu'ils étaient tenus de fournir; ces hommes composaient une brillante gendarmerie d'élite suivie de *bidauds*, de *valets*, de *brigands*, formant plutôt un troupeau embarrassant qu'une infanterie solide. Le roi prenait à solde, pour combler cette lacune, des arbalétriers génois, brabançons, des corporations des bonnes villes. Les premiers, comme toutes les troupes mercenaires, étaient plus disposés à piller qu'à se battre pour une cause qui leur était étrangère; les troupes fournies par les grandes communes, turbulentes, peu disposées à s'éloigner de leurs foyers, ne devant qu'un service temporaire, profitaient du premier échec pour rentrer dans leurs villes, abandonnant la cause nationale qui n'existait pas encore à leurs yeux par suite du morcellement féodal. C'est avec ces mauvais éléments que les rois Philippe de Valois et Jean devaient lutter contre les armées anglaises et gasconnes déjà organisées, compactes, disciplinées et régulièrement payées. Ils furent battus, comme cela devait être. Les malheureuses provinces du nord et de l'ouest, ravagées par la guerre, brûlées et pillées, furent bientôt réduites au désespoir; des hommes qui avaient tremblé devant une armure de fer, lorsque cette armure paraissait invincible, voyant la fleur de la noblesse française détruite par des archers anglais et des coutilliers gallois, par de simples fantassins, s'armèrent à leur tour : que leur restait-il d'ailleurs! et formèrent les terribles compagnies des Jacques. Ces troupes de soldats *brigands*, licenciées, abandonnées à elles-mêmes après les défaites, se ruaient sur les villes et les châteaux : « Et
« toujours gagnoient povres brigands, dit Froissart, à dérober
« et piller villes et châteaux, et y conquéroient si grand avoir
« que c'étoit merveille.... Ils épioient, telle fois étoit, et bien
« souvent, une bonne ville ou un bon châtel, une journée ou
« deux loin; et puis s'assembloient vingt ou trente brigands,
« et s'en alloient tant de jour et de nuit, par voies couvertes,
« que ils entroient en celle ville ou en cel châtel que épié
« avoient, droit sur le point du jour, et boutoient le feu en

« une maison ou en deux. Et ceux de la ville cuidoient que ce
« fussent mille armures de fer, qui vouloient ardoir leur ville :
« si s'enfuyoient qui mieux mieux, et ces brigands brisoient
« maisons, coffres et écrins, et prenoient quant qu'ils trouvoient,
« puis s'en alloient leur chemin, chargés de pillage.... Entre
« les autres, eut un brigand en la Languedoc, qui en telle
« manière avisa et épia le fort châtel de Combourne qui sied
« en Limosin, en très fort pays durement. Si chevaucha de
« nuit à tout trente de ses compagnons, et vinrent à ce fort
« châtel, et l'échellèrent et gagnèrent, et prirent le seigneur
« dedans que on appeloit le vicomte de Combourne, et occirent
« toute la maisnée de céans, et mirent le seigneur en prison en son
« châtel même, et le tinrent si longuement, qu'il se rançonna à
« tout vingt-quatre mille écus tous appareillés. Et encore détint
« ledit brigand ledit châtel et le garnit bien, et en guerroya le pays.
« Et depuis, pour ses prouesses, le roi de France le voulut avoir
« de lez-lui, et acheta son châtel vingt mille écus ; et fut
« huissier d'armes du roi de France, et eu grand honneur de-lez
« le roi. Et étoit appelé ce brigand Bacon. Et étoit toujours
« monté de bons coursiers, de doubles roncins et de gros
« palefrois, et aussi bien armé comme un comte et vêtu très
« richement, et demeura en ce bon état tant qu'il vesqui[1]. »
Voici le roi de France qui traite avec un soldat de fortune,
lui donne une position supérieure, l'attache à sa personne ; le
roi fait ici pour la défense du territoire un pas immense : il va
chercher les défenseurs du sol en dehors de la féodalité, parmi
des chefs sortis du peuple. C'est avec ces compagnies, ces soldats
sans patrie, mais braves, habitués au métier des armes, avec ces
routiers sans foi ni loi que du Guesclin va reconquérir une à une
toutes les places fortes tombées entre les mains des Anglais. Les
malheurs, le désespoir avaient aguerri les populations ; les paysans
eux-mêmes tenaient la campagne et attaquaient les châteaux.

Pour conquérir une partie des provinces françaises, les Anglais
n'avaient eu à lutter que contre la noblesse féodale ; après avoir

[1] Froissart, chap. 324, édit. Buchon.

pris ses châteaux et domaines, et ne trouvant pas de *peuple* sous les armes, ils ne laissèrent dans leurs places fortes que des garnisons isolées, peu nombreuses, quelques armures de fer soutenues d'un petit nombre d'archers; les Anglais pensaient que la noblesse féodale française sans armée ne pouvait, malgré sa bravoure, reprendre ses châteaux. Grande fut aussi la surprise des capitaines anglais quand, à quelques années d'intervalle, ils se trouvèrent assaillis non plus seulement par une brillante chevalerie, mais par des troupes intrépides, disciplinées pendant e combat, obéissant aveuglément à la voix de leur chef, ayant foi en son courage et en son étoile, se battant avec sang-froid et possédant la ténacité, la patience et l'expérience de vieux soldats[1]. La féodalité avait, dès la fin du XIVe siècle, joué son

[1] Nulle place forte ne résistait à du Guesclin; il savait entraîner ses soldats, et prenait presque toutes les villes et châteaux en brusquant attaques. Il avait compris que les fortifications de son temps ne pouaient résister à une attaque conduite sans hésitations, avec vigueur et romptitude. Il donnait l'assaut en jetant un grand nombre de soldats braves et bien armés, munis de fascines et d'échelles, sur un point, les faisait appuyer par de nombreux arbalétriers et archers couverts, et formant une colonne d'attaque d'hommes dévoués, il perdait peu de monde en agissant avec vigueur et promptitude. Au siége de Guingamp :

« Des arbres et de boiz et de buissons ramez
Ont les fiers assaillants rempliz les grands fossez ;
En .II. lieux ou en plus est de merrien rasez.
A la porte est venus Bertrand li alosez,
Et crioit hault : « Guesclin ! or tost lassus montez !
Il convient que je soie là-dedens ostelez. »
Eschielles ont drécies comme fiers et osez ;
Là véissez monter celle gens bacelez
Et porter sur leur chief grans huis, qui sont bendez,
Fenestres et escus qui estoient nervez,
Pour la doubte des pierres qui giétent à tous lez.
Cilz qui furent dedens furent espoantez :
Aux crénaux ne s'osoient amoustrer, ce créez,
Pour le trait qui venoit, qui doit estre doubtez.
Li chastelains estoit en on donjon montez,
Et regarde assaillir ces bourjois alosez,
Qui d'assaillir estoient tellement eschaufez
Qu'il ne doubtent la mort la monte de .II. dez. »

(*Chronique de Bertrand du Guesclin*, vers 3149 et suiv.)

rôle militaire comme elle avait joué son rôle politique. Son Du Guesclin n'employait pas ces tours mobiles, ces moyens lents, dispendieux et difficiles d'attaque ; il ne se servait guère que des engins offensifs, il employait la mine, la sape, et c'était toujours avec cette activité, cette promptitude, cette abondance de ressources et ce soin dans les menus détails qui caractérisent les grands capitaines.

Il investit le donjon de Meulan :

> « Li chastelains estoit en sa tour demourant :
> Si fort estoit la tour qui n'aloit riens doubtant.
> Bien pourvéu furent ens ou tamps de devant,
> De pain, de char salée et de bon vin friant
> Pour vivre .XV. mois ou plus en .I. tenant.
> . . . .
> Bertran en est alez au chastelain parler,
> Et li requist la tour, qui li veille livrer,
> Et qui la rende au duc, qui tant fait à loer.
> « Tout sauvement, dit-il, je vous lerai aler. »
> Et dist li chastelains : « Foi que doi St. Omer !
> Ainçois qu'en ceste tour vous puissiez hosteler,
> Vous conviendra, je croi à prendre à haut voler. »
> . . . .
> Bertran du Guesclin fist fort la tour assaillir ;
> Mais assaut ne les fist de rien nulle esbahir :
> Bien furent pourvéu pour longuement tenir.
> Adonc fist une mine et les mineurs fouir,
> Et les faisoit garder, c'on ne les puit honnir ;
> Et les mineurs pensèrent de la mine fornir,
> La terre font porter et la mine tenir,
> Si que cil de la tour ne les porent véir.
> Tant minèrent adonc, ce sachiez sans faillir,
> Que par-desoubz les murs pueent bien avenir.
> Dessouz le fondement font la terre ravir,
> A fors eschanteillons (étançons) la firent soustenir,
> Grans, baux, fors et pesans y ont fait establir.
> Dont vint li mineur sans point de l'alentir,
> Et dirent à Bertran : « Quand vous arez desir,
> Sire, nous vous ferons ceste tour-ci chéir. »
> — « Or, tost, ce dit Bertran, il me vient à plaisir ;
> Car puisque cil dedans ne veulent obéir,
> Il est de raison c'on les face morir. »
> Li mineur ont bouté à force et à bandon
> Le feu dedens la mine, à lors division,
> Li bois fut très-bien oint de graisse de bacon :
> En l'eure qu'il fut ars, si c'on dit la chançon,
> Chéi la haute tour ainsi qu'à .I. coron.
> . . . .

(Chronique de Bertrand du Guesclin, vers 3956 et suiv.)

prestige était détruit, et Charles VII et Louis XI eurent de véritables armées régulières.

Si nous nous sommes étendus sur cette question, c'est qu'il nous a paru nécessaire de faire connaître les transformations par lesquelles l'art de la guerre a dû passer, afin de pouvoir rendre compte des différents systèmes de défense qui furent successivement adoptés du x⁰ au xvi⁰ siècle. Il n'est pas besoin de démontrer tout ce qu'il y a d'impérieux dans l'art de la fortification; ici tout doit être sacrifié au besoin de la défense, et cependant telle était la puissance de la tradition féodale, qu'on emploie longtemps, et jusqu'à la fin du xvi⁰ siècle, des formes, que l'on conserve des dispositions qui ne se trouvaient nullement à la hauteur des nouveaux moyens d'attaque. C'est surtout aux fortifications des châteaux que cette observation s'applique. La féodalité ne pouvait se résoudre à remplacer ses hautes tours par des ouvrages bas et étendus; pour elle, le grand donjon de pierre épais et bien fermé était toujours le signe de la force et de la domination. Aussi le château passe-t-il brusquement, au xvi⁰ siècle, de la fortification du moyen âge à la maison de plaisance.

Il n'en est pas de même pour les villes : par suite de ses désastres, la gendarmerie française perdait peu à peu de son ascendant. Indisciplinée, mettant toujours l'intérêt féodal avant l'intérêt national, elle en était pendant les guerres des xiv⁰ et xv⁰ siècles à jouer le rôle de partisans, surprenant des châteaux et des villes, les pillant et brûlant, les perdant le lendemain; tenant tantôt pour un parti, tantôt pour un autre, suivant qu'elle y trouvait son intérêt du moment. Mais les corporations des bonnes villes qui ne savaient pas se battre à l'époque de la conquête d'Édouard III s'étaient aguerries; plus disciplinées, plus braves et mieux armées, elles présentaient déjà à la fin du xiv⁰ siècle des troupes assez solides pour qu'on pût leur confier la garde des postes importants[1]. Vers le milieu de ce siècle on

---

[1] C'est surtout pendant le xiv⁰ siècle que s'organisèrent d'une manière régulière les corporations d'arbalétriers et d'archers dans les villes du

avait déjà fait emploi de bouches à feu, soit dans les batailles rangées soit dans les siéges[1]. Ce nouveau moyen de destruction

nord. Par une ordonnance datée du mois d'août 1367, Charles V institue une connétablie ou compagnie d'arbalétriers dans la ville de Laon. Le roi nomma pour trois ans Michauld de Laval connétable de cette compagnie. « Dans la suite, dit l'article 1er de cette ordonnance, les arbalestriers « esliront de trois en trois ans un connestable à la pluralité des voix. « Michauld de Laval, avec le conseil des cinq ou six des plus experts au « jeu de l'arbalestre, choisira les vingt-cinq arbalestriers qui doivent com- « poser la compagnie. Les arbalestriers obéiront au connestable, dans ce « qui reguarde leurs fonctions, sous poine d'une amende de six sols. »
L'article 2 porte : « Le roi retient ces arbalestriers à *son service*, et il les « met sous sa sauve-garde. » — Suivent des articles qui établissent certains priviléges en faveur de la compagnie, tels que l'exemption de tous impôts et tailles, à l'exception « de l'aide establie pour la rançon du roi « Jean. »

Le même prince institue une compagnie de vingt arbalétriers à Compiègne.

En 1359 est organisée à Paris la corporation des arbalétriers au nombre de deux cents; par une ordonnance datée du 6 novembre 1373, Charles V fixe ce nombre à huit cents. Ces arbalétriers, qui appartenaient à la classe bourgeoise et ne faisaient pas leur métier des armes, ne pouvaient quitter leur corporation pour servir dans l'armée ou ailleurs, sans l'autorisation du prévost de Paris et du prévost des marchands. Lorsque ces magistrats menaient les arbalétriers faire un service hors la banlieue de Paris, hommes et chevaux (car il y avait arbalétriers à cheval et à pied) étaient nourris; chaque homme recevait en outre trois sols par jour, leur connétable touchait cinq sols aussi par jour ; le tout aux frais de la ville.

Par lettres patentes du 12 juin 1411, Charles VI ordonna qu'une confrérie d'archers, composée de cent vingt hommes, serait établie à Paris; que ces cent vingt archers seraient choisis parmi les autres archers qui existaient déjà ; que cette confrérie serait spécialement chargée de garder la personne du roi et de la défense de la ville de Paris.

Charles VII, par lettres patentes du 22 avril 1448, institua les *francs-archers* pour servir en temps de guerre. Pour la formation de ce corps privilégié on choisit dans chaque paroisse des hommes robustes et adroits, et parmi les habitants aisés, parce que ces francs-archers étaient obligés de s'équiper à leurs frais ou, à défaut, aux dépens de la paroisse. Le chiffre du contingent était à peu près d'un homme par cinquante feux. (*Recherches hist. sur les corpor. des archers, des arbalétriers et des arquebusiers*, par Victor Fouque, 1852, Paris.)

[1] L'armée anglaise avait du canon à la bataille de Crécy. Dès 1326, la ville de Florence faisait faire des canons de fer et de métal. (*Bibl. de l'École des Chartes*, t. VI, p. 50.) En 1339, deux chevaliers, les sires de Cardilhac

devait changer et changea bientôt toutes les conditions de l'attaque et de la défense des places. Peu importante encore au commencement du XVᵉ siècle, l'artillerie à feu prend un grand développement vers le milieu de ce siècle. « En France, dit
« l'illustre auteur déjà cité [1], la guerre de l'Indépendance contre
« les Anglais avait réveillé le génie guerrier de la nation, et,
« non-seulement l'héroïque Jeanne d'Arc s'occupait elle-même
« de diriger l'artillerie [2]; mais deux hommes éminents sortis du
« peuple, les frères Bureau, apportèrent tous leurs soins à
« perfectionner les bouches à feu et à la conduite des siéges.
« Ils commencèrent à employer, quoique en petit nombre, les
« boulets de fer au lieu des boulets de pierre [3], et alors, un
« projectile du même poids occupant un plus petit volume, on
« put lui donner une plus grande quantité de mouvement, parce
« que la pièce, ayant un moindre calibre, offrit plus de résis-
« tance à l'explosion de la poudre.

« Ce boulet plus dur ne se brisa plus et put pénétrer dans
« la maçonnerie; il y eut avantage à augmenter sa vitesse en
« diminuant sa masse; les bombardes devinrent moins lourdes,
« quoique leur effet fût rendu plus dangereux.

« Au lieu d'élever des bastilles tout autour de la ville [4], les

---

et de Bieule, reçoivent du maître des arbalétriers de la ville de Cambray « dis canons, chinq de fer et chinq de métal » (probablement de fer forgé et de métal fondu), « liquel sont tout fait dou commandement doudit « maistre des arbalestriers par nostre main et par nos gens, et qui sont en « la garde et en la deffense de la ville de Cambray. » (*Original parchemin, parmi les titres scellés de Clairambault*, vol. xxv, fol. 1825. *Bibl. de l'École des Chartes*, t. vi, p. 51.) «....Pour salpêtre et suffre viz et sec achetez pour « les canons qui sont à Cambray, onze livres quatre soolz. III. den. tour- « nois. » (*Ibid.* Voy. *l'article de M. Lacabane*, même vol., p. 28.)

[1] *Études sur le passé et l'avenir de l'artillerie*, par L.-Napoléon Bonaparte, présid. de la Républ., t. II, p. 96.

[2] Déposition du duc d'Alençon. Michelet, *Hist. de France*, t. V, p. 99.

[3] Les trébuchets, pierriers, mangonneaux lançaient des boulets de pierre; il était naturel, lorsqu'on changea le mode de projection, de conserver le projectile.

[4] Voy. le siège d'Orléans, en 1428. Nous revenons sur les travaux exécutés par les Anglais pour battre et bloquer la ville.

DU MOYEN AGE.   147

« assiégeants établirent, devant les grandes forteresses, un parc
« entouré d'un retranchement situé dans une position centrale,
« hors de la portée du canon. De ce point, ils conduisirent un
« ou deux boyaux de tranchée vers les pointes où ils placèrent
« leurs batteries [1]... Nous sommes arrivés au moment où les
« tranchées furent employées comme moyen d'approche concur-
« remment avec les couverts en bois [2].... Aux frères Bureau re-

---

[1] Au siége de Caen, en 1450 : « Puis après on commença du costé de
« monseigneur le connestable à faire des approches couvertes, et descou-
« vertes, dont le Bourgeois en conduisait une, et messire Jacques de Cha-
« bannes l'autre ; mais celle du Bourgeois fut la première à la muraille, et
« puis l'autre arriva, et fut minée la muraille en l'endroict. En telle ma-
« nière que la ville eut esté prinse d'assault, si n'eust été le roy, qui ne le
« voulut pas, et ne voulut bailler nulles bombardes de ce costé ; de peur
« que les Bretons n'assaillissent. » (*Hist. d'Artus III, duc de Bretaigne et
connest. de France, de nouveau mise en lumière* par T. Godefroy, 1622.)
Au siége d'Orléans, 1429 : « Le jeudy, troisième jour de mars, saillirent
« les François, au matin, contre les Anglois, faisant pour lors un fossé
« pour aller à couvert de leur boulevert de la Croix-Boissée à Saint-Ladre
« d'Orléans, afin que les François ne les peussent veoir ne grever de canons
« et bombardes. Celle saillie fist grand dommage aux Anglois, car neuf
« d'eux y furent prins prisonniers ; et outre, en y tua maistre Jean d'une
« coulevrine cinq à deux coups » (*Hist. et discours du siége qui fut mis devant la ville d'Orléans.* Orléans, 1611).

[2] Nous ne pouvons admettre toutefois que les tranchées n'aient été
employées comme moyens d'approches qu'au moment où l'artillerie à feu
fut en usage. Philippe-Auguste, au siége du Château Gaillard, fait faire
de véritables tranchées pour serrer de près les ouvrages qu'il veut attaquer les premiers ; ces tranchées conduisent ses troupes et les *chats*, ou
couverts en bois, jusque sur la contrescarpe du fossé. En remontant plus
haut dans l'histoire des siéges, nous retrouvons les tranchées indiquées
comme moyens d'approches des places fortes. Dans les *Poliorcétiques*
d'Héron, de Constantinople, rédigées au VIe siècle et compilées au Xe,
nous lisons ce curieux passage. Il s'agit d'attaquer une place située au
sommet d'une colline : « Il y a encore un autre moyen de se préserver
« des masses roulées d'en haut. Il faut, en commençant au pied de la
« colline, creuser des fossés obliques, en se dirigeant et en montant
« vers certaines parties des murs : ces fossés doivent avoir une profon-
« deur d'environ cinq pieds, et un mur qui s'élève verticalement de ces
« mêmes fossés vers la gauche, de telle sorte que les masses roulées d'en
« haut viennent se heurter contre ce mur, qui sert de rempart et de bou-

« vient l'honneur d'avoir les premiers fait l'emploi le plus
« judicieux de l'artillerie à feu dans les siéges. De sorte que
« les obstacles tombèrent devant eux, les murailles frappées ne
« résistaient plus à leurs boulets et volaient en éclats. Les villes
« que défendaient les Anglais et qu'ils avaient mis des mois
« entiers à assiéger, lors de leur invasion, furent enlevées en
« peu de semaines. Ils avaient employé quatre mois à assiéger

« clier aux assaillants. Les travailleurs doivent fortifier de la manière
« suivante la partie du fossé déjà creusée : ils doivent aiguiser par le bout
« inférieur, en forme de pieux, des pièces de bois d'environ six coudées,
» ou des troncs de jeunes arbres, les enfoncer en terre, de manière à
« offrir de la résistance, à gauche du mur susdit qui s'élève de la terre
« amoncelée hors du fossé, et leur donner une position oblique par rap-
« port à la pente de la colline ; ils doivent ensuite placer des planches
« extérieurement sur ces pieux, et attacher tout autour des branches d'ar-
« bres réunies en fagots (des fascines) ; enfin, jetant de ce côté tous les
« matériaux qu'ils tirent en creusant, ils doivent préparer des routes
« droites pour faire monter les tortues. Ces tortues, vues de face, doivent
« être de celles qu'on nomme *éperons*, c'est-à-dire en forme de coin ; elles
« ont pour base un triangle ou un pentagône avec un angle aigu en avant,
« et, construites sur cette large base, elles vont en se rétrécissant
« jusqu'à l'arête qui forme le faîte de la machine, de telle sorte qu'elles
« ressemblent pardevant à des proues de navires posées à terre et serrées
« les unes contre les autres. Il faut qu'elles soient petites et nombreuses,
« pour qu'elles puissent être préparées promptement et facilement, et être
« portées sans peine par un petit nombre d'hommes. Elles doivent avoir à
« leur base des pointes de bois poli, longues d'un pied, et des clous de fer
« au lieu de roues, afin que posées à terre, elles s'y fixent, et ne puissent
« être entraînées en bas par un choc. De plus, chacune d'elles doit avoir
« en tête une pièce de bois oblique, comme celle que les chars ont à leur
« timon, pour l'arrêter et la maintenir en place quand elle va reculer
« sur la pente, surtout lorsque ceux qui la font avancer en montant sont
« las et ont besoin de se reposer un moment. Il arrivera donc, ou bien que
« les projectiles lancés d'en haut, tombant dans le fossé, seront détournés
« de leur direction, ou bien que, venant frapper contre les pieux inclinés
« obliquement, ils seront arrêtés dans leur course, ou bien que, se heur-
« tant contre le bec des tortues en forme d'éperon, ils seront rejetés d'un
« côté ou de l'autre, et que l'espace intermédiaire sera à l'abri de leurs
« coups.... » (Acad. des inscrip. et belles-lettres ; Mém. présentés par
divers savants. 1ʳᵉ série, tom. IV : *Morceaux du texte grec inédit des*
Πολιορκητικά *d'Héron, de Constantinople, pub. d'après les manusc. d'Oxford*,
trad. de M. Th. Henri Martin.)

« Harfleur, en 1440 ; huit mois à assiéger Rouen, en 1418 ; dix
« mois à s'emparer de Cherbourg, en 1418 ; tandis qu'en 1450,
« toute la conquête de la Normandie, qui obligea à entreprendre
« soixante siéges, fut accomplie par Charles VII en un an et
« six jours [1].

« L'influence morale exercée par la grosse artillerie est de-
« venue si grande qu'il suffit de son apparition pour faire rendre
« les villes.

« .... Disons-le donc, en l'honneur de l'arme, c'est autant
« aux progrès de l'artillerie qu'à l'héroïsme de Jeanne d'Arc
« que la France est redevable d'avoir pu secouer le joug étran-
« ger, de 1428 à 1450. Car la crainte que les grands avaient
« du peuple, les dissensions des nobles eussent peut-être amené
« la ruine de la France, si l'artillerie, habilement conduite,
« ne fût venue donner au pouvoir royal une force nouvelle, et
« lui fournir à la fois le moyen de repousser les ennemis de la
« France et de détruire les châteaux de ces seigneurs féodaux
« qui n'avaient point de patrie.

« Cette période de l'histoire signale une ère nouvelle. Les
« Anglais ont été vaincus par les armes à feu, et le roi, qui a
« reconquis son trône avec des mains plébéiennes, se voit pour
« la première fois à la tête des forces qui n'appartiennent qu'à
« lui. Charles VII, qui naguère empruntait aux villes leurs ca-
« nons pour faire les siéges, possède une artillerie assez nom-

---

[1] « ....Et fut mis le siége à Cherbourg. Et se logea mon dict seigneur
« d'un costé, et monseigneur de Clermont de l'autre. Et l'admiral de
« Coitivi, et le marschal, et Joachim de l'autre costé devant une porte. Et
« y fut le siége bien un mois, et y furent rompues et empirées neuf ou dix
« bombardes que grandes que petites. Et y vinrent les Anglois par mer,
« entre autres une grosse nef nommée la nef Henry, et commença un peu
« de mortalité, et y eut monseigneur bien à souffrir, car il avoit toute la
« charge. Puis feit mettre quatre bombardes devers la mer en la grève quand
« la mer estoit retirée. Et quand la mer venoit, toutes les bombardes
« estoient couvertes, manteaux et tout, et estoient toutes chargées, et en
« telle manière habillées, que dès ce que la mer estoit retirée on ne faisoit
« que mettre le feu dedans, et faisoient aussi bonne passée comme si elles
« eussent esté en terre ferme. » (*Hist. d'Artus III, ibid*, p. 149.)

« breuse pour établir des attaques devant plusieurs places à la
« fois, ce qui excite à juste titre l'admiration des contempo-
« rains. Par la création des compagnies d'ordonnance et par
« l'établissement des francs-archers, le roi acquiert une cava-
« lerie et une infanterie indépendantes de la noblesse.... »

L'emploi des bouches à feu dans les siéges dut avoir pour premier résultat de faire supprimer partout les hourds et bretèches en bois, et dut contribuer à l'établissement des mâchicoulis et parapets crénelés de pierre, portés sur corbeaux en saillie sur le nu des murs. Car les premières bouches à feu paraissent être souvent employées non-seulement pour lancer des pierres rondes en bombe, comme les engins à contre-poids, mais aussi des projectiles incendiaires, des barillets contenant une composition inflammable et détonante, telle que le feu grégeois décrit par Joinville, et connu dès le XIIe siècle par les Arabes. A la fin du XIVe siècle et au commencement du XVe, les artilleurs emploient déjà les canons à lancer des boulets de pierre, de plomb ou de fer, horizontalement; on ne s'attaque plus alors seulement aux créneaux et aux défenses supérieurs des murailles, mais on les bat en brèche à la base; on établit de véritables batteries de siége. Au siége d'Orléans, en 1428, les Anglais jettent dans la ville, avec leurs bombardes, un nombre considérable de projectiles de pierre qui passent par-dessus les murailles et crèvent les toits des maisons. Mais, du côté des Français, on trouve une artillerie dont le tir est de plein fouet et qui cause de grandes pertes aux assiégeants; un boulet tue le comte de Salisbury, qui observait la ville par l'une des fenêtres des tournelles [1]. C'est

---

[1] « Durant les festes et service de Noël, jettèrent d'une partie et d'autre,
« très-fort et horriblement, de bombardes et canons; mais surtout faisoit
« moult de mal un coulevrinier natif de Lorraine, estant lors de la garnison
« d'Orléans, nommé *maistre Jean,* qu'on disoit estre le meilleur maistre qui
« fust lors d'iceluy mestier, et bien le montra : car il avoit une grosse
« coulevrine dont il jettoit souvent, estant dedans les piliers du pont, près
« du boulevert de la Belle-Croix, tellement qu'il en tua et bléça moult
« d'Anglois. » (*Hist. et discours au vray du siége qui fut mis devant la ville
d'Orléans.* Orléans, 1611.)

« ....Celuy jour (pénultième du mois de février 1429), la bombarde de la

un homme sorti du peuple, maître Jean, Lorrain, qui dirige l'artillerie de la ville.

Pour assiéger la ville, les Anglais suivent encore l'ancien système des bastilles de bois et des boulevards; ils finissent par être assiégés à leur tour par ceux d'Orléans et perdent successivement leurs bastilles, qui sont détruites par le feu de l'artillerie française. Attaqués vigoureusement, ils sont obligés de lever le siége en abandonnant une partie de leur matériel; car l'artillerie à feu de siége, comme tous les engins employés jusqu'alors, avait l'inconvénient d'être difficilement transportable, et ce ne fut guère que sous Charles VII et Louis XI que les pièces de siége, aussi bien que celles de campagne, furent montées sur roues; on continua cependant d'employer les bombardes (grosses pièces, sortes de mortiers à lancer des boulets de pierre d'un fort diamètre) jusque pendant les premières années du XVIe siècle. Voici (42) la représentation d'un double canon de siége garni de son mantelet de bois destiné à protéger la pièce et les servants contre les projectiles; — (43), le figuré d'un double canon, mais avec boîtes s'emmanchant dans la culasse et contenant la charge de poudre avec le boulet [1]. A côté de la pièce sont

« cité pour lors assortie à la croche des moulins de la poterne Chesnau,
« pour tirer contre les tournelles, tira tant terriblement contre elles, qu'elle
« en abbatit un grand pan de mur. » *(Ibid.)*

« Les François conclurent ledit chastel de Harecourt d'engin et du pre-
« mier coup qu'ils jetèrent percièrent tout outre les murs de la basse-cour
« qui est moult belle à l'équipolent du chastel qui est moult fort. » (Alain Chartier, p. 162. Ann. 1449.)

[1] Copié sur des vignettes du manuscr. de Froissart, XVe siècle. Bibl. Impér., n° 8320, t. I. Les canons (fig. 43) se trouvent dans les vignettes intitulées : *Comment le roy d'Angleterre assiégea la cité de Rains.... Comment la ville de Duras fut assiégée et prinse d'assault par les François.* Ces canons étaient fabriqués dans l'origine au moyen de bandes de fer forgé réunies comme les douves d'un tonneau et cerclées par d'autres bandes de fer cylindriques. Il existe encore dans la cour de l'arsenal de Bâle une belle pièce de canon ainsi fabriquée, forgée avec grand soin; sa longueur est de 2^m72, et elle porte un boulet de $0^m,33^c$ de diamètre, en pierre. La culasse est forgée d'un seul morceau, et contient une chambre d'un calibre plus petit que celui de l'âme. Lorsque les pièces étaient de petit calibre, elles étaient ou forgées ou fondues, en fer ou en cuivre.

d'autres boîtes de rechange ; l'une d'elles C, est munie d'une anse (voir au Musée d'artillerie des bouches à feu garnies

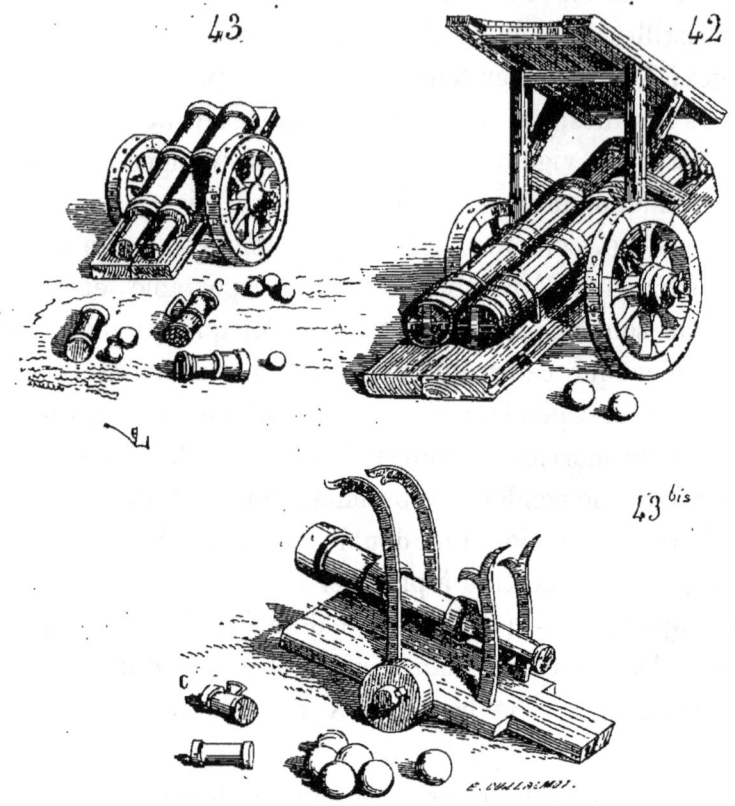

de boîtes semblables); — (43 *bis*), le dessin d'un canon à boîte monté sur un affût à crémaillères, permettant de pointer la pièce. Les boulets de ce dernier canon sont de pierre, tandis que ceux des canons doubles sont en métal. On mettait le feu à la poudre renfermée dans la boîte au moyen d'une tige de fer rougie dans un fourneau. L'établissement de ces pièces en batterie, leur chargement, surtout lorsqu'il fallait après chaque coup remplacer les boîtes, les moyens accessoires pour mettre le feu, tout cela était long. Au commencement du XVe siècle, les canons de gros calibre employés dans les siéges n'étaient pas en assez grand nombre; leur transport trop difficile ne permettait pas de les charger assez rapidement pour pouvoir produire des effets prompts et décisifs dans l'attaque des places. Il fallait avoir, pour éloigner les défenseurs des créneaux, des archers en grand nombre et des arbalétriers; des archers surtout qui avaient, ainsi que nous l'avons vu, une grande supériorité sur les arbalétriers à cause de la rapidité du tir de l'arc. Chaque archer (44)

était muni d'un sac de cuir contenant deux ou trois douzaines

de sagettes. Au moment du combat, il laissait son sac ouvert à terre, et gardait sous son pied gauche quelques flèches, le fer tourné à sa gauche; sans les voir il les sentait ainsi, il pouvait les prendre une à une en abaissant la main, et ne perdait pas le but de vue (point important pour un tireur). Un bon archer pouvait décocher une dizaine de flèches par minute; tandis qu'un arbalétrier, pendant le même espace de temps, n'envoyait guère que deux carreaux (45 et 46). Obligé d'adapter le *cranequin* (47)

à son arme après chaque coup, pour bander l'arc, non-seulement il perdait beaucoup de temps, mais il perdait de vue les mouvements de l'ennemi et était obligé, une fois l'arme bandée, de chercher son but et de viser[1].

Lorsque l'artillerie à feu fut assez bien montée et assez nombreuse pour battre les murailles et faire brèche à distance, l'ancien système défensif parut tellement inférieur aux moyens d'attaque qu'il fallut le modifier profondément. Les anciennes tours cou-

---

[1] Ces figures sont tirées du manuscrit de Froissart, déjà cité. Un des arbalétriers (45) est *pavaisé*, c'est-à-dire qu'il porte sur son dos un large pavois attaché à une courroie; en se retournant pour bander son arbalète, il se trouvait ainsi garanti contre les traits ennemis. L'anneau en fer adapté à l'extrémité de l'arbalète servait à passer le pied lorsqu'on faisait agir le cranequin pour bander l'arc (voy. fig. 46).

vertes de combles pour la plupart d'un petit diamètre, voûtées

d'une manière assez légère, ne pouvaient servir à placer du canon; en enlevant les combles et faisant des plates-formes (ce qui

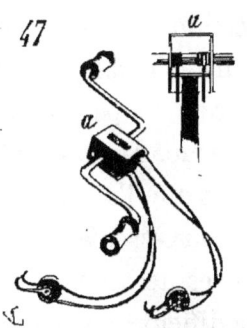

fut souvent exécuté au milieu du XVᵉ siècle), on parvenait à placer une ou deux pièces au sommet, qui ne causaient pas un grand dommage aux assaillants, et qui, par leurs feux plongeants, ne frappaient qu'un point. Il fallait sans cesse les déplacer pour suivre les mouvements de l'attaque, et leur recul ébranlait souvent les maçonneries au point de nuire plus aux défenseurs qu'aux assiégeants. Sur les courtines, les chemins de ronde, qui n'avaient guère que deux mètres au plus de largeur, ne pouvaient recevoir du canon; on faisait alors à l'intérieur des remblais en terre jusqu'au niveau de ces chemins, pour pouvoir monter les pièces et les mettre en batterie; mais par suite de l'élévation de ces courtines, les feux étaient plongeants et ne produisaient pas un grand effet. Sans renoncer dès lors à placer l'artillerie à feu sur les sommets des défenses, partout où la chose fut praticable, on ouvrit des embrasures dans les étages inférieurs des tours au niveau du sommet de la contrescarpe des fossés, afin d'obtenir un tir rasant, d'envoyer des projectiles en ricochets, et de forcer l'assaillant à commencer ces cheminements fort loin et à faire des tranchées profondes pour approcher des places. Sous Charles VII, en effet, beaucoup d'attaques de châteaux et de villes avaient été brusquées et avaient réussi. Des pièces de canon étaient amenées à découvert en face de la fortification, et avant que l'assiégé eût le temps de mettre en batterie les quelques bombardes et ribaudequins qui garnissaient les tours, la brèche était faite, et la ville gagnée. Mais toutes les tours ne pouvaient se prêter aux modifications demandées par le service de l'artillerie de défense; elles avaient un diamètre intérieur qui ne permettait pas de placer des pièces de canon : celles-ci ne pouvaient être introduites à travers ces détours et escaliers à vis; puis quand les pièces avaient tiré deux ou trois coups, on était asphyxié par la fumée qui ne trouvait pas d'issue. Dans les places fortifiées vers le milieu du XVe siècle, on voit que l'artillerie à feu commence à préoccuper les architectes; ceux-ci n'abandonnent pas l'ancien système des courtines flanquées de tours, système consacré par un long usage, mais ils le modifient dans les détails, ils étendent les défenses extérieures et renoncent à placer du canon sur les sommets des tours. Conservant ces couronnements pour la défense rapprochée, ils garnissent les parties inférieures des fortifications d'artillerie à feu.

Cette transition est fort intéressante à étudier, elle est rapide, car les perfectionnements apportés dans l'attaque des places forçaient les constructeurs à modifier chaque jour les moyens défensifs. Nous possédons peu d'édifices militaires complets qui aient conservé intactes les dispositions prises du temps de Charles VII pour résister à une artillerie à feu déjà redoutable. Il en est un cependant que nous donnerons ici, tant à cause de son état de conservation, que parce qu'il a été élevé d'un seul jet, et que son système de défense est suivi avec méthode dans toutes ses parties ; c'est le château de Bonaguil. Sis à quelques kilomètres de Villeneuve-d'Agen, ce château est bâti sur un promontoire qui commande un défilé ; son assiette est celle de tous les châteaux féodaux de quelque importance ; entouré d'escarpements, il n'est accessible que d'un seul côté 47a) [1], en A.

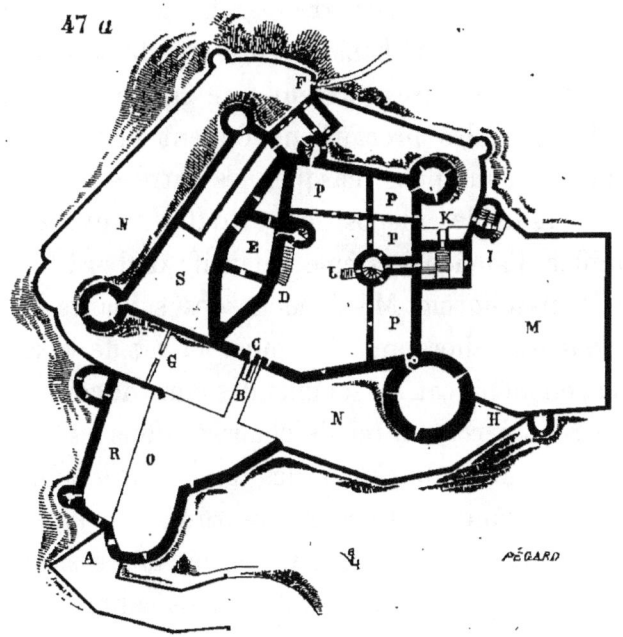

Un pont-levis donne entrée dans un ouvrage avancé que les constructeurs se sont efforcés de flanquer. En O est une place d'armes et en R les écuries probablement. Un large fossé sépare cet ouvrage avancé du château, dans lequel on pénètre par un second pont-levis B et par une porte avec poterne C. Un donjon E, de forme bizarre, commande les dehors et l'ou-

[1] Ce plan est à l'échelle de 0,001m par mètre. Même échelle que les plans des châteaux de Montargis et Coucy, donnés plus haut.

vrage avancé O. En P sont élevés les bâtiments d'habitation auxquels on arrive par un bel escalier à vis J. D est l'escalier qui monte à la porte surélevée du donjon E. En S est un ouvrage séparé du château par le donjon. Les ponts-levis relevés, on ne pouvait s'introduire dans le château qu'en franchissant la porte F percée dans le mur de contregarde, en suivant le fond des fossés N, en franchissant une seconde porte G percée dans une traverse, une troisième porte H donnant sur une belle plate-forme M, en prenant l'escalier I, et passant sur un petit pont-levis K. Là on trouvait un bel et grand escalier ne communiquant à l'escalier J intérieur que par un étroit couloir sombre sur lequel, à droite et à gauche, s'ouvrent des meurtrières. Le grand escalier ne monte que jusqu'au rez-de-chaussée surélevé de la cour intérieure; les parties supérieures forment une grosse tour carrée. On voit qu'ici toutes les précautions étaient prises dans les anciens châteaux féodaux pour masquer les entrées et les rendre difficiles d'accès. Mais des dispositions, toutes nouvelles alors, viennent modifier l'ancien système défensif; d'abord l'ouvrage avancé, avec la plate-forme M, forment des saillants considérables qui battent les dehors au loin; puis, au raz de la contrescarpe des fossés, ou au niveau du sommet des murs de contregarde, des embrasures sont percées à rez de chaussée dans les courtines et les tours pour recevoir du canon; les tours sont à peine engagées, afin de mieux flanquer les courtines. Si l'on en juge par les portes qui s'ouvrent dans les tours, les pièces mises en batterie à rez de chaussée ne pouvaient être d'un gros calibre. Tous les couronnements sont munis de crénelages et de machicoulis; mais les merlons des parapets conservés sont percés de meurtrières qui indiquent évidemment, par leur disposition, l'emploi d'armes à feu. Voici (47*b*) une vue de ce château prise du côté de l'entrée [1]. On voit dans cette vue que les embrasures destinées à l'artillerie à feu sont percées dans les étages infé-

---

[1] Nous n'avons rétabli, dans cette vue, que les charpentes qui n'existent plus; quant aux maçonneries, elles sont presque intactes.

rieurs des constructions, suivent la déclivité du terrain, ou commandent les ouvrages antérieurs. Quant aux couronne-

ments des tours, ce sont les mêmes que ceux adoptés au XIVe siècle. La transition est donc évidente ici, et pourrait être résumée par cette formule : *Battre les dehors au loin et défendre les approches par un tir rasant de bouches à feu, et se garantir contre l'escalade par un commandement très-élevé, couronné suivant l'ancien système pour la défense rapprochée.*

Voici comment sont construites les embrasures des bouches à feu du château de Bonaguil. A donne le plan de l'une d'elles;

B l'ouverture intérieure; C l'ébrasement extérieur. Le passage du boulet est seul réservé avec une mire au-dessus (47c).

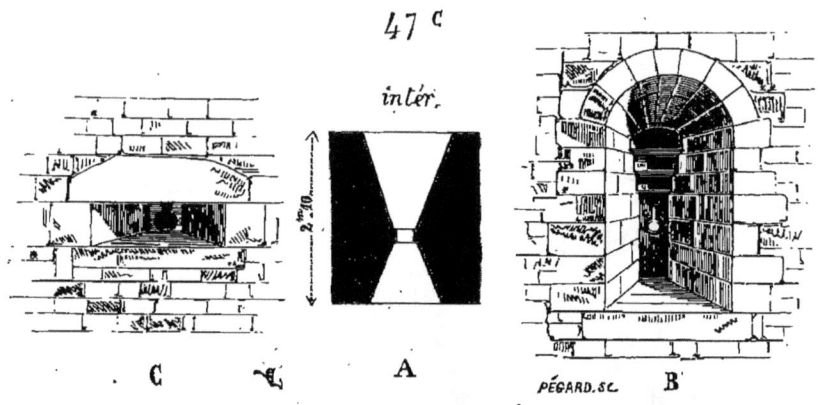

Ces divers perfectionnements n'étaient pas cependant à la hauteur des moyens d'attaque. La divergence des feux si rares disposés au pied des tours et courtines rendait leur effet presque nul sur des batteries de siége composées de quelques pièces réunies sur un seul point. Les défenseurs envoyaient un boulet pendant qu'ils en recevaient vingt; les ouvrages de défense se trouvaient criblés sur un point et tombaient en ruine avant que leurs canons eussent pu causer un dommage sensible aux assiégeants. Lorsque cette insuffisance de la vieille fortification fut bien reconnue, comme toujours, on appliqua le remède là où l'on voyait le mal; le système ancien fut conservé, mais les constructeurs s'appliquèrent à rendre leurs ouvrages plus résistants. On commença par modifier la construction des tours, on leur donna moins de hauteur et on augmenta beaucoup leur diamètre en les faisant saillir de plus en plus à l'extérieur; renonçant à l'ancien système de défense isolée, on les ouvrit du côté de la place afin de pouvoir y introduire facilement du canon, on les perça d'embrasures latérales plus nombreuses, au-dessous du niveau de la crête des fossés, et les enfilant dans leur longueur; on réserva les étages bas pour flanquer les courtines au moment du passage du fossé, et les étages supérieurs pour commander les dehors le plus loin possible. Les fortifications de la ville de Langres sont fort intéressantes à étudier au point de vue des modifications ap-

portées pendant les xv*e* et xvi*e* siècles à la défense des places (48)[1].
Langres est une ville romaine ; la partie A de la ville fut ajoutée,

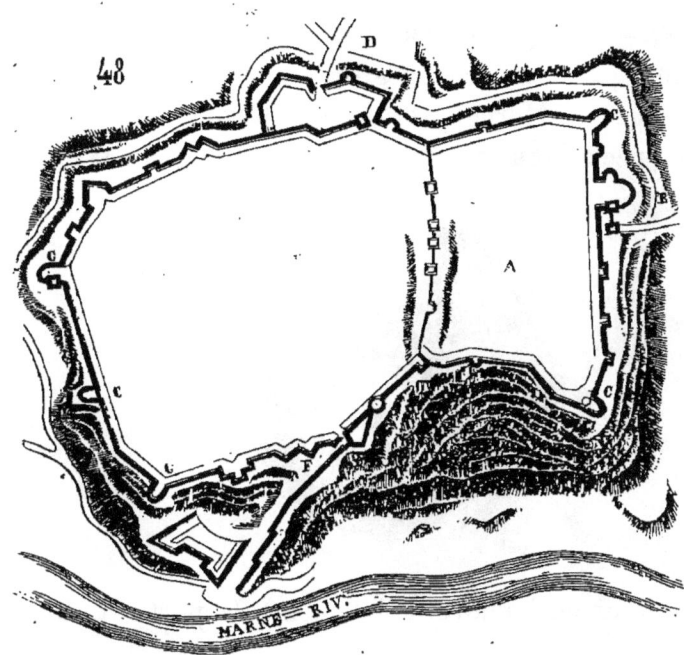

au commencement du xvi*e* siècle, à l'enceinte antique, dans laquelle on retrouve une porte assez bien conservée ; successivement modifiée, l'enceinte de Langres fut presque entièrement rebâtie sous Louis XI et François I*er*, et plus tard renforcée de défenses établies suivant le système adopté au xvi*e* siècle et au commencement du xvii*e*. L'emploi de l'artillerie à feu fut cause que l'on bâtit les tours C qui flanquent les courtines au moyen de deux murs parallèles terminés par un hémicycle. La ville de Langres est bâtie sur un plateau qui domine le cours de la Marne et tous les alentours ; du côté D seulement on y arrive de plain-pied. Aussi de ce côté un ouvrage avancé avait-il été établi dès le xvi*e* siècle[2]. En E était une seconde porte bien défendue par une

---

[1] Ce plan est tiré de la *Topographie de la Gaule*, éd. de Francfort, Mérian, 1655. La majeure partie de ces fortifications existent encore.

[2] L'ouvrage avancé indiqué sur ce plan a été remplacé par une défense moderne importante, à cheval sur la route venant de Dijon.

grosse tour ronde ou boulevard, avec deux batteries couvertes établies dans deux chambres dont les voûtes reposent sur un pilier cylindrique élevé au centre ; dans une autre tour juxtaposée est une rampe en spirale qui permettait de faire monter du canon sur la plate-forme qui couronnait la grosse tour ; en F une troisième porte donnant sur la Marne, protégée par des ouvrages en terre de la fin du XVIᵉ siècle. Nous donnons (48 A) le plan du rez-de-chaussée

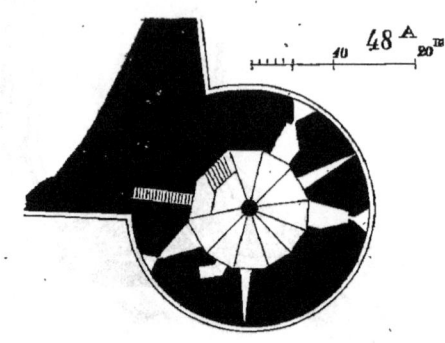

de la grosse tour ou boulevard défendant la porte E; (48 B) le

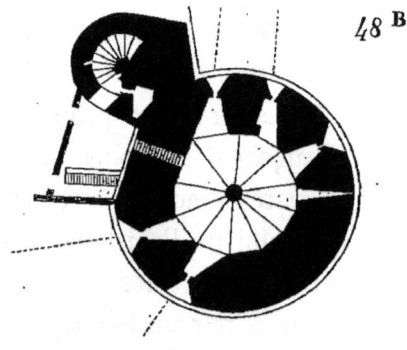

plan du premier étage. En examinant ce second plan, on voit que les embrasures pour le canon sont disposées de manière à enfiler les courtines. (48 c) donne la coupe de ce boulevard, au sommet duquel une batterie barbette pouvait être établie. Voici (49) le plan d'une des tours des fortifications de Langres dont la construction remonte, ainsi que le boulevard, à la fin du XVᵉ ou au commencement du XVIᵉ siècle. Cette tour, bâtie sur une pente rapide, est un véritable bastion pouvant contenir à chaque étage cinq bouches à feu. On descend successivement par quatre em-

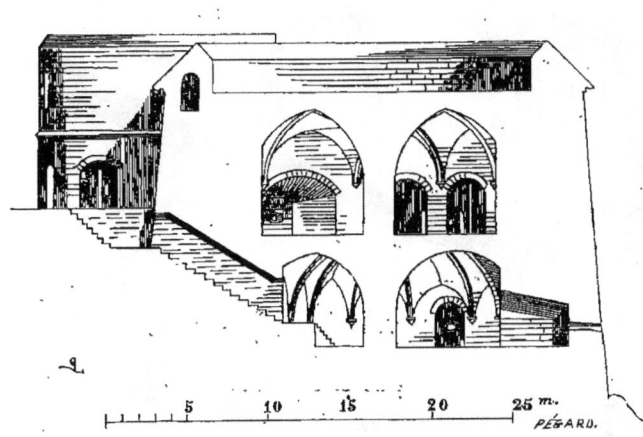

marchements du point C donnant dans la ville au point E. Les embrasures E, F, G ressautent pour suivre l'inclinaison du terrain

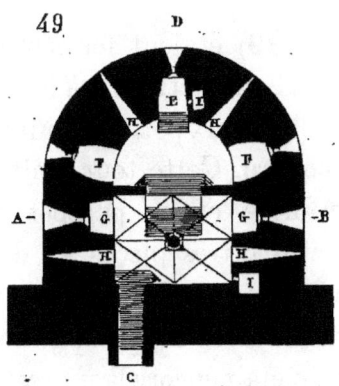

et se trouver toujours à une même hauteur au-dessus du sol extérieur. Les canons pouvaient être facilement introduits par des emmarchements larges et assez doux ; les murs sont épais ($7^m,00$), afin de pouvoir résister à l'artillerie des assiégeants. La première travée, dont les parois sont parallèles, est soutenue par quatre voûtes reposant sur une colonne ; un arc-doubleau portant sur deux têtes de murs sépare la première travée de la seconde, qui est voûtée en cul-de-four (voy. la coupe longitudinale (50) sur la

ligne C D et la coupe transversale (51) sur la ligne A B du plan).

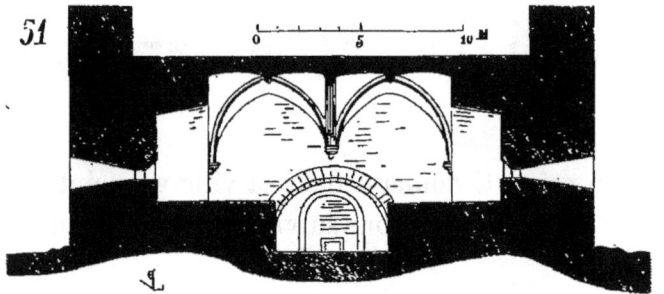

Les embrasures F, G (fig. 49) étaient fermées à l'intérieur par des portières. Des évents H permettaient à la fumée de s'échapper de l'intérieur de la salle. Deux petits réduits I devaient renfermer la provision de poudre. Cette tour était couronnée dans l'origine par une plate-forme et un parapet crénelé derrière lequel on pouvait placer d'autres pièces et des arquebusiers. Ces parties supérieures ont été modifiées depuis longtemps. La batterie barbette domine la crête du parapet des courtines voisines de 1 mètre environ ; c'était encore là un reste de la tradition du moyen âge. On croyait toujours devoir faire dominer les tours sur les courtines[1]. Cette incertitude dans la construction des

---

[1] Cette tour s'appelle aujourd'hui *tour du Marché*. Nous donnons le seul étage qui soit conservé, c'est l'étage inférieur. Le plan est à l'échelle de 0,00175 p. m.

défenses pendant les premiers temps de l'artillerie donne une grande variété de dispositions, et nous ne pouvons les signaler toutes. Mais il est bon de remarquer que le système de fortifications si bien établi de 1300 à 1400, si méthodiquement combiné, est dérangé par l'intervention des bouches à feu dans les siéges, et que les tâtonnements commencent à partir de cette dernière époque pour ne cesser qu'au XVIIe siècle. Telle était la force des traditions féodales qu'on ne pouvait rompre brusquement avec elles, et qu'on les continuait encore, bien que l'on eût reconnu les inconvénients attachés à la fortification du moyen âge en face de l'artillerie à feu. C'est ainsi qu'on voit longtemps encore et jusque pendant le XVIe siècle les mâchicoulis employés concurremment avec les batteries couvertes, quoique les mâchicoulis ne fussent plus qu'une défense nulle devant du canon. Aussi, de Charles VIII à François Ier, les villes et les châteaux ne tiennent pas devant une armée munie d'artillerie, et l'histoire durant cette période ne nous présente plus de ces siéges prolongés si fréquents pendant les XIIe XIIIe et XIVe siècles. On faisait du mieux qu'on pouvait pour approprier les anciennes fortifications au nouveau mode d'attaque et de défense, soit en laissant parfois les vieilles murailles subsister en arrière de nouveaux ouvrages, soit en détruisant quelques points faibles, comme à Langres, pour les remplacer par des grosses tours rondes ou carrées munies d'artillerie. A la fin du XVe siècle, les ingénieurs paraissent chercher à couvrir les pièces d'artillerie ; ils les disposent au rez de chaussée des tours dans des batteries couvertes, réservant les couronnements des tours et courtines pour les archers et arbalétriers ou arquebusiers. Il existe encore un grand nombre de tours qui présentent cette disposition ; sans parler de celle de Langres que nous avons donnée (fig. 49, 50 et 51), mais dont le couronnement détruit ne peut servir d'exemple, voici une tour carrée dépendant de la défense fort ancienne du Puy-Saint-Front de Périgueux, et qui fut reconstruite pour contenir les bouches à feu à rez de chaussée[1] destinées à

---

[1] Les courtines voisines datent du XIIIe siècle.

battre la rivière, le rivage et l'une des deux courtines. Le rez-de-chaussée peu étendu de cette tour (52) est percé de quatre embrasures destinées à de petites pièces d'artillerie, sans compter une meurtrière placée à l'angle saillant du côté opposé à la rivière. Deux canons (que l'on changeait de place suivant les besoins de la défense) pouvaient seulement être logés dans cette batterie basse, voûtée par un berceau épais de pierres de taille, et à l'épreuve des projectiles pleins lancés en bombe. Les embrasures des canons (53) sont percées horizontalement, laissant

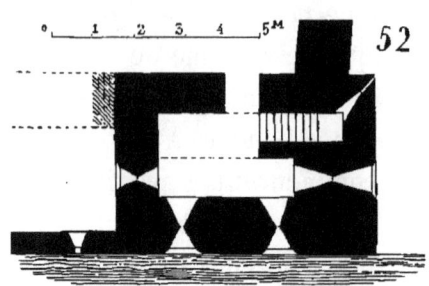

juste le passage du boulet; au-dessus, une fente horizontale permet de pointer et sert d'évent pour la fumée. Un escalier droit conduit au premier étage percé seulement de meurtrières d'arbalètes ou d'arquebuses, et le couronnement est garni de mâchicoulis avec parapet continu sans créneaux, mais percé de trous ronds propres à passer le bout de petites coulevrines ou d'arquebuses à main. C'était là une médiocre défense, et il était facile à l'ennemi de se placer de manière à se trouver en dehors de la projection du tir. On reconnut bientôt 1° que ces batteries couvertes, établies dans des espaces étroits et dont les embrasures n'embrassaient qu'un angle aigu, ne pouvaient démonter des batteries de siége et ne causaient pas un dommage sérieux à l'assiégeant; 2° qu'il fallait adopter un système général de défenses flanquées appropriées au nouveau mode d'attaque. Parmi les essais qui furent tentés à la fin du XVe siècle et au commencement du XVIe pour mettre la défense des places au niveau de l'attaque, nous devons citer la belle forteresse de Schaffhausen, qui présente tout un ensemble d'ouvrages fort remarquables pour l'époque, et parfaitement complet encore aujourd'hui. Mais pour faire comprendre l'importance de cet ouvrage, il est nécessaire de se rendre compte de son assiette. En sortant du lac de Constance, le Rhin se dirige par Stein vers l'ouest; arrivé à Schaffhausen, il se détourne brusquement vers le sud jusqu'à Kaiserstuhl. Ce coude est causé par de hautes collines rocheuses qui ont présenté un obstacle au fleuve et l'ont contraint de changer son cours. Stein, Schaffhausen et Kaiserstuhl forment les trois angles d'un triangle équilatéral dont Schaffhausen est le sommet. Il était donc d'une grande importance de fortifier ce point avancé, frontière d'un État, d'autant mieux que la rive gauche du fleuve, celle qui est dans le triangle, est dominée par les collines de la rive droite qui ont présenté au fleuve un obstacle insurmontable. En cas d'invasion, l'ennemi ne pouvait manquer d'occuper les deux côtés du triangle et de tenter le passage du fleuve au point où il forme un coude; il ne risquait pas ainsi d'être pris en flanc. Ceci posé, les Suisses établirent dès lors un pont reliant les deux rives du

Rhin et les deux parties de la ville de Schaffhausen, et sur la rive droite ils plantèrent une vaste forteresse au sommet de la colline commandant le fleuve, en reliant cette citadelle au Rhin par deux murs et des tours. Ces deux murs forment un vaste triangle, sorte de tête de pont commandée par la forteresse. Voici (53 A) l'aspect général de cette fortification, que nous

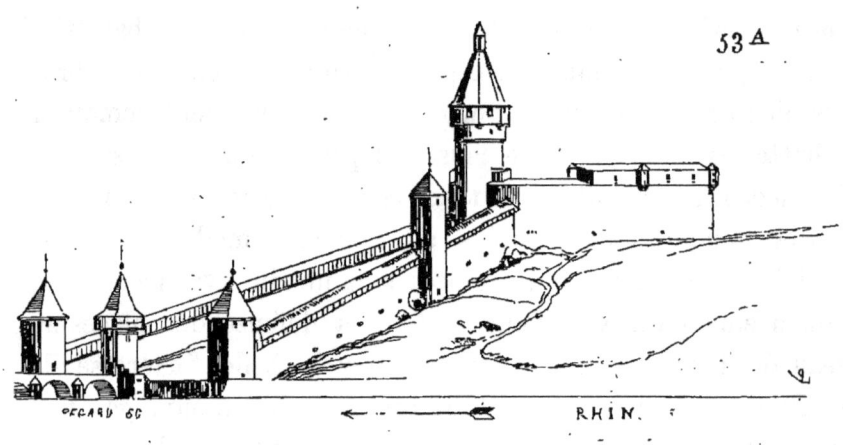

devons étudier dans ses détails. La citadelle, ou plutôt le grand boulevard qui couronne la colline, est à trois étages de batteries, deux couvertes et une à ciel ouvert. La batterie inférieure est placée un peu au-dessus du fond du fossé qui est très-profond; en voici le plan (53 B). On arrive au chemin de ronde pentagonal A par une rampe spirale en pente douce B permettant le charroi de pièces de canon. A chaque angle de ce chemin de ronde, d'une largeur de 2^m,00 environ, sont percées des embrasures biaises pour l'artillerie battant le fossé; en avant des côtés du polygone sont élevés trois petits ouvrages isolés, sortes de bastions dont nous donnons (53 C) l'élévation perspective. En supposant que l'assiégeant fût parvenu à détruire un de ces bastions au moyen d'une batterie de brèche établie sur la contrescarpe du fossé (car le sommet de ces bastions ne dépasse pas le niveau de la crête de cette contrescarpe, et ils sont complétement masqués du dehors), on ne pouvait s'introduire dans la place; non-seulement ces bastions sont isolés et n'ont de communication qu'avec le fossé, mais ils sont armés d'em-

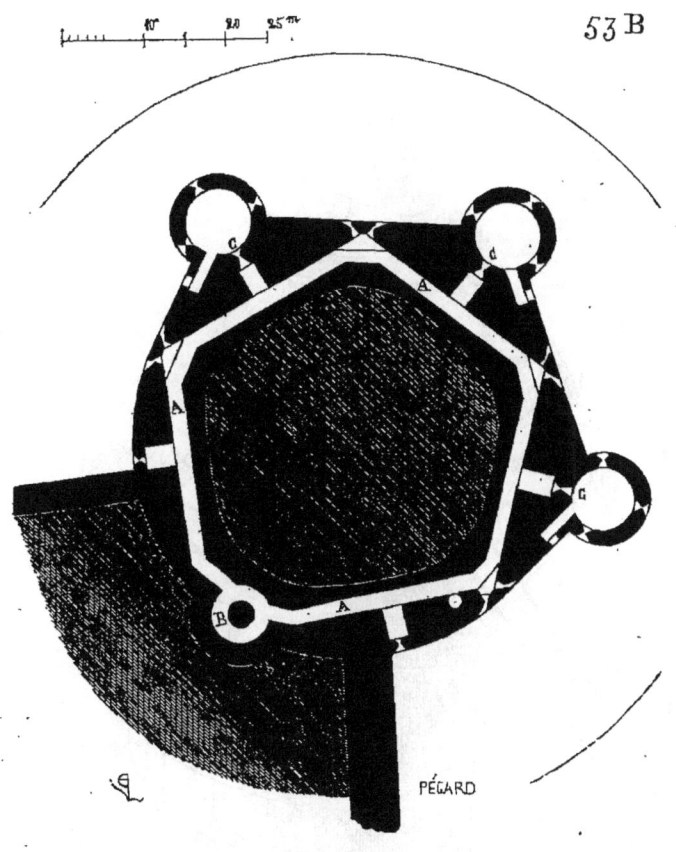

brasures C de canon à la gorge, percées dans le chemin de ronde (fig. 53 B), et leur destruction ne faisait que démasquer ces embrasures. Les bastions, complétement bâtis en pierre, sont couverts par des coupoles avec lanternons percés d'évents pour permettre à la fumée des pièces de s'échapper. Le premier étage (53 D), auquel on arrive par la même pente douce spirale B, laquelle est alors supportée par quatre colonnes montant de fond, présente à l'extérieur un plan parfaitement circulaire, la tour contenant la rampe formant seule une saillie sur ce pâté, du côté du fleuve. Vers le point opposé en E est un pont volant traversant le fossé; c'est de ce côté que l'architecte a cru devoir renforcer son boulevard par une énorme masse de maçonnerie pleine, et cela avec raison, la forteresse ne pouvant être battue en brèche des plateaux voisins que sur ce point.

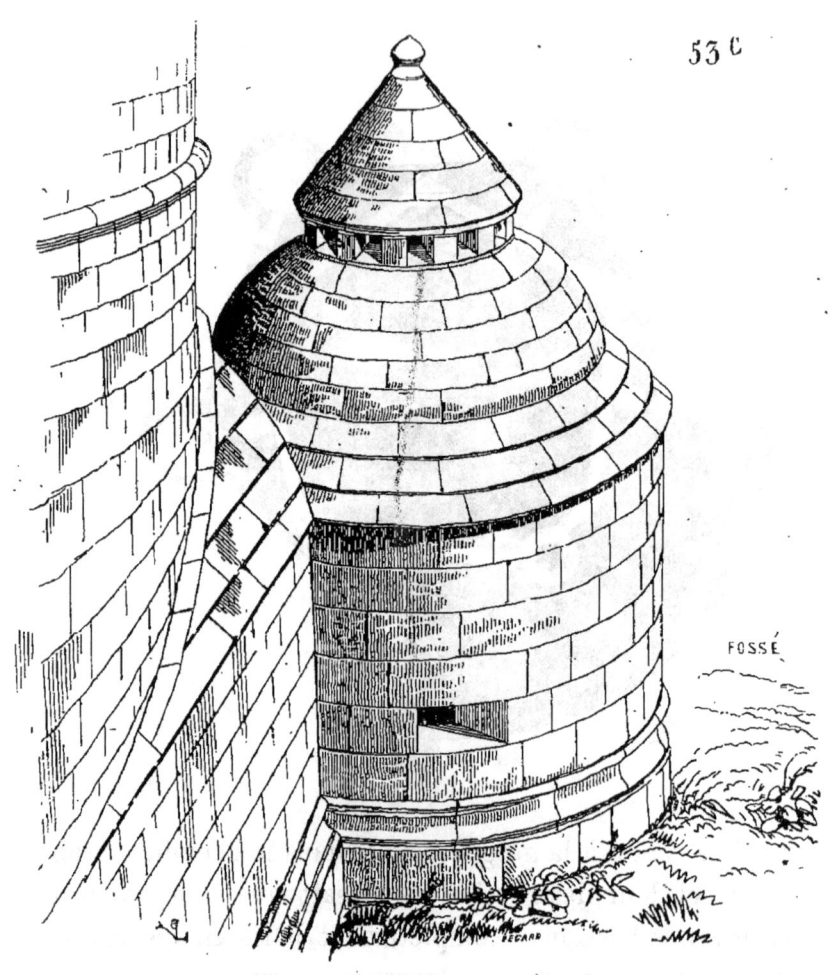

Sur la droite du boulevard, en amont du fleuve, du côté où une attaque pouvait aussi être tentée, est une batterie F casematée, séparée de la salle principale par une épaisse maçonnerie. Une brèche faite en G ne pouvait permettre à l'ennemi de s'introduire dans la place. En H est une immense salle dont les voûtes d'arêtes sont soutenues par quatre gros piliers cylin-

driques. Quatre embrasures s'ouvrent dans cette salle, deux
flanquant les deux courtines qui descendent au fleuve, et deux
donnant dans le triangle. Outre les évents percés au-dessus de
chacune des embrasures, dans les voûtes de la grande salle

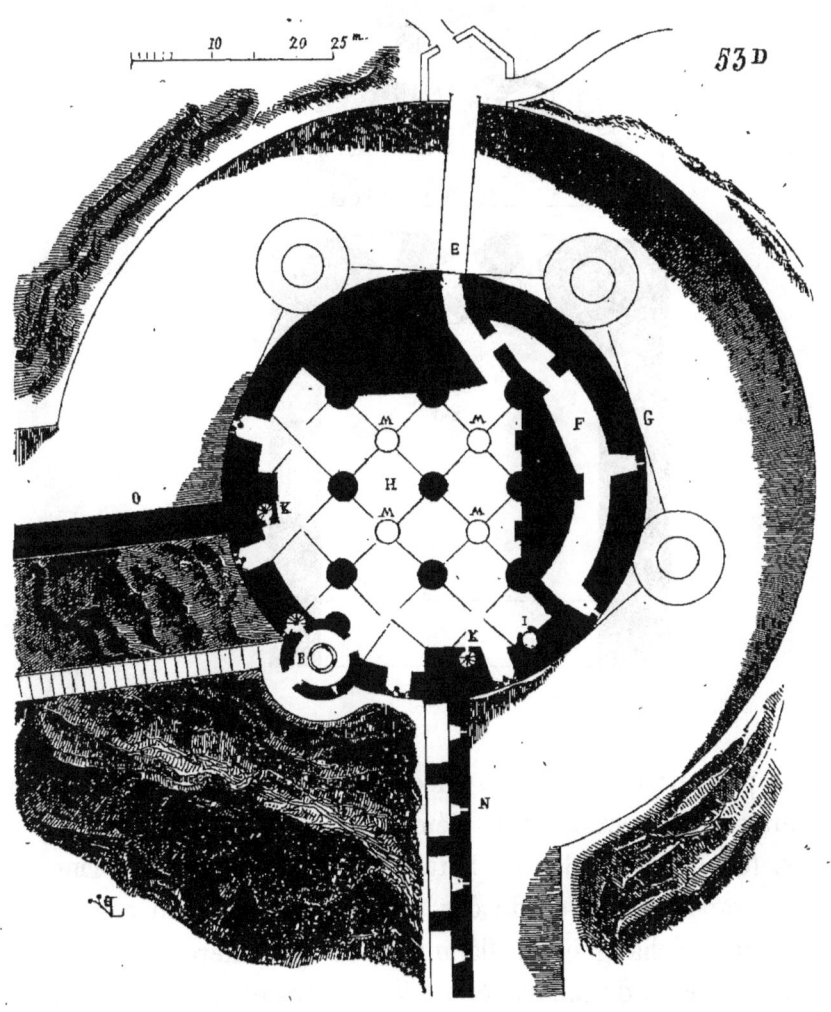

s'ouvrent quatre lunettes M de près de trois mètres de diamètre,
destinées à donner du jour et de l'air, et à laisser échapper
promptement la fumée de la poudre. En I est un puits, et en
K deux petits escaliers à vis communiquant à la plate-forme
supérieure pour le service de la garnison. Près de la rampe est

un troisième escalier à vis qui monte de fond. Nous présentons ici (53 E) une des embrasures de la grande salle, ingénieusement

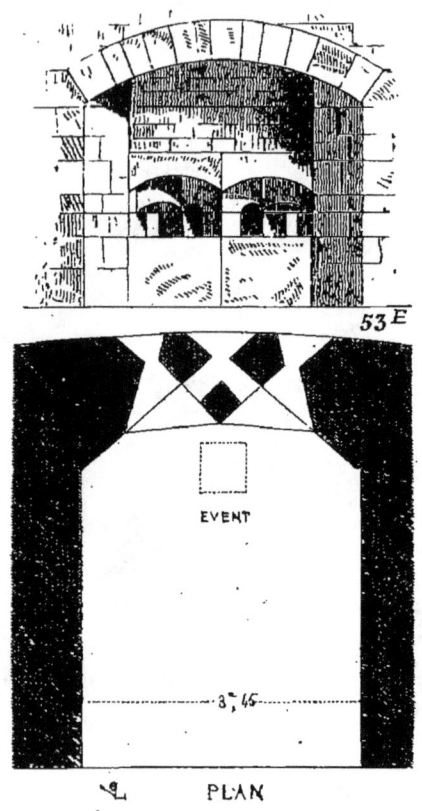

combinée pour permettre à des pièces de petit calibre de tirer dans toutes les directions sans démasquer ni ces pièces ni les servants. (53 G) est le plan de l'étage supérieur ou plate-forme dont le parapet est percé de dix embrasures pour du canon, et de quatre échauguettes flanquant la circonférence de la forteresse, percées de meurtrières plongeantes et horizontales, pour poster des arquebusiers. On voit que les deux premières embrasures à droite et à gauche battent l'intérieur du triangle et flanquent la tour de la rampe qui sert de donjon ou de guette à tout l'ouvrage. On retrouve sur ce plan les quatre grandes lunettes M, le puits I et les petits escaliers de service. Les eaux de la plate-forme s'écoulent par dix gargouilles placées sous les embrasures. En N, O (fig. 53 D), sont les deux courtines qui vont rejoindre le fleuve. Celle N, en amont, est

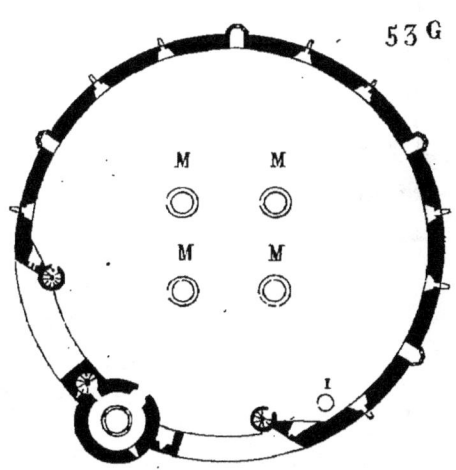

plus fortement défendue que l'autre ; sous les arcs qui portent le chemin de ronde et les hourds de bois, encore en place aujourd'hui, sont percées des embrasures qui battent les rampes du côteau, du côté où l'ennemi devait se présenter, l'autre côté étant protégé par la muraille du faubourg de Schaffhausen. Pour bien faire comprendre l'ensemble de cette belle forteresse, nous en donnons une vue (53 H), prise en dedans du triangle formé par les deux courtines descendant au fleuve. On voit que la courtine N en amont est flanquée par une haute tour carrée. Nous avons rétabli la tour qui se trouvait à la tête du pont, et qui est aujourd'hui détruite. Il ne reste plus que quelques traces des ouvrages qui environnaient cette tour. L'ancien pont a été remplacé par un pont moderne. Quant au corps principal de la forteresse, aux courtines, fossés, etc., rien n'y a été retranché ni ajouté depuis le XVIᵉ siècle. La maçonnerie est grossière, mais excellente, et n'a subi aucune altération. Les voûtes de la grande salle sont épaisses, bien faites, et paraissent être en état de résister aux bombes.

Cette défense de Schaffhausen a un grand air de puissance,

et nous n'avons rien conservé de cette époque, en France,

qui soit aussi complet et aussi habilement combiné. Pour le temps, les flanquements sont très-bons, et le plan du rez-de-chaussée au niveau du fond du fossé est réellement tracé d'une manière remarquable. Si l'on trouve encore ici la trace des traditions de la fortification antérieure aux bouches à feu, il faut dire cependant que les efforts faits pour s'en affranchir sont très-sensibles, et la forteresse de Schaffhausen nous paraît supérieure aux ouvrages analogues exécutés à la même époque en Italie, qui prétend avoir la première fait l'application du bastion.

On ne pouvait cependant partout exécuter des ouvrages d'une aussi grande importance ni aussi complets. On cherchait plutôt à améliorer les anciennes défenses encore existantes qu'à les démolir pour les remplacer par de nouvelles fortifications. Pour procéder d'une manière aussi radicale, il eût fallu que les ingénieurs eussent eu à leur disposition un système arrêté, dont la bonté eût été sanctionnée par une longue expérience; et tout au contraire on ne procédait que par une suite de tâtonnements, chaque homme de guerre apportant ses observations et cherchant à les mettre en pratique. Il est un fait frappant, c'est qu'après les guerres d'Italie, les Français et les Allemands, ayant reconnu que les forteresses italiennes étaient étroites, resserrées, encombrées de défenses se nuisant les unes les autres plutôt qu'elles ne se soutenaient, adoptèrent dans les nouvelles défenses des dispositions comparativement étendues, et s'appliquèrent à fortifier les dehors par des boulevards d'un assez grand diamètre. Dans les cas ordinaires, et lorsqu'il ne s'agissait pas de construire à nouveau, mais seulement d'améliorer des fortifications déjà existantes, en laissant subsister le vieux système défensif pour y loger des archers, arbalétriers et arquebusiers, on éleva en avant de *fausses braies* dans lesquelles on pouvait établir des batteries à tir rasant, qui remplaçaient les lices dont nous avons parlé dans le cours de cet ouvrage. Dans des cas pressants, les anciennes murailles et tours des lices, les barbacanes furent simplement dérasées au niveau du chemin de ronde, puis couronnées de parapets avec embrasures pour y placer des batteries barbettes (54). Les tours paraissaient si bien un

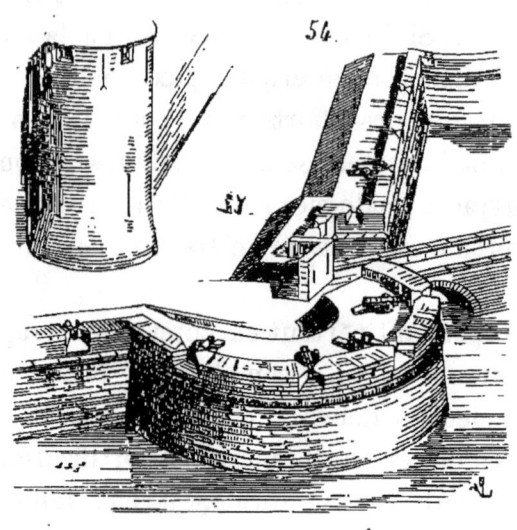

moyen de défense indispensable, on regardait comme d'une si grande utilité de commander la campagne, qu'on en élevait encore même après que les fausses braies disposées de manière à flanquer les courtines avaient été admises. On donna d'abord aux fausses braies les formes, en plan, qu'on avait données aux palissades, c'est-à-dire qu'elles suivirent à peu près le contour des murs; mais bientôt on en fit des ouvrages flanqués. La ville d'Orange avait été fortifiée de nouveau sous Louis XI, et telle était déjà la configuration de ses défenses à cette époque (55). Au moyen de ces modifications, les places furent en état de résister à l'artillerie; mais cette arme se perfectionnait rapidement. Louis XI et Charles VIII possédaient une artillerie formidable, l'art des siéges devenait tous les jours plus méthodique, on faisait des approches régulières; on commençait, lorsque l'attaque des places ne pouvait être brusquée, à faire des tranchées, à établir des parallèles et de véritables batteries de siége bien gabionnées. Les vieux murs des anciennes défenses dépassant le niveau des crêtes des revêtements des fossés offraient une prise facile au tir de plein fouet des batteries de siége, et à une assez grande distance on pouvait détruire ces ouvrages découverts et faire brèche. Pour parer à cet inconvé-

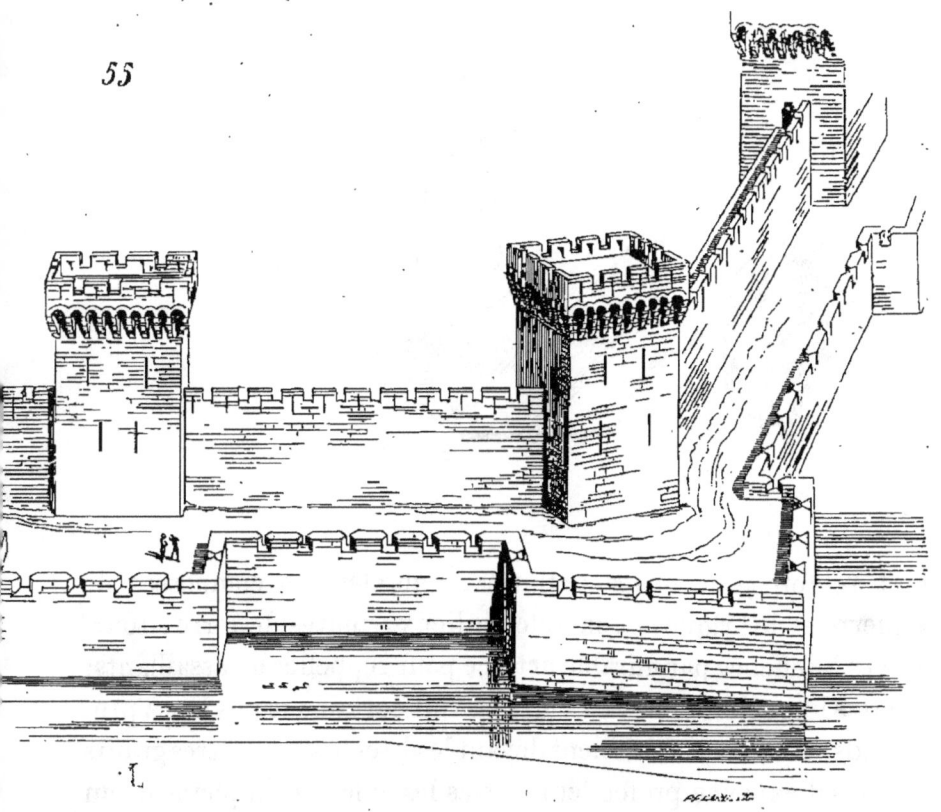

nient on garnit les dehors des fossés de palissades ou parapets en maçonnerie ou en charpente, avec terrassements et premier fossé extérieur; cet ouvrage, qui remplaçait les anciennes lices, conserva le nom de *braie* (56). On établit en dehors des portes, des poternes et des saillants, des ouvrages en terre soutenus par des pièces de bois qu'on nommait encore *boulevert*, *bastille* ou *bastide*. La description de la fortification de Nuys, que Charles le Téméraire assiégea en 1474, explique parfaitement la méthode employée pour résister aux attaques [1].

[1] Nous empruntons ce passage au *Précis historique de l'influence des armes à feu sur l'art de la guerre*, par le prince Louis-Napoléon Bonaparte, présid. de la Républ., p. 103. (Ext. de la *Chronique* de Molinet, t. V, ch. CCLXXXIII, p. 42.)

178　　ARCHITECTURE MILITAIRE

« Pareillement estoit Nuysse notamment tourrée de pierre de
« grès, puissamment murée de riche fermeté, haulte, espaisse

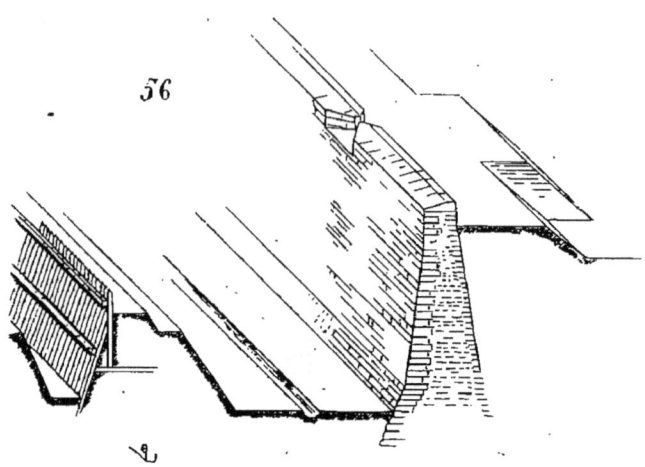

« et renforcée de fortes braiesses, subtelement composées de
« pierre et de brique, et en aulcuns lieux, toutes de terre, tour-
« nées à deffence par mirable artifice pour reppeller les assaillants;
« entre lesquelles et lesdits murs y avoit certains fossés assez pro-
« fonds, et de rechef, estoient devant lesdites brayes aultres grants
« fossés d'extrême profondeur, cimés les aulcuns, et pleins d'eau
« à grant largesse, lesquels amplectoient la ville et ses forts
« jusques aux rivières courantes. Quatre portes principales de
« pareille sorte ensemble, et aulcunes poternes et saillies em-
« bellissoient et fortifioient grantement ladite closture; car
« chascune d'elles avoit en front son *boluvert* à manière de *bas-*
« *tillon*, grant, fort et deffendable, garni de tout instrument
« de guerre, et souverainement de traicts à poudre à planté. »
On voit dans cette description le bastion se dessiner nettement,
comme un accessoire important de la défense pour fortifier les
saillants, les poternes, les portes et enfiler les fossés, pour tenir
lieu des tours et barbacanes des lices de l'ancienne fortification,
des anciennes bastilles isolées, des ouvrages de défense du dehors
des portes. Bientôt cet accessoire, dont l'utilité est reconnue,

l'emporte sur le fond, et forme la partie principale de la fortification moderne.

En conservant toutefois, dans les forteresses que l'on éleva vers la fin du XVᵉ siècle, les tours et les courtines des enceintes intérieures commandant la campagne à une grande distance par leur élévation, en les couronnant encore de mâchicoulis, on augmenta l'épaisseur des maçonneries de manière à pouvoir résister à l'artillerie de siége, ainsi que nous l'avons fait voir par les plans des tours et boulevards de Langres et de Schaffhausen. Lorsque le connétable de Saint-Pol fit reconstruire en 1470 le château de Ham, non-seulement il crut devoir munir cette retraite d'ouvrages avancés, de murs de contregarde; mais il fit donner aux tours et courtines, et surtout à la grosse tour ou donjon, une telle épaisseur que ces constructions peuvent encore opposer à l'artillerie moderne une longue résistance.

Jusqu'alors on s'était occupé en raison des besoins nouveaux de modifier la forme et la situation des tours et courtines, les détails de la défense; mais depuis le XIᵉ siècle le mode de construction de la fortification n'avait pas changé : c'étaient toujours deux parements de pierre de taille, de brique ou de moellon piqué renfermant un massif en blocage irrégulier. Contre la sape où le mouton ce genre de construction était bon, car les pionniers entamaient plus difficilement un massif en blocage dont la pierraille et le mortier étaient durs et adhérents, qu'une construction appareillée facile à déliaisonner lorsque quelques pierres ont été enlevées; les constructions d'appareil n'ayant jamais l'homogénéité d'un bon blocage bien fait. Les massifs de maçonnerie résistaient mieux aux ébranlements du mouton qu'une construction d'appareil; mais lorsque les bouches à feu remplacèrent tous les engins et expédients de destruction employés au moyen âge, on reconnut bientôt que les revêtements de pierre, qui n'avaient généralement qu'une épaisseur de 30 à 50 centimètres, étaient promptement ébranlés par l'effet des boulets de fer; qu'ils se détachaient du massif et le laissaient à nu exposé aux projectiles ; que les merlons [1] de pierre enlevés par les boulets se brisaient en éclats, véritable mitraille plus meurtrière encore que les boulets eux-mêmes L'architecture défensive, pour prévenir l'ébranlement des anciennes murailles et des tours, garnit les courtines par des terrassements de terre intérieurs, et remplit parfois les étages inférieurs des tours. Mais lorsque la muraille tombait sous les coups de l'artillerie de siége, ces amas de terre, en s'éboulant avec elle, facilitaient l'accès de la brèche en formant un talus naturel, tandis que les murailles seules non terrassées à l'intérieur ne présentaient en tombant que des brèches irrégulières et d'un accès très-difficile. Pour parer à ces inconvénients, lorsque l'on conservait d'anciennes fortifications, et qu'on les appropriait à la défense contre l'artillerie, on farcit quelquefois les terrassements intérieurs de longrines de bois, de branchages résineux ou flambés pour les préserver de la pourriture ; ces terrassements avaient assez de consistance pour ne pas s'ébouler lorsque la muraille tombait, et rendaient la brèche impraticable. Si les vieilles murailles avaient été simplement remblayées à l'intérieur de manière à permettre de placer du canon au niveau des parapets, si les anciens crénelages avaient été remplacés par des merlons épais et des embrasures en maçonnerie, lorsque l'assiégé était assuré du point attaqué, et pendant que l'assiégeant faisait ses dernières approches et battait en brèche, on élevait en arrière du front attaqué un ouvrage en bois terrassé assez peu élevé pour être masqué du dehors, on creusait un fossé entre cet ouvrage et la brèche ; celle-ci devenue praticable, l'assiégeant lançait ses colonnes d'attaque, qui se trouvaient en face d'un nouveau rempart improvisé bien muni d'artillerie : c'était un nouveau siége à recommencer. Cet ouvrage rentrant était d'un très-difficile accès, car il était flanqué par sa disposition naturelle, et l'assaillant ne pouvait songer à brusquer l'assaut, les colonnes d'attaque se trouvant battues en

---

[1] C'est le nom qu'on donne aux parties du parapet comprises entre les créneaux ou embrasures.

face, en flanc et même en revers. Lorsque Blaise de Montluc défend Sienne, il fait élever derrière les vieilles murailles de la ville, et sur les points où il suppose qu'elles seront battues, des remparts rentrants dans le genre de celui qui est figuré ici (57).

« Or avois-je déliberé, dit-il, que si l'ennemy nous venoit as-
« saillir avec l'artillerie, de me retrancher loing de la muraille
« où se feroit la batterie, pour les laisser entrer à leur ayse;
« et faisois estat tousjours de fermer les deux bouts, et y mettre
« à chacun quatre ou cinq grosses pièces d'artillerie, chargées
« de grosses chaînes et de gros clous et pièces de fer. Derrière

« la *retirade* je déliberay mettre tous les mousquets de la ville
« ensemble l'arquebuserie, et, comme ils seroient dedans, faire
« tirer l'artillerie et l'arquebuserie tout à un coup; et nous,
« qui serions aux deux bouts, venir courant à eux avec les
« picques, hallebardes, épées et rondelles.... ¹. » Cette disposition provisoire de la défense ne tarda pas à être érigée en système fixe, comme nous le verrons tout à l'heure.

Lorsque les effets de l'artillerie à feu furent bien connus, et qu'il fut avéré que des murs de maçonnerie de deux à trois mètres d'épaisseur (qui est l'épaisseur moyenne des courtines antérieures à l'emploi régulier des bouches à feu) ne pouvaient résister à une batterie envoyant de trois à cinq cents boulets sur une surface de huit mètres carrés environ ², en abaissant le commandement des murs en maçonnerie on employa divers moyens pour leur donner une plus grande résistance. Dans les constructions antérieures à l'artillerie à feu, pour résister à la mine, à la sape et au mouton, déjà on avait pratiqué dans l'épaisseur des murs des arcs de décharge, masqués par le parement extérieur, qui, reportant le poids des maçonneries sur des points isolés, maintenaient les parapets et empêchaient les murs de tomber d'une seule pièce, à moins que les assiégeants n'eussent préci-

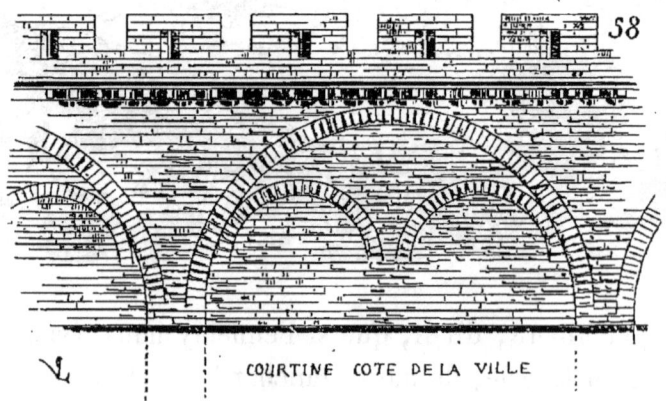

sément sapé les points d'appuis masqués (58), ce qui ne pouvait

---

¹ *Comment.* du maréc. de Montluc; édit. Buchon, p. 142.

² Dès la fin du xvi⁰ siècle, l'artillerie française avait adopté six calibres

être que l'effet du hasard. Au XVIᵉ siècle on perfectionna ce système ; non-seulement on pratiqua des arcs de décharge dans l'épaisseur des courtines de maçonnerie, mais on les renforça de contre-forts intérieurs noyés dans les terrassements et buttant les revêtements au moyen de berceaux verticaux (59). On eut

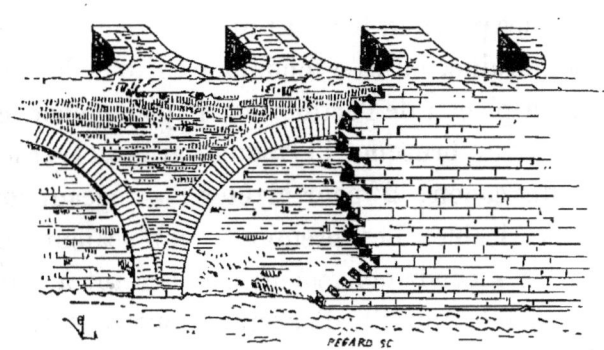

le soin de ne pas lier ces contre-forts avec la partie pleine des murailles dans toute leur hauteur, pour éviter que le revêtement, en tombant par l'effet des boulets, n'entraînât les contre-forts avec eux ; ces éperons intérieurs pouvaient encore, en maintenant les terres pilonées entre eux, présenter un obstacle difficile à renverser. Mais ces moyens étaient dispendieux ; ils supposaient toujours d'ailleurs des murailles formant un escarpement assez considérable au-dessus du niveau de la contrescarpe du fossé. On abandonnait avec peine les commandements élevés, car à cette époque encore l'escalade était fréquemment

---

de bouches à feu : le canon, dont la longueur était de dix pieds, et dont le boulet pesait 33 liv. 1/3 ; la couleuvrine, dont la longueur était de onze pieds, et dont le boulet pesait 16 liv. 1/2 ; la bâtarde, dont la longueur était de neuf pieds et demi, et dont le boulet pesait 7 liv. 1/2 ; la moyenne, dont la longueur était de huit pieds deux pouces, et dont le boulet pesait 2 liv. 3/4 ; le faucon dont la longueur était de sept pieds, et dont le boulet pesait 1 liv. 1/2 ; le fauconneau, dont la longueur était de cinq pieds quatre pouces, et dont le boulet pesait 14 onces. (*La Fortification,* par Errard, de Bar-le-Duc. Paris, 1620.)

tentée par des troupes assiégeantes, et les attaques de places fortes en font souvent mention. Outre les moyens indiqués ci-dessus, soit pour mettre les murailles en état de résister au canon, soit pour présenter un nouvel obstacle à l'assaillant lorsqu'il était parvenu à les renverser, on *remparait* les places, c'est-à-dire que l'on établissait en dehors des fossés au sommet de la contrescarpe, ou même comme garde du mur pour amortir le boulet, ou en dedans, à une certaine distance, des remparts de bois et de terre, les premiers formant un chemin couvert ou un revêtement de la muraille, et les seconds une suite de boulevards derrière lesquels on plaçait de l'artillerie : 1° pour gêner les approches et empêcher de brusquer l'attaque, ou préserver le mur contre les effets du canon, 2° pour arrêter l'assiégeant lorsque la brèche était praticable. Les premiers remplaçaient les anciennes lices, et les seconds obligeaient l'assiégeant à faire un nouveau siège lorsque la muraille d'enceinte était renversée. Les remparts amortissaient le boulet et résistaient plus longtemps que les murailles en maçonnerie ; ils étaient plus capables de recevoir et de garantir des pièces en batterie que les anciens chemins de ronde terrassés. On les construisait de diverses manières ; les plus forts étaient établis au moyen d'un revêtement extérieur composé de pièces de bois verticales reliées par des croix de Saint-André, afin d'empêcher l'ouvrage de se disloquer lorsque les boulets en brisaient quelques parties. Derrière ce parement de charpente on enlaçait des fascines de menu bois comme un ouvrage de vannerie, puis on élevait un terrassement composé de

clayonnage et de couches de terres alternées. Quelquefois le rempart était formé de deux rangs de forts pieux plantés verticalement, reliés avec des branches flexibles et des entre-toises appelées *clefs* posées horizontalement (60) ; l'intervalle était rempli de terre grasse bien pilonée, purgée de cailloux et mélangée de brins de menu bois. Ou bien, c'étaient des troncs d'arbres couchés horizontalement, reliés entre eux par des entre-toises entaillées à mi-bois, les intervalles remplis comme il vient d'être dit (61).

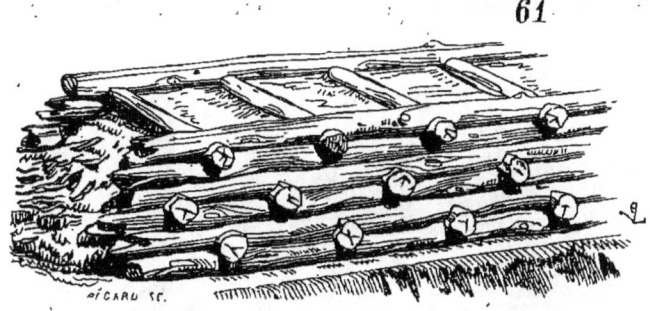
61

On ménageait de distance en distance des embrasures garnies de portières. Si l'assiégé était pris au dépourvu, ou s'il ne pouvait se procurer de la terre convenable, il se contentait d'enlacer entre eux des arbres garnis d'une partie de leurs branchages ; les intervalles étaient bourrés de fascines (62)[1]. Ces nouveaux

62

obstacles opposés à l'artillerie de siége firent employer des boulets creux, des projectiles chargés d'artifice qui, éclatant au milieu des remparts, y causaient un grand désordre. Peu à peu on dut renoncer aux attaques brusquées, et n'approcher des places ainsi munies qu'à couvert dans des boyaux de tranchée

---

[1] Voy. le Roi sage. Récit des actions de l'empereur Maximilien Ier, par Marc Treitzsaurwen, avec les gravures de Hannsen Burgmair. Publ. en 1775 ; Vienne. (Les gravures en bois de cet ouvrage datent du commencement du XVIe siècle.)

contournés dont les retours anguleux ou arrondis étaient défilés par des gabions remplis de terre et posés debout. Ces gros gabions servaient aussi à masquer les pièces en batterie; l'intervalle entre ces gabions formait embrasure (63) [1]. Lorsque l'assiégé

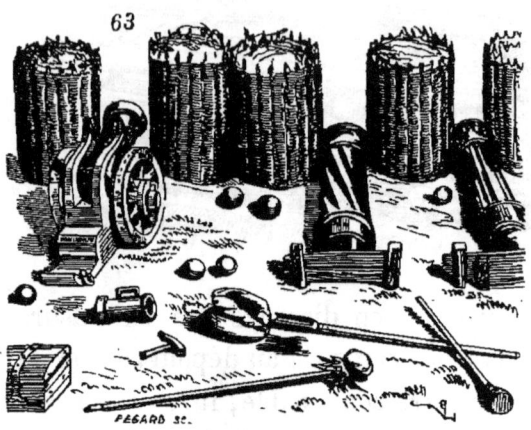

arrivait, au moyen des tranchées, à établir ses dernières batteries très-près de la place, et que celle-ci était munie de bons remparts extérieurs et de murailles d'un commandement considérable, force était de protéger la batterie de brèche contre les feux rasants et plongeants par des épaulements en terre surmontés de gabionnades ou de palis fortement reliés et doublés de clayonnages. Ces ouvrages ne pouvaient s'exécuter que pendant la nuit, ainsi que cela se pratique encore de nos jours (64) [2].

Tout en perfectionnant la défense, en renforçant les murailles par des remparts de bois et de terre en dehors des fossés, ou contre le parement extérieur de ces murailles mêmes, on reconnut cependant que ces moyens, en rendant les effets de l'artillerie à feu moins terribles et moins prompts, ne faisaient que retarder les assauts de quelques jours ; qu'une place investie, voyant promptement des batteries de brèches se dresser à peu de distance des remparts, se trouvait enserrée dans ses murs

---

[1] Voir la note à la page précédente.
[2] *Ibid.*

sans pouvoir tenter des sorties ou communiquer avec les dehors. Conformément à la méthode employée précédemment, les

assaillants dirigeaient encore à la fin du XVe siècle et au commencement du XVIe toutes leurs forces contre les portes; les vieilles barbacanes en maçonnerie ou en bois (boulevards) n'étaient plus assez spacieuses ni assez bien flanquées pour obliger l'assiégeant à faire de grands travaux d'approches, on les détruisait facilement; et une fois logés dans ces ouvrages extérieurs, l'ennemi s'y fortifiait, y dressait des batteries et foudroyait les portes. Ce fut d'abord sur ces points que l'attention des constructeurs de fortifications se fixa. Dès la fin du XVe siècle on s'était donc préoccupé avant toute chose de munir les portes, les têtes de pont, de flanquer ces portes par des défenses propres à recevoir de l'artillerie, en profitant autant que possible des anciennes dispositions et en les améliorant. La porte à Mazelle (65), de la ville de Metz [1], avait été renforcée

de cette manière; l'ancienne barbacane en A avait été dérasée et terrassée pour y placer du canon; la courtine B avait été

---

[1] *Porte à Mazelle, à Metz.* Topog. de la Gaule, Mérian. 1655.

remparée à l'intérieur et celle C reconstruite de façon à battre la première porte. Mais ces défenses resserrées, étroites, ne suffisaient pas; les défenseurs étaient les uns sur les autres; les batteries de siége, dressées devant ces ouvrages accumulés sur un point, les détruisaient tous en même temps, et mettaient le désordre parmi les défenseurs. On se soumit bientôt à la nécessité d'élargir les défenses, de les étendre afin de battre un plus grand espace de terrain. C'est alors qu'on éleva des boulevards en dehors des portes pour les mettre à l'abri des effets de l'artillerie (66) [1]; quelquefois ces boulevards étaient

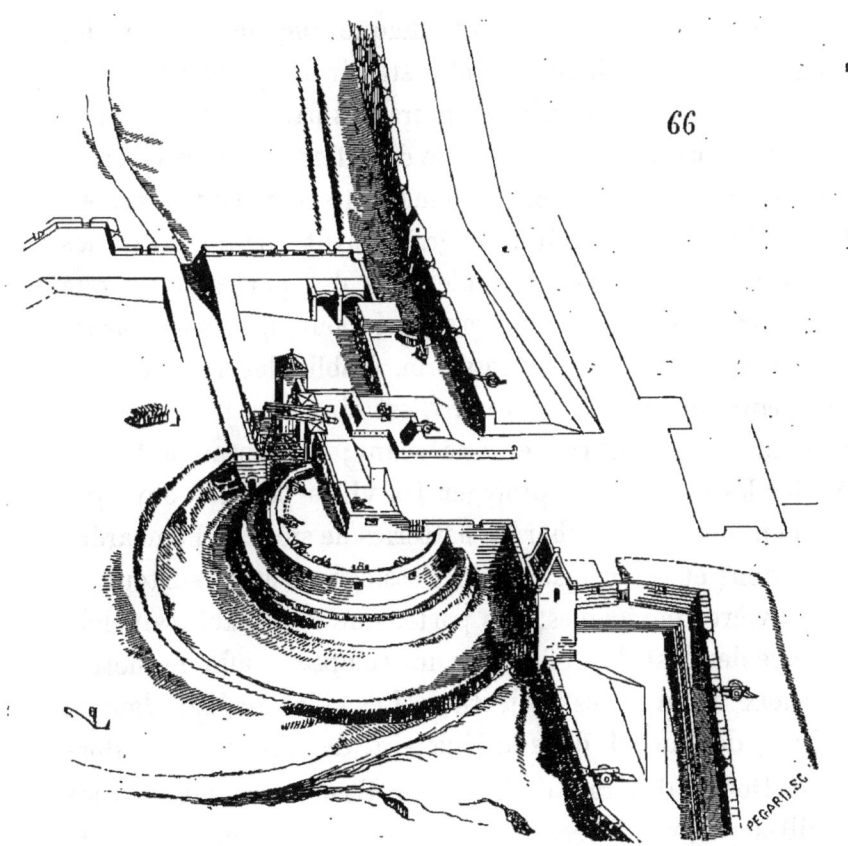

munis de fausses braies pour placer des arquebusiers; si l'ennemi, après avoir détruit les merlons des boulevards et démonté les

---

[1] *Porte de Lectoure.* Ibid.

batteries, venait au fossé, les arquebusiers retardaient l'assaut. On donnait déjà une grande étendue aux ouvrages extérieurs, pour avoir des places d'armes en avant des portes. La puissance de l'artillerie à feu avait pour résultat d'étendre peu à peu les fronts, de faire sortir les défenses des anciennes enceintes sur lesquelles, autant par tradition que par un motif d'économie, on cherchait toujours à s'appuyer. Les villes tenaient à leurs vieux murs, et ne pouvaient tout à coup s'habituer à les regarder comme des obstacles à peu près nuls; si la nécessité exigeait qu'on les modifiât, c'était presque toujours par des ouvrages qui avaient un caractère provisoire. Le nouvel art de la fortification était à peine entrevu, et chaque ingénieur, par des tâtonnements, cherchait non point à établir un système général, neuf, mais à préserver les vieilles murailles par des ouvrages de campagne plutôt que par un ensemble de défenses fixes combinées avec méthode. Cependant ces tâtonnements devaient nécessairement conduire à un résultat général; on fit bientôt passer les fossés devant et derrière les boulevards des portes, ainsi que cela avait été antérieurement pratiqué pour quelques barbacanes, et à l'extérieur de ces fossés on établit des remparts en terre formant un chemin couvert. C'est ainsi que peu à peu on commandait les approches de l'assiégeant; on sentait le besoin de fortifier les dehors, de protéger les villes par des ouvrages assez saillants pour empêcher les batteries de siége de bombarder les habitations et les magasins de l'assiégé; c'était surtout le long des rivières navigables, des ports, que l'on établissait déjà au XVe siècle des bastilles reliées par des remparts, afin de mettre les vaisseaux à l'abri des projectiles. Les villes de Hull dans le Lincolshire, de Lubeck dans le Holstein, de Libourne, de Bordeaux, de Douai, d'Arras, de Liége, de Basle, etc., possédaient des bastilles propres à recevoir du canon. Nous donnons ici le plan de la ligne des bastilles de Kingston sur Hull reproduit par M. H. Parker (66 bis) [1]. Quant aux bastilles de Lubeck,

---

[1] Some account of domest. archit. in England from Edward I to

elles étaient isolées ou reliées à la terre ferme par des jetées, et

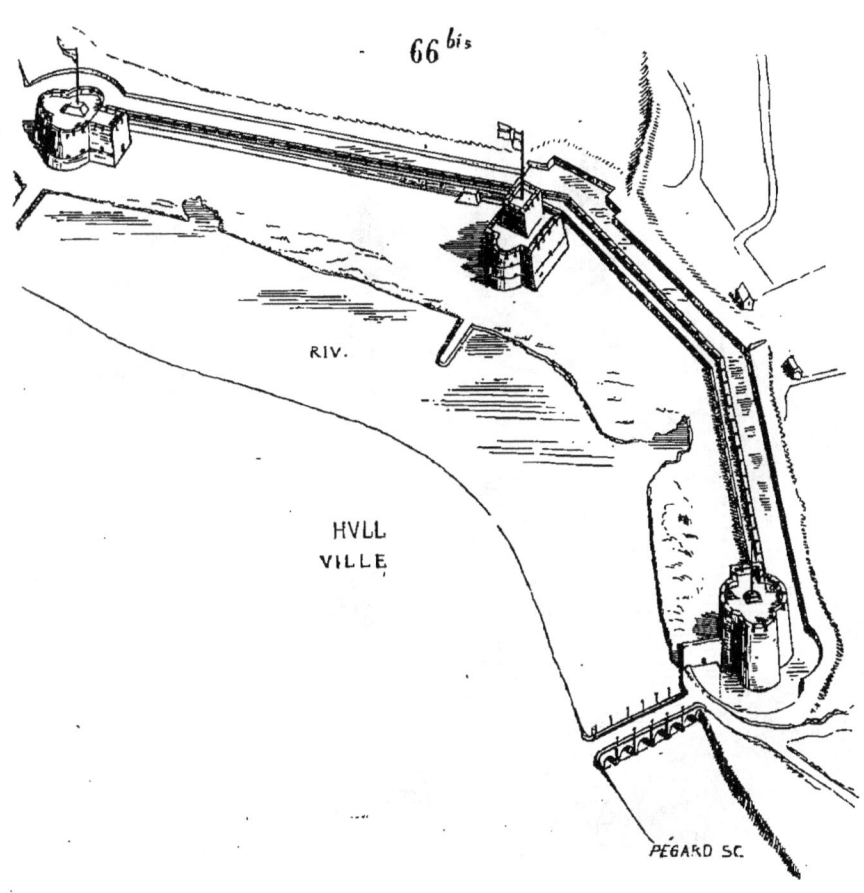

formaient ainsi des saillants très-considérables entourés d'eau de toutes parts (66 ter)[1]. Ces dernières bastilles paraissent avoir été construites en charpentes, clayonnages et terre.

La méthode de défendre les portes par des bastions ou bou-

Richard II; Oxford. J. H. Parker, 1853. Le château de Kingston sur Hull fut fondé par le roi Édouard Ier après la bataille de Dunbar, mais les fortifications qui sont reproduites ici sont certainement d'une date postérieure à cette époque, probablement de la fin du xve siècle. M. Parker fait observer avec raison qu'elles étaient conformes aux défenses extérieures adoptées en France.

[1] D'après une gravure du xvie siècle, tirée du cabinet de l'auteur.

levards circulaires était appliquée en France du temps de Charles VIII. Machiavel, dans son *Traité de l'art de la guerre*,

66 ter.

l. VII, s'exprime ainsi : « ....Mais.... que si nous avons quelque
« chose de supportable (en fait d'institutions militaires), nous
« le devons tout entier aux ultramontains. Vous savez, et vos
« amis peuvent se le rappeler, quel était l'*état de faiblesse de*
« *nos places fortes* avant l'invasion de Charles VIII en Italie,
« dans l'an 1494. » Et dans son procès-verbal de visite d'inspection des fortifications de Florence, en 1526, on remarque ce passage : « Nous parvînmes ensuite à la porte de San-Giorgio
« (rive gauche de l'Arno) l'avis du capitaine fut de la baisser,
« d'y construire un bastion rond, et de placer la sortie sur le
« flanc, comme c'est l'usage. » Voici (67) une vue cavalière du

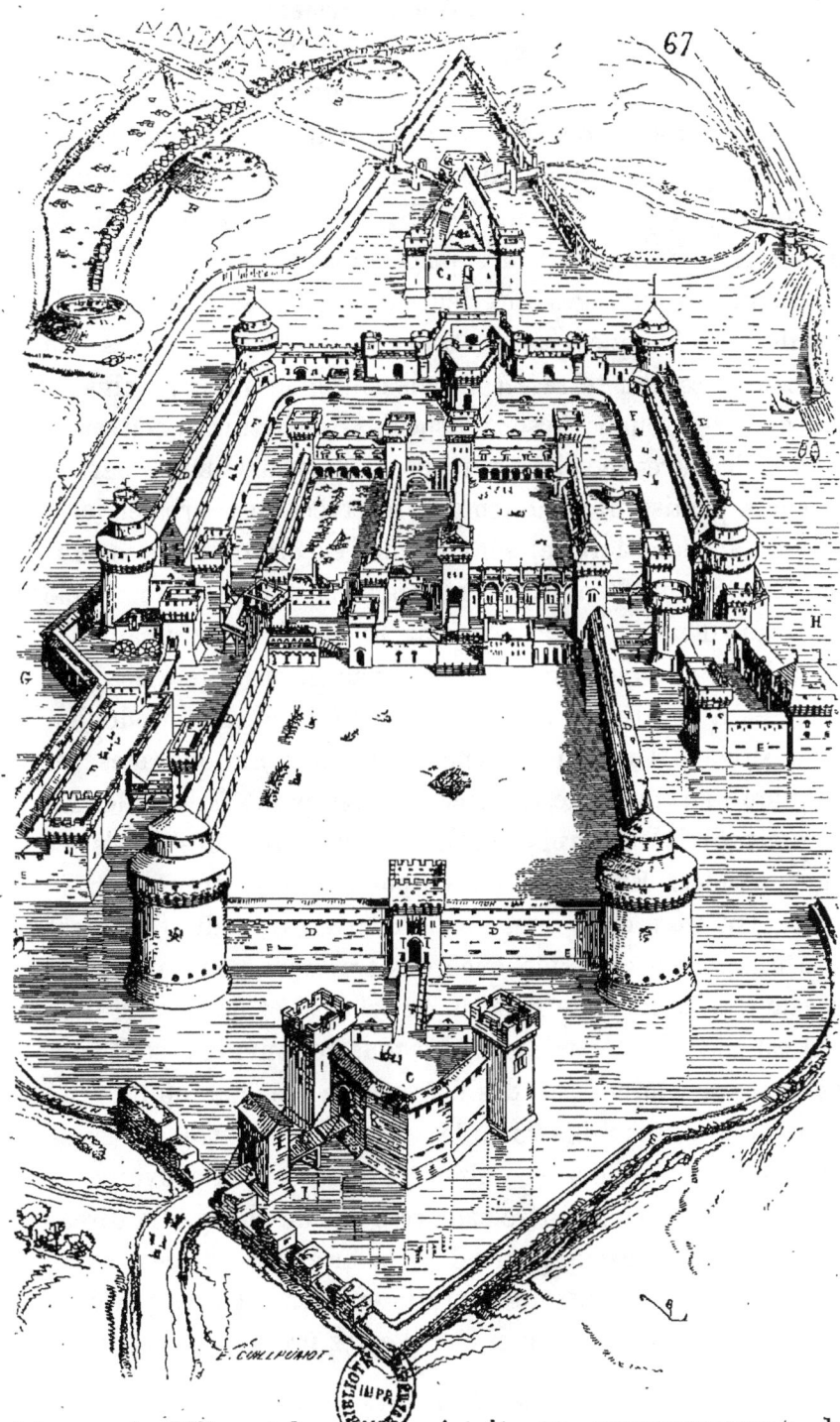

château de Milan tel qu'il existait au commencement du

XVIᵉ siècle [1], qui fait comprendre le système de défense et d'attaque des places du temps de François Iᵉʳ. On remarque ici le mélange des défenses anciennes et nouvelles, une confusion incroyable de tours, de réduits isolés par des fossés. En A l'armée assiégeante a établi des batteries derrière des gabionnades, protégées par des bastilles B, sortes de redoutes circulaires en terre tenant lieu des places d'armes modernes, mais commandant les ouvrages antérieurs des assiégés. En C on voit des boulevards flanqués par des tours en avant des portes ; en D des courtines non terrassées, mais couronnées de chemins de ronde ; au rez-de-chaussée sont disposées des batteries couvertes dont les embrasures se voient partout en E, tandis que les parties supérieures paraissent uniquement réservées aux arbalétriers, archers ou arquebusiers, et sont munies encore de leurs mâchicoulis. En F est un boulevard entourant la partie la plus faible du château, dont il est séparé par un fossé plein d'eau. Ce boulevard est appuyé à gauche en G par un ouvrage assez bien flanqué, et à droite en H par une sorte de réduit ou donjon défendu suivant l'ancien système. De ces deux ouvrages on communique au corps de la place par des ponts à bascule. Le château est divisé en trois parties séparées par des fossés et pouvant s'isoler. En avant de la porte qui se trouve sur le premier plan en I et le long de la contrescarpe du fossé, est disposé un chemin de ronde avec des traverses pour empêcher l'assiégeant de prendre le flanc K en écharpe et de le détruire. Mais il est aisé de comprendre que tous ces ouvrages sont trop petits et ne présentent pas des flancs assez étendus, qu'ils peuvent être bouleversés rapidement les uns après les autres si l'assiégeant possède une artillerie nombreuse, dont les feux convergents viennent les battre sans autre embarras que de changer la direction du tir. Aussi à cette époque déjà, pour éviter que ces ouvrages trop resserrés ne fussent détruits en même temps par une seule batterie qui pouvait les enfiler d'assez près, on élevait dans

---

[1] Gravure allemande du XVIᵉ siècle, tirée du cabinet de M. Alfred Gérente.

l'intérieur des places, au milieu des bastions, des terrassements circulaires ou carrés, pour battre les bastilles terrassées des assiégeants. Cet ouvrage fut fréquemment employé pendant le XVIᵉ siècle et depuis, et prit le nom de *cavalier* ou *plate-forme*; il devint d'une grande ressource pour la défense des places, soit qu'il fût permanent, soit qu'il fût élevé pendant le siége même, pour découvrir les boyaux de tranchées, pour prendre en écharpe les batteries de siége, ou pour dominer une brèche profonde et enfiler les fossés lorsque les embrasures des flancs des bastions étaient détruites par le feu de l'ennemi. A l'état permanent, les cavaliers furent fréquemment élevés pour dominer des passages, des routes, des portes et surtout des ponts, lorsque ceux-ci, du côté opposé à la ville, débouchaient au bas d'un escarpement sur lequel l'ennemi pouvait établir des batteries destinées à protéger une attaque, et à empêcher l'assiégé de se tenir en forces de l'autre côté. Le pont de Marseille traversant le ravin qui coupait autrefois la route d'Aix était défendu et

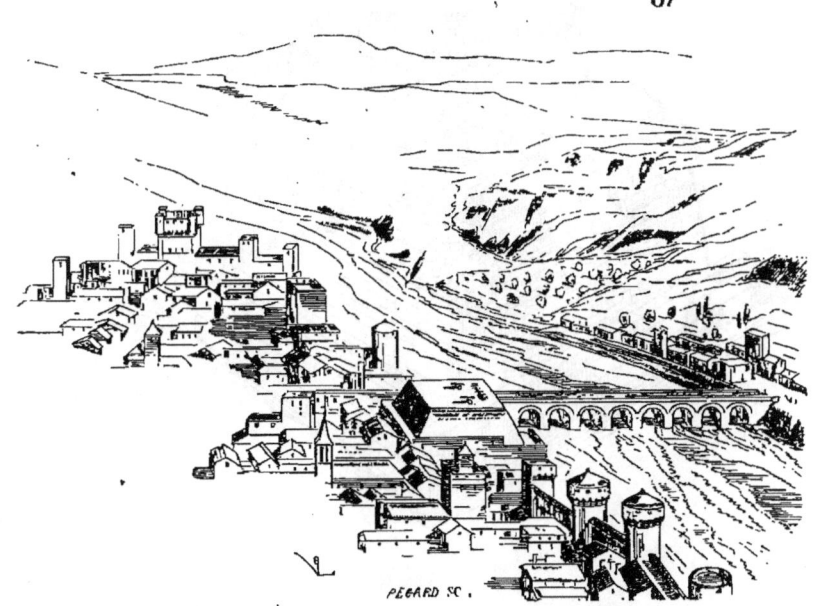

67 ^{bis}

enfilé par un gros cavalier placé du côté de la ville (67 bis) [1].

[1] *Vue de la ville de Marseille.* (Topog. de la Gaule, Mérian.)

Si les bastions étaient trop éloignés les uns des autres pour bien flanquer les courtines, on élevait entre eux, et au milieu des courtines, des cavaliers, soit en forme de demi-cercle, soit carrés pour renforcer leurs fronts; sur les bastions mêmes, il était également d'usage d'en élever afin d'augmenter leur commandement et de pouvoir mettre en batterie un plus grand nombre de pièces sur un seul point. Dans les bas-reliefs en marbre blanc qui garnissent les parois du tombeau de Maximilien à Inspruck, on remarque un cavalier planté sur un bastion faisant partie de l'enceinte de Vérone (67 bis'). Le bastion est bien

67 bis,

caractérisé avec ses faces et ses flancs; une fausse braie en défend les parties inférieures et bat le fossé. Les parapets sont garnis de terre et de menu bois; en arrière est une gabionnade qui protége les soldats; au-dessus de la gabionnade, sur le terre-plein du bastion, s'élève un cavalier en maçonnerie, dont les parapets sont également garnis de fascines et de terre.

Les cavaliers présentaient encore cet avantage de défiler les courtines; cela était d'autant plus nécessaire que les assiégeants avaient conservé, au commencement du XVIe siècle, la tradition des bastilles offensives du moyen âge, et établissaient fréquemment leurs batteries de siége sur des terrassements assez élevés au-dessus du sol de la campagne. Lorsque l'assiégeant, soit au moyen de terrassements, soit par suite de la disposition des dehors, dressait ses batteries sur un point élevé, dominant ou rasant les crêtes des défenses de la place, et les prenant en écharpe ou les enfilant, pouvait détruire les batteries découvertes des assiégés à une grande distance et sur une grande longueur, on construisit dès le XVIe siècle, à défaut de cavaliers,

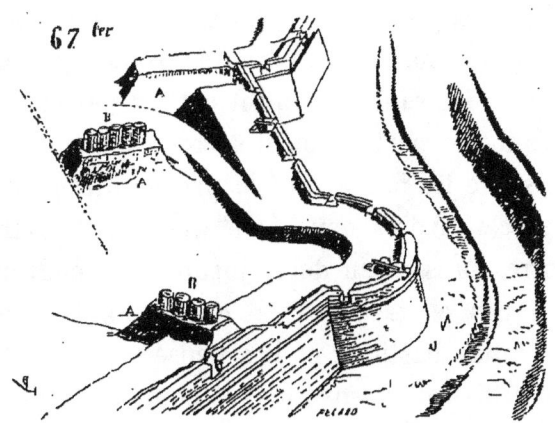

des traverses A (67 ter) en terre, munies parfois de gabionnades B au moment de l'attaque, pour augmenter leur hauteur.

Mais on ne tarda pas à reconnaître les inconvénients des ouvrages qui, tout en formant des saillants considérables sur les dehors, ne se reliaient pas à un système général de défense; ils n'étaient pas flanqués. Obligés de se défendre isolément, n'étant pas eux-mêmes défendus, ils ne présentaient qu'un point sur lequel venaient converger les feux de l'assiégeant, et ne pouvaient

opposer qu'une défense presque passive aux feux croisés des batteries de siége. En augmentant les obstacles, ils retardaient les travaux des ennemis, mais ne pouvaient les détruire; on multiplia donc les bastions ou les plates-formes, c'est-à-dire qu'au lieu de les dresser seulement en avant des portes, ou, comme à Hull, dans un but spécial, on en établit de distance en distance non-seulement pour éloigner les approches et mettre les anciens fronts fortifiés, que l'on conservait, à l'abri des feux de l'ennemi, mais aussi pour pouvoir défendre ces bastions les uns par les autres [1]. Dans le procès-verbal dressé par Machiavel, déjà cité, sur les fortifications de Florence, nous lisons encore ces passages, touchant l'établissement de bastions ronds en avant des anciens fronts fortifiés : « ....Lorsqu'on a dépassé la route
« de San-Giorgio d'environ cent cinquante brasses (environ cent
« mètres), on rencontre un angle rentrant que forme le mur en
« changeant de direction à cet endroit, pour se diriger vers la
« droite. L'avis du capitaine fut qu'il serait utile d'élever sur
« ce point ou une casemate ou un bastion rond, qui battît les
« deux flancs; et vous saurez ce qu'il entend par là, c'est que
« l'on creuse des fossés partout où il se trouve des murs, parce
« qu'il est d'avis que les fossés sont la *première et la plus forte*
« *défense des places*. Après nous être avancés d'environ cent
« cinquante autres brasses au delà, jusqu'à un endroit où se
« trouvent quelques contre-forts, il a été d'avis que l'on y
« construisît un autre bastion; et il a pensé que si on le faisait
« assez fort, et suffisamment avancé, il pourrait rendre inutile
« la construction du bastion de l'angle rentrant, dont il a été
« question précédemment.

« Au delà de ce point, on trouve une tour, dont il a été
« d'avis d'augmenter l'étendue et de diminuer la hauteur, en la

---

[1] *Défenses de la ville de Blaye.* (Topog. de la Gaule, Mérian). Les plans des villes de Tréves, de Dôle, de Saint-Omer, de Douay, etc. (Voy. *les Plans et Profils des princip. villes*, par le sieur de Beaulieu, xviie siècle.) Les plans des villes de Bordeaux, de Mons, de Liége, de Coblentz, de Bonn, de Basle. (Voy. Introd. à la *Fortif.*, par De Fer. *Atlas ital.*, 1722.)

« disposant de manière qu'on puisse manœuvrer sur son sommet
« des pièces de grosse artillerie; il pense qu'il serait utile d'en
« faire autant à toutes les autres tours qui existent; il ajoute
« que, plus elles sont rapprochées l'une de l'autre, plus elles
« ajoutent à la force d'une place, non pas tant parce qu'elles
« frappent l'ennemi en flanc, que parce qu'elles l'atteignent de
« front.... »

Presque toujours ces boulevards ou bastions (car nous pouvons dorénavant leur donner ce nom) élevés précipitamment, au moment d'un siége, en dehors des anciens fronts, n'étaient que des ouvrages en terre avec un revêtement de bois ou de gazon, ne dépassant guère la crête de la contrescarpe du fossé. Mais lorsque, pendant la première moitié du XVI° siècle, on remplaça les anciennes courtines et tours en maçonnerie par des défenses nouvelles, lorsque ces travaux neufs purent être conduits avec méthode, que les ressources ne manquèrent pas, on les revêtit de maçonnerie. Toutefois, jusqu'alors, on n'osait pas étendre les ouvrages en dehors du corps des places, et l'attaque pouvait toujours s'établir en face des bastions des enceintes, sans être obligée de prendre un certain nombre de défenses rasantes, telles que celles que l'on a coutume de disposer de nos jours autour de l'enceinte principale. Pour forcer l'assiégeant à commencer ses cheminements assez loin des glacis, on avait recours aux cavaliers, dont le commandement était élevé sur la campagne, ou même encore aux tours disposées de manière à découvrir au loin les abords des places par-dessus les courtines et bastions. C'est d'après cette méthode qu'Albert Durer avait fortifié la ville de Nuremberg. En conservant les anciennes défenses de la ville, qui datent des XIV° et XV° siècles, Albert Durer éleva en dehors une première enceinte terrassée, avec gros bastions revêtus circulaires, fossés et glacis et, de distance en distance, il renforça la vieille enceinte de hautes et grosses tours qui commandent les dehors et les deux enceintes. Ces grosses tours sont garnies à rez-de-chaussée d'une ou deux embrasures pour enfiler les chemins de ronde, entre l'ancienne et la nouvelle enceinte, et d'une plate-forme au sommet, pouvant recevoir un assez grand nombre de bouches à feu. Aucune fortification de cette époque ne fait mieux ressortir la préoccupation des ingénieurs du commencement du XVIᵉ siècle que ces défenses de Nuremberg. N'ayant pas encore adopté un système fixe de flanquements, n'ayant pas appliqué, avec toutes ses conséquences, l'axiome : *ce qui défend doit être défendu*, inquiets du résultat de leurs combinaisons, ou, pour mieux dire, de leurs tâtonnements, comprenant que la convergence des feux de l'ennemi détruirait toujours leurs ouvrages avancés, si solidement faits qu'ils fussent, ils voulaient voir et commander leurs défenses extérieures du dedans, comme, un siècle auparavant, le seigneur voyait du haut de son donjon tout ce qui se passait autour des enceintes de son château, et soutenait au besoin les points attaqués. Les grosses tours de Nuremberg sont plutôt, en effet, des donjons isolés que la conséquence d'un système général, et des observatoires que des défenses efficaces, même pour l'époque. Les feux plongeants de ces plate-formes élevées à plus de vingt-cinq mètres au-dessus des chemins de ronde ne pouvaient produire un grand effet, surtout si l'assiégeant parvenait à s'établir sur la crête de la contrescarpe des fossés ; car, de ce point, le relief des bastions lui masquait les tours. Il ne paraît pas que ces tours élevées aient été fréquemment employées. L'attention des ingénieurs du commencement du XVIᵉ siècle se porta principalement sur la forme à donner aux bastions nouvellement adoptés, sur la manière de les construire et de les défendre. En leur conservant un commandement assez élevé sur la campagne, en leur donnant un grand diamètre, comparativement aux anciennes tours des enceintes extérieures terrassées, et en renforçant leur maçonnerie par des contreforts noyés dans les terrassements, en les faisant saillir sur les courtines autant qu'il était possible, sans les détacher complètement, on se préoccupa d'abord de protéger leur partie antérieure contre les feux convergents des batteries ennemies ; à cet effet, on établit autour des bastions circulaires et à leur base des fausses braies masquées par la contrescarpe du fossé, et pour rendre celles-ci plus fortes on les flanqua quelquefois. C'était là déjà un grand progrès, car les bastions circulaires, comme les tours rondes, étaient faibles si on les prenait de face ; ils n'opposaient aux feux convergents d'une batterie de brèche qu'une ou deux pièces de canon. Voici un exemple de ces fausses braies flanquées (68)[1]. Lorsque l'assiégeant avait détruit la batterie

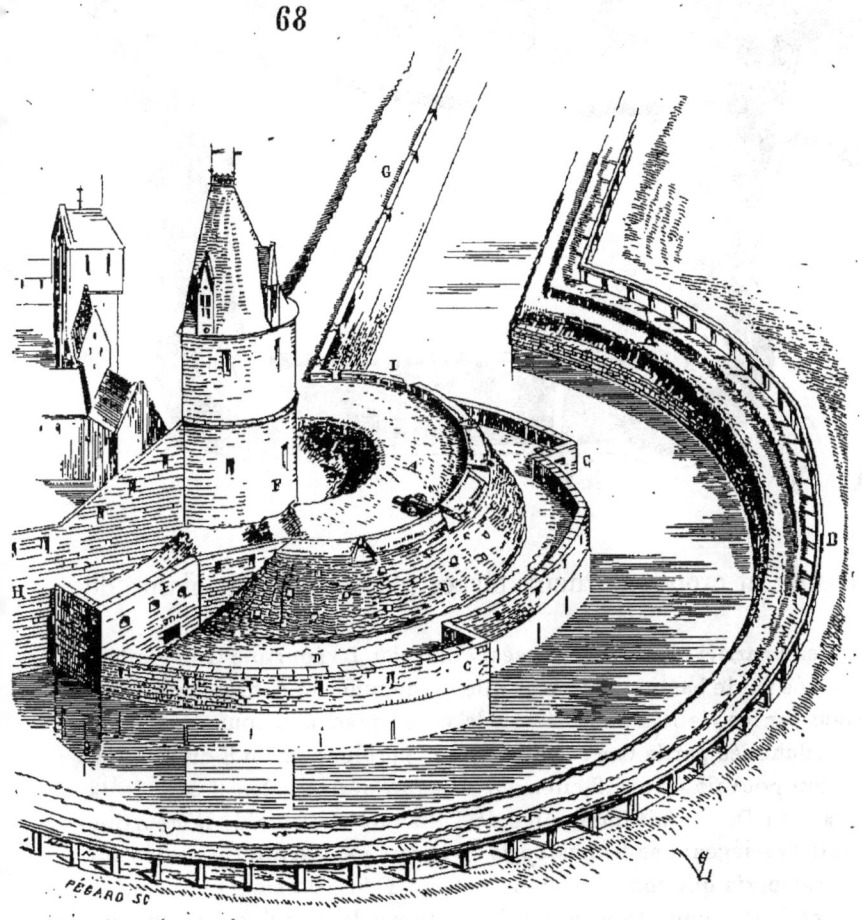

établie en A, qu'il avait terminé ses travaux d'approches, et

[1] *Della Cosmog. universale*, Sebast. Munstero, 1558, pet. in-folio. *La citta d'Augusta* (Augsbourg), p. 676. Le bastion que nous donnons ici dépend d'un ouvrage avancé fort important qui protégeait un ancien front de vieilles mu-

202 ARCHITECTURE MILITAIRE

qu'il débouchait à la crête du glacis en B, il lui fallait culbuter les défenseurs du chemin couvert protégés par un talus et une palissade ; s'il parvenait à gagner le fossé, il était reçu par les

68 ^{bis}

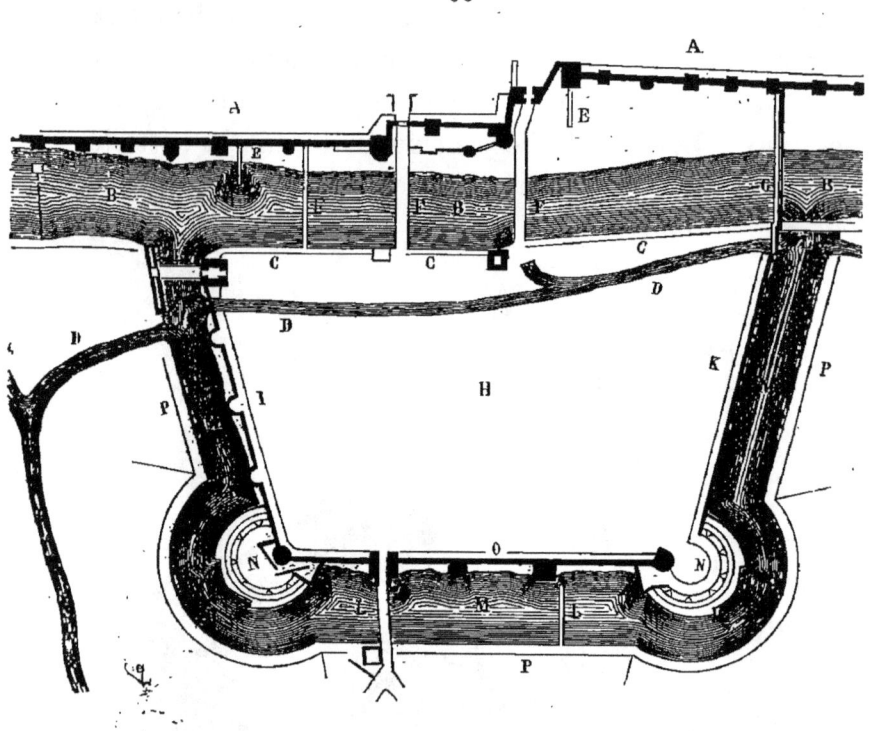

feux rasants et croisés de deux pièces placées dans les flancs de

railles bâties en arrière d'un large fossé plein d'eau. La courtine G est faiblement flanquée par le bastion, parce qu'elle est dominée et enfilée dans toute sa longueur par les vieilles murailles de la ville ; quant à la courtine H, elle se trouvait flanquée par la fausse braie et par le prolongement E du bastion. Si le bastion pouvait être difficilement attaqué derrière les flancs de la fausse braie en D, il était impossible de l'attaquer du côté de la courtine G, car alors l'assiégeant se trouvait pris en revers par l'artillerie postée sur les vieux remparts qui commandaient le flanc I du bastion. On commençait dès lors à appliquer avec assez de méthode le principe : *Les dedans doivent commander les dehors*, et l'assaillant devenu maître du bastion se trouvait exposé aux feux d'un front très-étendu (voy. 68 bis). A est le front des vieilles murailles remparées, B un large cours d'eau, C un chemin couvert avec barrière, terrassé contre l'ouvrage avancé ; D un petit cours d'eau, E des traverses, F des ponts, G un rempart traversant le fossé, mais cet ouvrage inférieur, préservé jusqu'au moment de l'assaut par la fausse braie en C, et par la mousqueterie des défenseurs de la contrescarpe du fossé. Combler le fossé sous le feu croisé de ces deux pièces était une opération fort périlleuse ; il fallait alors détruire la fausse braie et ses flancs C par du canon. Si on voulait tourner les flancs, et prendre la fausse braie en D par escalade, on était reçu par les pièces masquées du second flanc E. Enfin, ces obstacles franchis et le bastion emporté, l'assaillant trouvait encore les vieilles défenses F conservées et surélevées, dont les parties inférieures masquées par l'élévation du bastion pouvaient être munies d'artillerie ou d'arquebusiers. Ensuite,

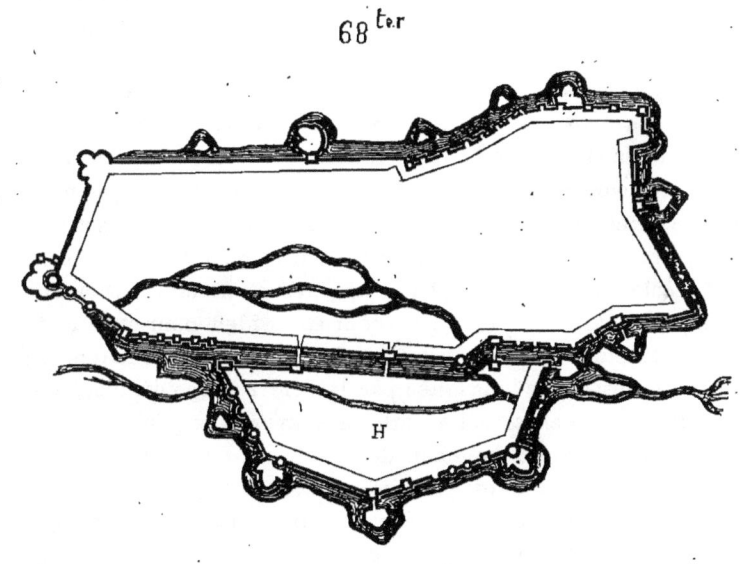

68 ter

l'on masqua l'artillerie destinée à battre les courtines lorsque

dominé, enfilé et battu en revers par les vieilles murailles A de la ville ; H l'ouvrage avancé, I un front de vieilles murailles dérasées et remparées, K un front remparé : ces deux remparts bas sont battus de tous côtés par les murailles de la ville ; L des ponts, M le fossé plein d'eau, N les bastions en terre, charpente et clayonnages, dont l'un est détaillé dans la figure 68 ; O les restes de vieilles défenses terrassées, P les chemins couverts de l'ouvrage avancé. (Voir le plan général de la ville d'Augsbourg, qui présente une suite de bastions construits suivant ce système (68 ter). —

celles-ci étaient détruites et que l'assiégeant tentait le passage du fossé pour s'emparer de la brèche. Afin d'obtenir ce résultat, les ingénieurs du XVIe siècle donnèrent, ainsi que nous l'avons vu déjà, une forte saillie aux bastions ronds sur les courtines, de manière à former un rentrant dans lequel on ménageait des embrasures de canon (69) [1]. Mais l'espace manquait dans les

Introd. à la *Fortification*, dédiée à monseigneur le duc de Bourgogne. Paris, 1722; in-f[o] ital.) Ce plan, plus exact que celui donné dans l'œuvre de Séb. Munstero, présente avec celui-ci, quant à la configuration de l'ouvrage avancé H, de notables différences. Nous avons cru devoir les reproduire tous deux, d'autant que le principe de la défense obtenue par l'adjonction des bastions du XVIe siècle est conservé dans l'un comme dans l'autre plan. On retrouve encore aujourd'hui, à Augsbourg, les traces de ces bastions, dont les fausses braies en maçonnerie ont été en grande partie englobées dans un terrassement extérieur gazonné.

[1] *Della Cosmog. universale*, Sebast. Munstero, 1558, petit in-folio. *Sito et fig. di Francofordia citta, come è nel anno* 1546. Le bastion figuré dans cette vue commande la rivière (le Mein) et tout un front des remparts de la ville. Cet angle fortifié est fort intéressant à étudier, et la gravure que nous avons copiée, en cherchant à la rendre plus claire, indique les diverses modifications et améliorations apportées à la défense des places dès le commencement du XVIe siècle. On a conservé, au centre du bastion neuf, l'ancienne tour du *coin* qui sert de tour de guet; cette tour est évidemment exhaussée d'un étage au XVIe siècle. Le bastion est muni de deux étages de batteries; celle inférieure est couverte et masquée par la contrescarpe du fossé fait comme un mur de contre-garde. Cette batterie couverte ne pouvait servir qu'au moment où l'assiégeant débouchait dans le fossé. Le rentrant A, qui contient une batterie casematée, est protégé par la saillie du bastion et par un mur B, et commande la rivière. Des évents C permettent à la fumée de la batterie couverte de s'échapper. Au delà du ponceau est un rempart élevé en avant des vieilles murailles et commandé par elles et les tours; il est garni d'une fausse braie destinée à défendre le passage du fossé. On remarque des contre-forts qui viennent buter le revêtement en maçonnerie du rempart et qui descendent dans la fausse braie; celle-ci est enfilée par les feux du bastion d'angle et par un rentrant du rempart D. Si ce n'était l'exiguïté des espaces, cette défense passerait encore pour être assez forte. Nous avons cru devoir donner divers exemples qui n'appartiennent pas à l'architecture militaire française; car il faut admettre qu'au moment de la transition de la fortification ancienne à la fortification moderne, les diverses nations occidentales de l'Europe adoptaient rapidement les perfectionnements nouveaux introduits dans l'art de défendre les places, et la nécessité forçait d'oublier les traditions locales.

gorges A (69 bis) pour le service de l'artillerie; leur étroitesse les rendait difficiles à défendre lorsque l'ennemi, après s'être emparé du bastion, cherchait à pénétrer plus avant. Nous avons vu comme il était difficile, avant l'invention des bouches à feu, d'opposer à une colonne d'assaut étroite mais profonde, se précipitant sur les chemins de ronde, un front de defenseurs assez épais pour rejeter les assaillants au dehors (fig. 16); l'artillerie à feu ouvrant dans les bastions ou courtines de larges brèches praticables, par suite de l'éboulement des terres, les colonnes d'assaut pouvaient dès lors être non-seulement profondes, mais aussi présenter un grand front : il fallait donc leur opposer un front de défenseurs d'une étendue au moins égale pour qu'il ne risquât pas d'être débordé. Les gorges étroites des bastions circulaires primitifs, même bien remparées à l'intérieur, étaient facilement prises par des colonnes d'assaut dont la force d'impulsion est d'une grande puissance. On s'aperçut bientôt des inconvénients graves attachés aux gorges étroites, et au lieu de conserver pour les bastions la forme circulaire, on leur donna (70) une face B et deux cylindres C qu'on désigna sous le nom d'*orillons* [1]. Ces bastions enfilaient les fossés au moyen des pièces masquées derrière les orillons, mais ne se défendaient que sur la face, ne résistaient pas à des feux obliques et surtout ne se protégeaient pas les uns les autres ; en effet (71) leurs feux ne pouvaient causer aucun dommage à une batterie de brèche dressée en A qui ne se trouvait battue que par la courtine. On était encore tellement préoccupé de la défense rapprochée et de donner à chaque partie de la fortification une force qui lui fût propre (et c'était un reste de l'architecture militaire féodale du

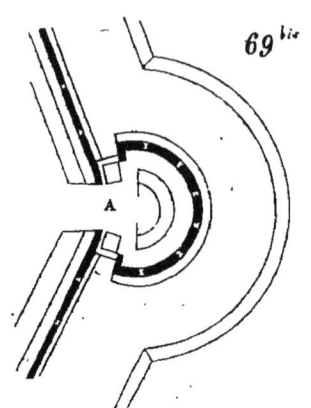

69 bis

---

[1] Les murs de la ville de Narbonne, rebâtis presque entièrement pendant le xvi⁰ siècle, quelques anciens ouvrages des fortifications de Caen, de Rouen, etc., présentaient des défenses construites suivant ce principe.

DU MOYEN AGE.

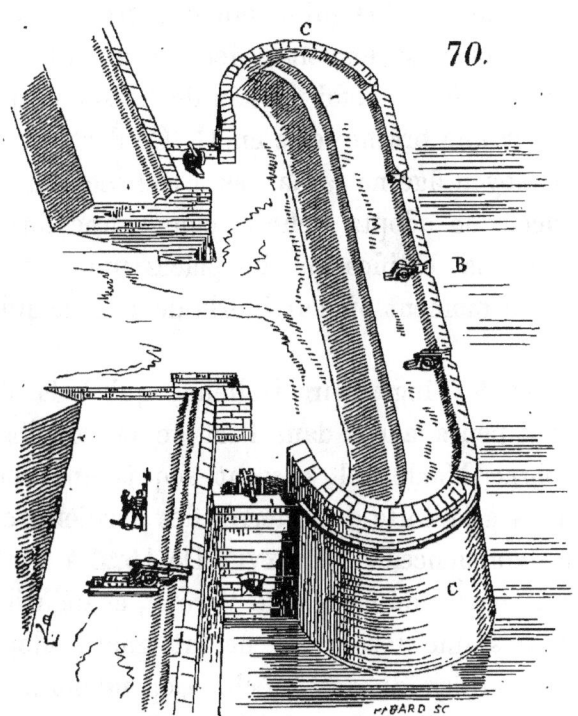

moyen âge, où chaque ouvrage, comme nous l'avons démontré,

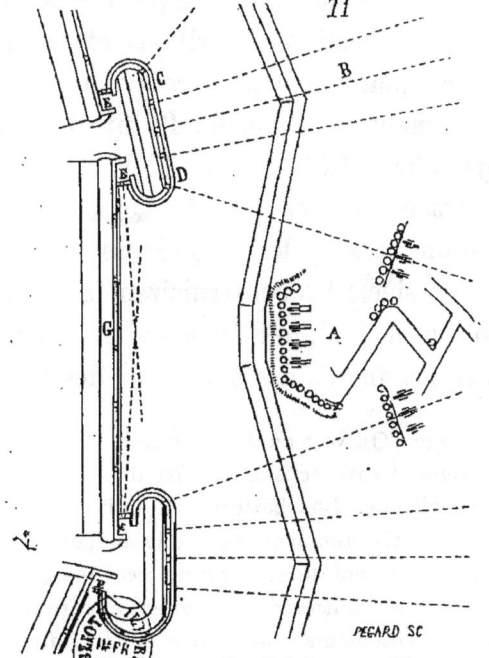

se défendait par lui-même et s'isolait), que l'on regardait comme nécessaires les fronts droits C D qui devaient détruire les batteries placées en B, réservant seulement les feux E enfilant les courtines pour le moment où l'ennemi tentait de passer le fossé et de livrer l'assaut par une brèche faite en G. Ce dernier vestige des traditions du moyen âge ne tarda pas à s'effacer, et dès le milieu du XVI° siècle on adopta définitivement une forme de bastions qui donna à la fortification des places une force égale à l'attaque, jusqu'au moment où l'artillerie de siége acquit une puissance irrésistible.

Il semblerait que les ingénieurs italiens, qui à la fin du XV° siècle étaient si peu avancés dans l'art de la fortification, ainsi que le témoigne Machiavel, eussent acquis une certaine supériorité sur nous à la suite des guerres des dernières années de ce siècle et du commencement du XVI°. De 1525 à 1530 San Michele fortifia une partie de la ville de Vérone, et déjà il avait donné à ses bastions une forme qui ne fut guère adopté en France que vers le milieu du XVI° siècle. Cependant il existe un plan (manuscrit sur vélin) de la ville de Troyes, conservé dans les archives de cette ville, qui indique de la manière la plus évidente des grands bastions à orillons et faces formant un angle obtus; et ce plan ne peut être postérieur à 1530, car il fut fait au moment où François I°ʳ fit réparer les fortifications de Troyes, en 1524. Voici (71 bis) un *fac-simile* d'un des bastions tracés sur ce plan [1]. Quoi qu'il en soit, renonçant aux bastions plats, les ingénieurs français de la seconde moitié du XVI° siècle les construisirent avec deux faces formant un angle obtus A (72), ou formant un angle droit ou aigu B, afin de battre les abords des places par des feux croisés,

---

[1] Le fossé est plein d'eau. On voit en A de petites batteries masquées à double étage, probablement réservées en arrière des flancs couverts B, construits derrière les orillons. Les batteries B enfilent le devant des anciennes tours conservées. On remarquera que la maçonnerie qui revêt le bastion est plus épaisse à la pointe et diminue vers les orillons, là où l'on ne peut faire brèche; des contre-forts viennent encore épauler, sous le terrassement, tous les revêtements. Ce bastion est intitulé : *boulevard de la Porte Saint-Jacques*.

en réservant des batteries casematées en C, quelquefois même à

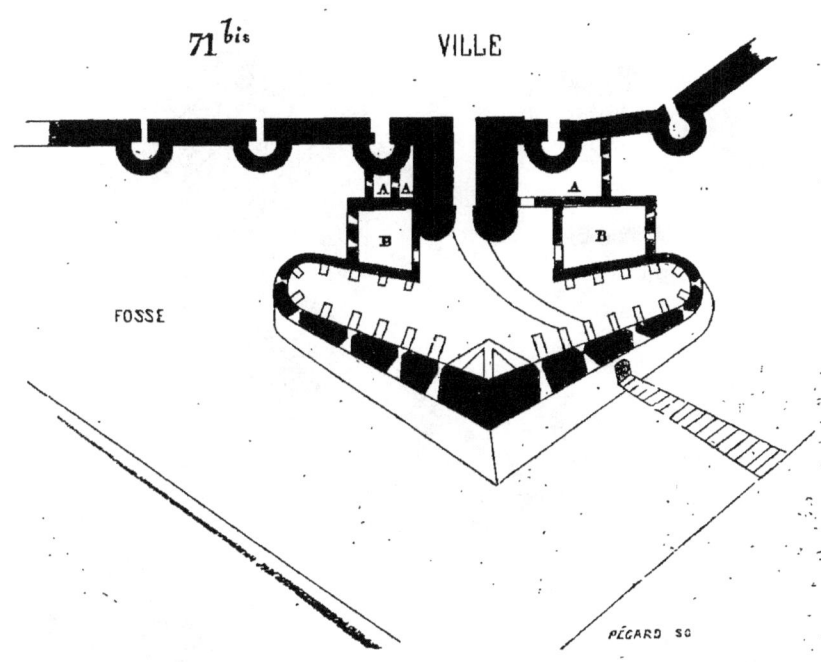

deux étages, et garanties des feux de l'assiégeant par les orillons, pour pouvoir prendre une colonne d'assaut en flanc et presque

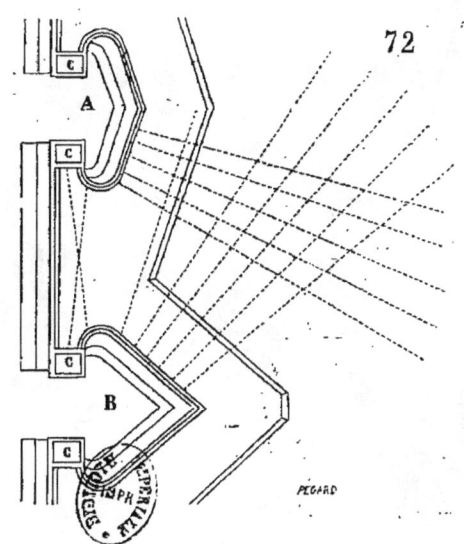

en revers, lorsque celle-ci s'élançait sur la brèche. Dans la

210 ARCHITECTURE MILITAIRE

figure que nous donnons ici (72 bis), où se trouve représentée

cette action, on reconnaîtra l'utilité des flancs masqués par des *orillons* : une des faces du bastion A a été détruite pour permettre l'établissement de la batterie de brèche en B.; mais les pièces qui garnissent le flanc couvert de ce bastion restent encore intactes et peuvent jeter un grand désordre parmi les troupes envoyées à l'assaut, au moment du passage du fossé, si au sommet de la brèche la colonne d'attaque est arrêtée par un rempart intérieur C élevé en arrière de la courtine, d'une épaule de bastion à l'autre, et si ce rempart est flanqué de pièces d'artillerie. Nous avons figuré également le bastion remparé à la gorge, les assiégés prévoyant qu'ils ne pourront le défendre longtemps. Au lieu de remparer les gorges des bastions à la hâte, et souvent avec des moyens insuffisants, on prit le parti, dès la fin du XVIe siècle, dans certains cas, de les remparer d'une manière permanente (**72 bis**)[1], ou d'isoler les bastions en

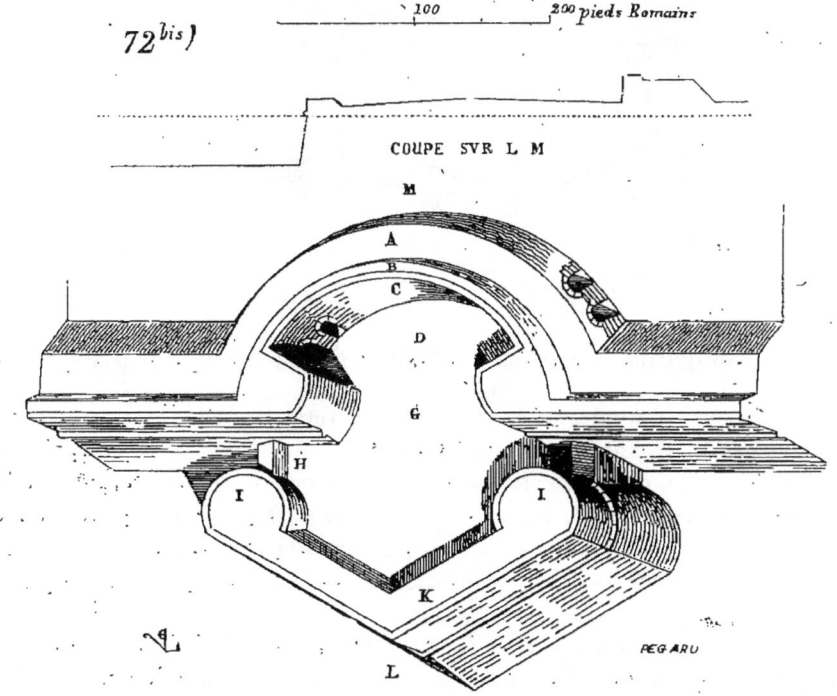

creusant un fossé derrière la gorge, et de ne les mettre en com-

---

[1] *Delle fortif.* di Giov. Scala, al christo. re di Francia di Navarra, Henrico IV. Roma, 1596. La figure reproduite ici est intitulée : « Piatta forma

munication avec le corps de la place que par des ponts volants ou des passages très-resserrés et pouvant être facilement barricadés (72 bis ") [1] ; on évitait ainsi que la prise d'un bastion

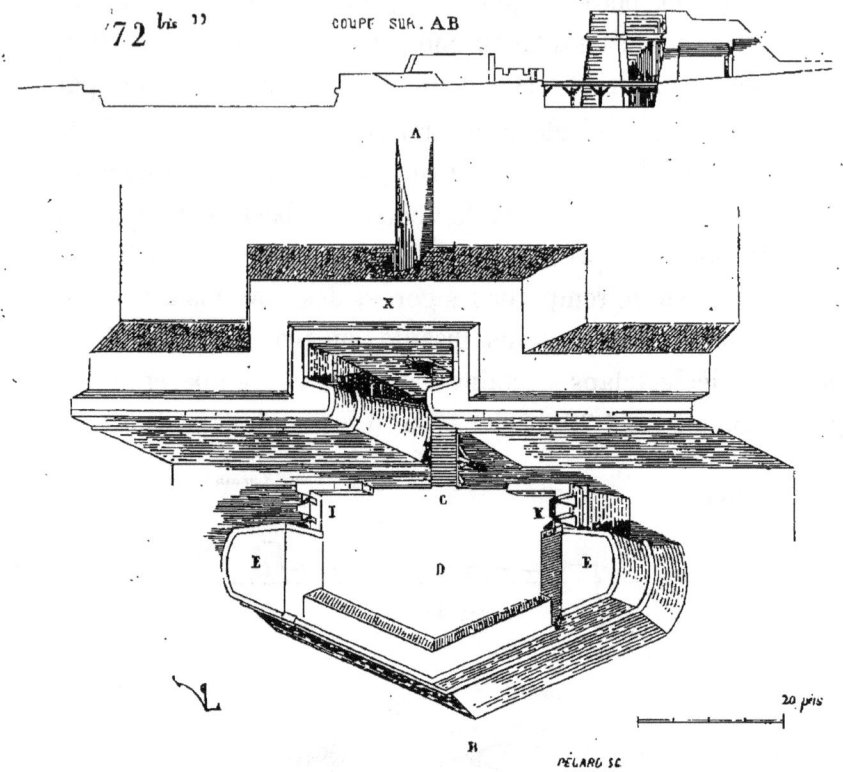

n'entraînât immédiatement la reddition du corps de la place,

« fortissima difesa et sicura con una gagliarda retirata dietro o attorno « della gola. » A, rempart, dit la légende, d'arrière défense, épais de 50 pieds. B, parapet épais de 15 pieds et haut de 4 pieds. C, escarpement de la retirade, 14 pieds de haut. D, espace plein qui porte une pente douce jusqu'au point G. H, flanquement masqué par l'épaule I. K, parapet épais de 24 pieds, élevé de 48 pieds au-dessus du fossé. (Scala parle ici de pieds romains, 0,297,896.)

[1] *Ibid*. Planche intitulée : « D'un buon modo da fabricare una piatta « forma gagliarda et sicura, quantunque la sia disunita della cortina. » X, rempart derrière la courtine, dit la légende. C, pont qui communique de la ville à la plate-forme (bastion). D, terre-plein. E, épaules. I, flancs qui seront faits assez bas pour être couverts par les épaules E.... Scala donne, dans son *Traité des fortifications*, un grand nombre de combinaisons de bastions ; quelques-unes sont remarquables pour l'époque.

car il va sans dire que l'assiégeant cherchait à battre les bastions en brèche de préférence aux courtines, pour éviter l'effet direct des batteries masquées au moment de l'assaut. Voyant que les assiégeants s'attaquaient plus volontiers aux bastions pour faire brèche et donner l'assaut, les ingénieurs du XVIe siècle disposèrent les batteries masquées par les orillons, de manière non-seulement à enfiler la courtine, mais aussi les faces des bastions voisins. Ainsi, une colonne d'assaut, qu'elle fût jetée soit sur un bastion soit sur une courtine battus en brèche, était toujours reçue par des feux croisés, à moins que les batteries masquées derrière les orillons n'eussent été éteintes, avant l'assaut, par un tir à ricochet ou à bombe.

Si ingénieux que fussent les expédients employés pour défendre les parties saillantes des fortifications, et pour couper leur communication avec le corps de la place, on ne tarda pas à reconnaître qu'ils avaient l'inconvénient de diviser les ouvrages, d'ôter les moyens d'arriver facilement et rapidement du dedans de la ville à tous les points saillants de la défense, et que les avantages résultant de l'isolement étaient loin de compenser les dangers; tant il est vrai que les formules les plus simples sont celles qu'on adopte en dernier lieu. On laissa donc les bastions ouverts à la gorge, mais on établit entre eux, pour protéger leur faces, et en avant des courtines, des ouvrages isolés qui devinrent d'une grande utilité pour la défense, et qui furent souvent employés pour empêcher les approches devant des fronts faibles ou de vieilles murailles; on leur donna le nom de *ravelins* ou de *demi-lunes* lorsque ces ouvrages ne présentaient que la forme d'un petit bastion, et de *tenailles* si deux de ces ouvrages étaient réunis par un front. A (72 ter) est un ravelin, et B une tenaille. Ces ouvrages étaient déjà en usage à la fin du XVIe siècle, pendant les guerres de religion; leur peu d'élévation les rendait difficiles à détruire, en même temps que leurs feux rasants produisaient un grand effet.

C'est aussi pendant le cours du XVIe siècle que l'on donna un talus prononcé aux revêtements des bastions et courtines, afin de neutraliser l'effet des boulets, car ceux-ci avaient naturellement moins de prise sur les parements, lorsqu'ils ne les frap-

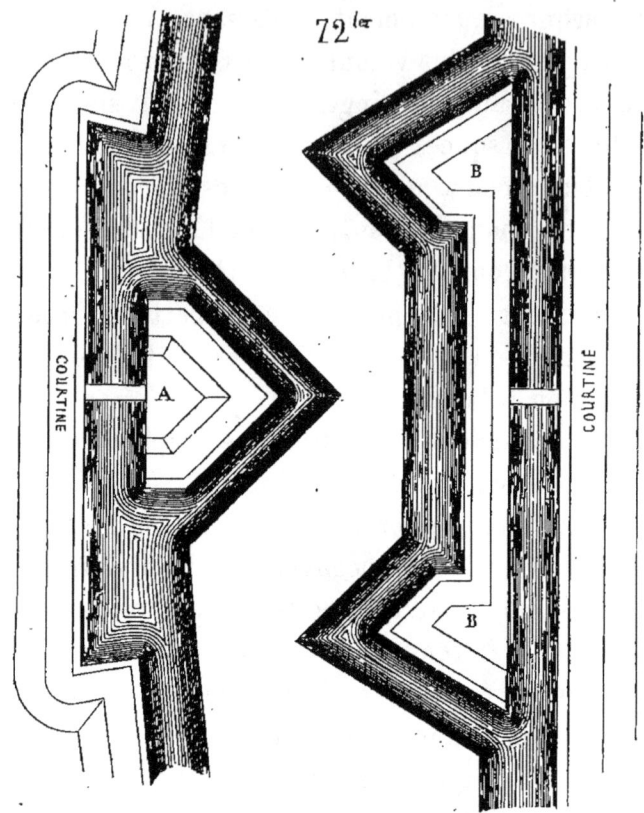

paient pas à angle droit. Avant l'invention des bouches à feu, le talus n'existait qu'au pied des revêtements, pour éloigner un peu l'assaillant et le placer verticalement sous les mâchicoulis des hourds, et l'on tenait au contraire à maintenir les parements verticaux pour rendre les escalades plus difficiles.

Un détail fort important de la défense des places avait dû préoccuper les constructeurs de forteresses, lorsque l'emploi des bouches à feu devint général ; nous voulons parler des embrasures. Déjà nous avons vu comme au XVe siècle les ingénieurs avaient cherché à masquer les pièces placées à l'intérieur des défenses, autant que possible, par diverses combinaisons plus ou moins heureuses. Les embrasures primitives, celles données par nous (V. fig. **47** c et **53**), avaient l'inconvénient de ne présenter aux canonniers qu'un champ tellement étroit, qu'ils ne pouvaient guère pointer leurs pièces que suivant une seule direction; celles du château de Schaffhausen (fig. 53 E), si elles offraient un tir plus étendu, devaient être facilement détruites par les boulets ennemis : les minces obstacles opposés à l'artillerie des assiégeants ne garantissaient les servants que contre la mousqueterie. Albert Durer avait déjà, dans les premières années du XVI° siècle adopté un mode d'embrasure qui, pour les batteries découvertes, présentait un grand avantage sur les modes précédents. Ces embrasures, appliquées aux batteries barbettes des bastions et courtines de la ville de Nuremberg, et que chacun peut voir encore aujourd'hui, sont reproduites avec leurs accessoires obligés dans son œuvre [1]. Nous en donnons

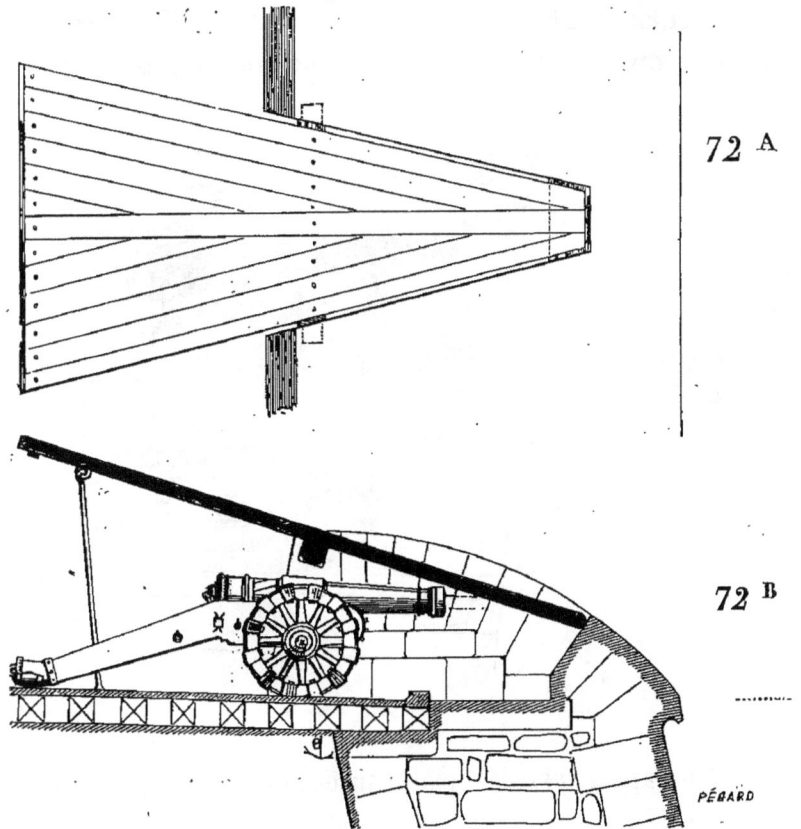

ici (72 A) le plan, et (72 B) la coupe. Le parapet, d'une épais-

[1] « Alb. Dureri pictoris et architecti præstantiss. de urb. arcibus,

seur de trois à quatre mètres, présente, en coupe, une courbe destinée à faire relever les projectiles ennemis. Un mantelet en gros madriers de bois, tournant sur un axe horizontal, formant un angle avec l'horizon, et que l'on relevait seulement de manière à pouvoir passer la bouche de la pièce et à pointer, n'offrait pas de résistance aux boulets des assiégeants, et les faisait ricocher par-dessus la tête des canonniers. Ce système ne paraît pas avoir été mis en pratique en France, où les parapets ont très-anciennement déjà été terrassés et gazonnés, avec embrasures garnies de fascines au moment des siéges. Outre l'exemple que nous donnons ci-dessus, les parapets des courtines et bastions de la ville de Nuremberg, élevés par Albert Durer, offrent, sur une grande partie de leur étendue, principalement du côté où les fortifications sont accessibles, une disposition remarquable que nous reproduisons

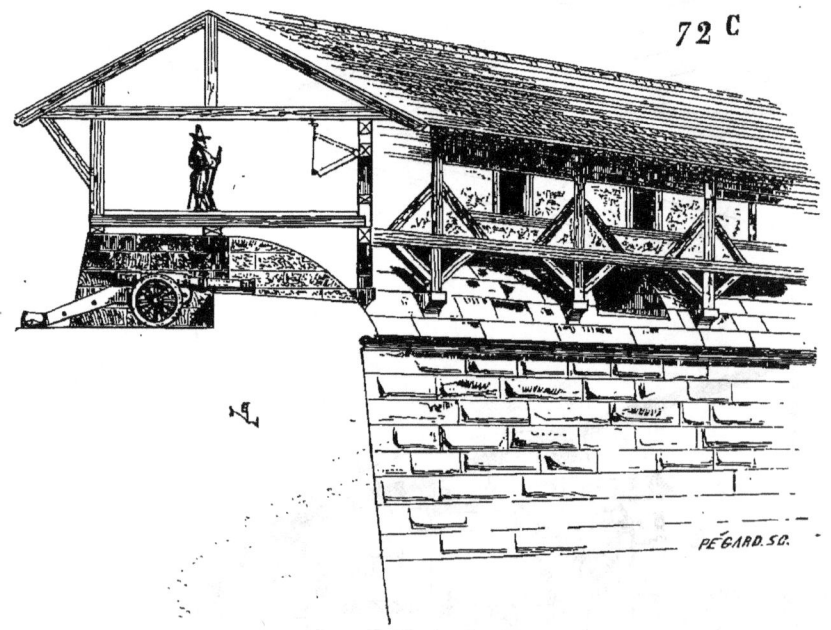

ici (72 c). Ces parapets, percés d'embrasures pour du canon, sont

« castellisque condendis ac muniendis, rationes aliquot, præsenti bello-
« rum necess. accomm. : nunc recens è ling. German. in Latinam tra-
« ductæ ». (Parisiis.... 1535.)

surmontés de hourds en bois hourdés en brique et mortier; ces hourds crénelés pouvaient recevoir des arquebusiers et même des archers, que l'on employait encore à cette époque. Les pièces en batterie se trouvaient couvertes par ces hourds, comme des pièces dans l'entre-pont d'un vaisseau de guerre, ainsi que le fait voir la coupe jointe à la vue extérieure des parapets. Les créneaux des hourds étaient fermés par des volets se relevant intérieurement, de manière à opposer un obstacle aux balles ou sagettes envoyées par les assiégeants postés sur la crête des glacis.

Nous avons vu quelquefois en France des embrasures de batteries découvertes, présentant à l'extérieur une suite de redents destinés à arrêter les boulets ou les balles ennemis (**72 D**)

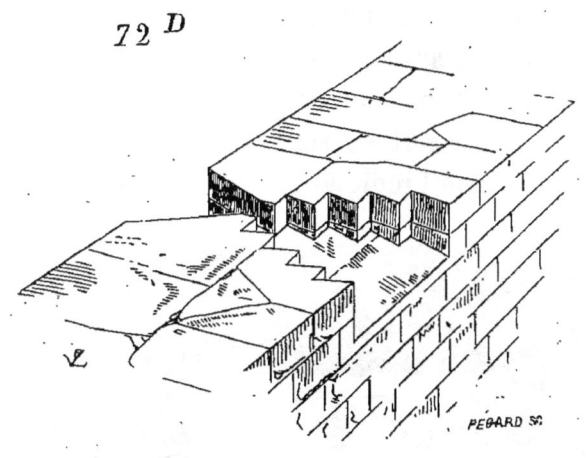

et à les empêcher d'arriver en glissant jusqu'à la bouche du canon. Quant aux embrasures des batteries couvertes, elles conservent longtemps leur forme primitive, c'est-à-dire qu'elles ne présentent qu'un trou rond ou ovale avec une mire, et ce n'est guère qu'à la fin du xvie siècle qu'elles s'ouvrent en s'évasant sous un arc (**72 E**). Nos artilleurs remarquèrent bientôt que la partie étroite des embrasures ne devait pas être ménagée au milieu de l'épaisseur des murs des casemates, car, ces murs ayant de six à sept mètres, la partie étroite de l'embrasure étant au delà de la bouche du canon se trouvait bientôt égueulée par le souffle de la pièce; on donna donc aux embrasures, dans les batteries

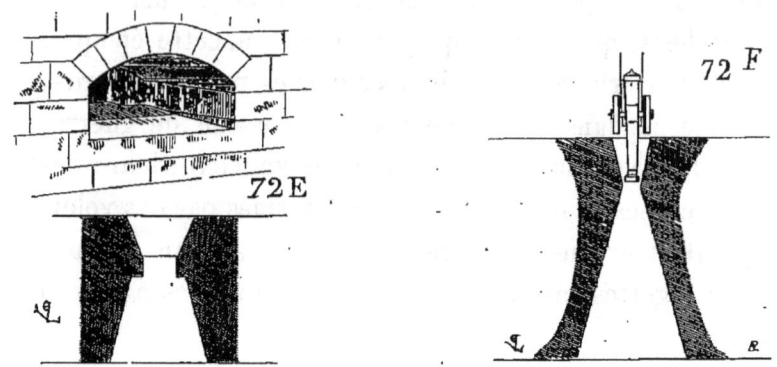

casematées, la forme en plan représentée par la figure (72 F).

Pour les créneaux et meurtrières, etc., on conserva longtemps les formes primitives; on substitua aux archères souvent de simples trous coniques, avec ou sans mire au-dessus[1]. Les créneaux des chemins de ronde furent garnis de volets percés d'un trou, et pouvant servir soit au tir de petites pièces, soit aux arquebusades, ainsi que l'indique l'exemple que nous donnons

ici (72 G), copié d'après les couronnements des courtines de Nu-

[1] On donne aujourd'hui le nom de *créneau* aux petites embrasures percées dans des parapets pour la mousqueterie, et assez semblables, pour la forme, aux anciennes archères, tandis qu'on désignait autrefois par créneau l'intervalle carré, vide, compris entre deux merlons d'un parapet.

remberg (xvᵉ siècle). Quelquefois les embrasures de canon furent accompagnées de meurtrières plongeantes et latérales pour de la mousqueterie, disposées comme le fait voir la figure (72 H)[1].

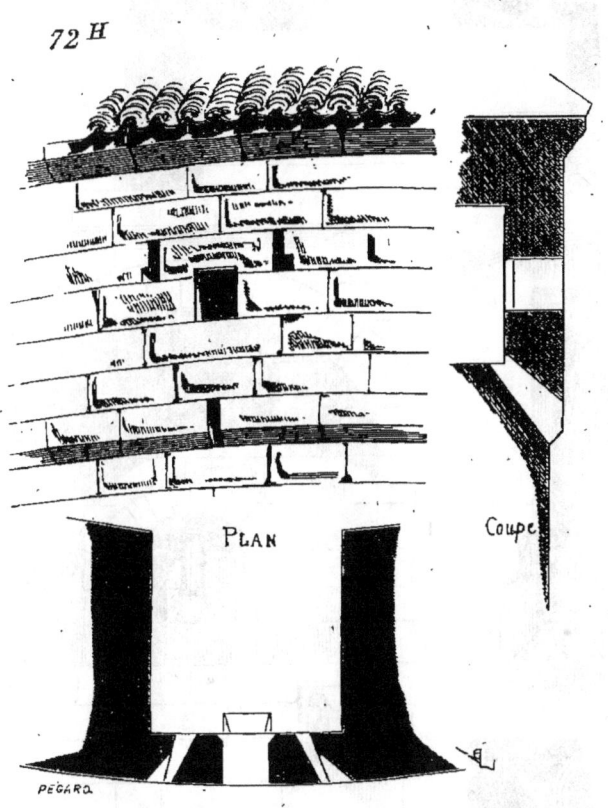

Quelquefois encore certaines embrasures furent construites pour recevoir soit de petites pièces de canon, tels que fauconneaux, soit de ces grosses arquebuses de rempart comme on en voit encore dans les musées français et allemands, et comme il en existe un grand nombre dans l'arsenal de Bâle. Parmi ces dernières embrasures, nous devons donner celles de l'ouvrage avancé de la porte Laufer, à Nuremberg, qui sont des plus curieuses à étudier. Cet ouvrage avancé, parfaitement intact, et ayant conservé la plus grande partie de ses accessoires de défense, date du milieu du xvᵉ siècle. Le jour des embrasures

---

[1] Bastions de la ville de Nuremberg de la fin du xvᵉ siècle.

(**72** I) est allongé, et facilite par conséquent le tir plongeant pour battre le fond du fossé aussi bien que les glacis. Ce jour

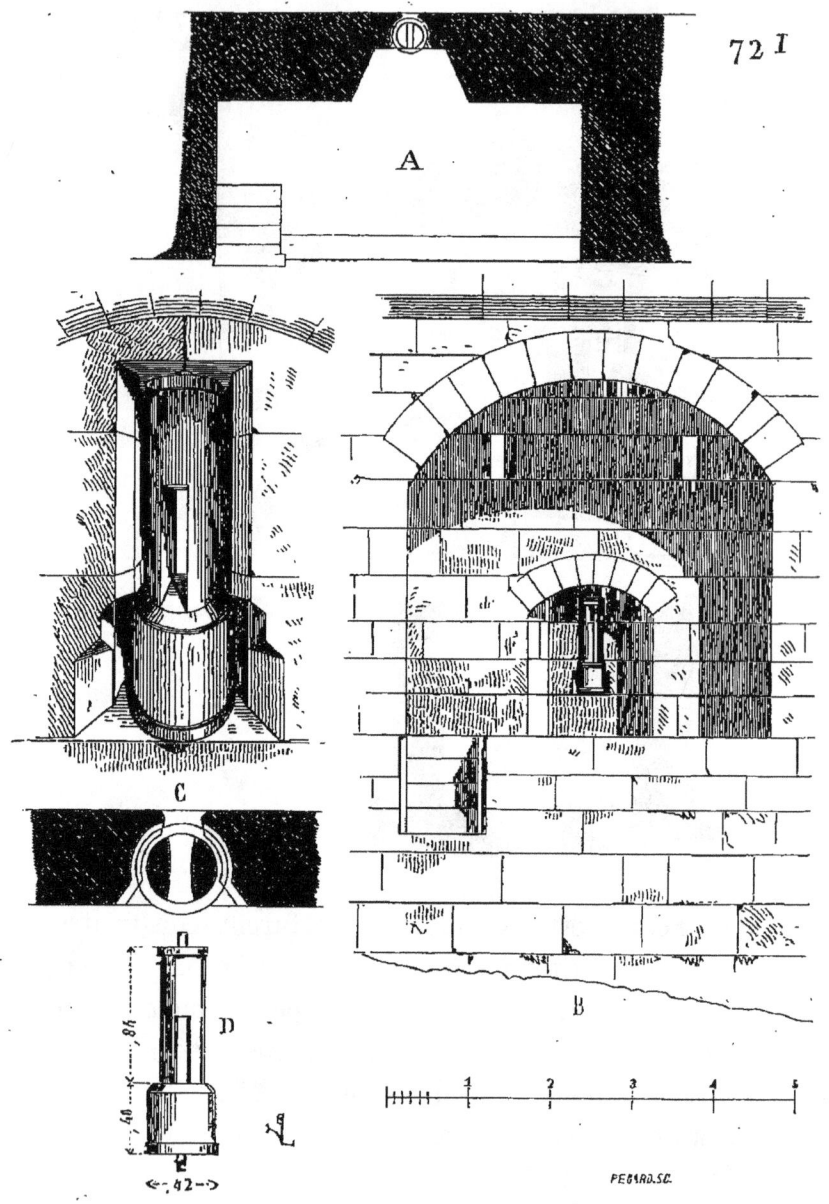

ou ce créneau est garni d'un gros rouleau de bois placé verticalement, avec frettes et pivots en fer. Le rouleau est percé d'outre en outre dans une partie de sa hauteur d'un jour oblong de $0^m,09$ de large et de $0^m,42$ de long, qui laisse juste le passage de la balle des pièces de rempart. Le coup tiré, en faisant tourner le rouleau sur son axe, on masquait entièrement les hommes placés dans l'embrasure. A donne le plan général de l'embrasure, B son élévation intérieure, C le plan et la vue du créneau avec le rouleau tournant, et D la forme géométrale de ce rouleau avec ses dimensions. L'ouvrage avancé de l'une des portes de la ville de Bâle laisse voir encore en place des meurtrières, ou plutôt ce que l'on appelle aujourd'hui des créneaux ainsi munis de rouleaux de bois percés d'un jour longitudinal, pour passer le bout d'arquebuses à main.

Mais il faut dire que vis-à-vis l'artillerie tous ces détails de la défense parurent bientôt insuffisants, et plus gênants qu'utiles ; négligeant alors, dans les forteresses, ces précautions, trop convaincus peut-être de leur peu d'utilité, les ingénieurs se contentèrent d'embrasures très-simples de forme, ainsi que l'indique la (fig. 72 F), de créneaux ouverts donnant un angle plus ou moins aigu, laissant juste le passage du bout du mousquet, et au moment des sièges seulement, on appliqua les moyens préservatifs qui devaient garantir les hommes ou les pièces en batterie dans les casemates ou à ciel ouvert. Après avoir attaché une trop grande importance à ces détails de la défense, lorsque l'artillerie à feu modifiait profondément l'art de la fortification du moyen âge, peut-être en fit-on trop bon marché depuis le XVIIe siècle. Il est certain que contre les effets de l'artillerie on ne peut songer à opposer que des obstacles d'une grande puissance, et assez simples cependant pour ne pas ralentir le service, et pour pouvoir être remplacés promptement et facilement.

A partir du moment où les bastions accusèrent une forme nouvelle, le système de l'attaque comme celui de la défense changea complétement. Les approches durent être savamment combinées, car les feux croisés des faces des bastions enfilaient les tranchées et prenaient les batteries de siège en écharpe. On dut commencer les boyaux de tranchée à une grande distance des places, établir des premières batteries éloignées pour détruire les parapets des bastions dont les feux pouvaient bouleverser les travaux des sapeurs, puis arriver peu à peu à couvert jusqu'au revers du fossé en se protégeant par des places d'armes pour garder les batteries et les tranchées contre les sorties de nuit des assiégés, et dresser là sa dernière batterie pour faire la brèche. Il va sans dire que, même avant l'époque où l'art de la fortification fut soumis à des formules régulières, avant les Errard de Bar-le-Duc, les Antoine Deville, les Pagan, les Vauban, les ingénieurs avaient dû abandonner les dernières traditions du moyen âge. Mais partant de cette règle que *ce qui défend doit être défendu*, on multipliait les obstacles, les commandements, les réduits à l'infini, et on encombrait les défenses de tant de détails, on cherchait si bien à les isoler, qu'en cas de siége la plupart devenaient inutiles, nuisibles même, et que des garnisons, sachant toujours trouver une seconde défense après que la première était détruite, une troisième après la seconde, les défendaient mollement les unes après les autres, se fiant toujours à la dernière pour résister.

Machiavel, avec le sens pratique qui le caractérise, avait déjà de son temps prévu les dangers de ces complications dans la construction des ouvrages de défense; car dans son *Traité de l'art de la guerre*, liv. VII, il dit : « ....Et ici je dois donner un
« avis : 1° à ceux qui sont chargés de défendre une ville, c'est
« de ne jamais élever de bastions détachés des murs ; 2° à ceux
« qui construisent une forteresse, c'est de ne pas établir dans
« son enceinte des fortifications qui servent de retraite aux
« troupes qui ont été repoussées des premiers retranchements.
« Voici le motif de mon premier avis : c'est qu'il faut toujours
« éviter de débuter par un mauvais succès, car alors vous inspirez
« de la défiance pour toutes vos autres dispositions, et vous
« remplissez de crainte tous ceux qui ont embrassé votre parti.
« Vous ne pourrez vous garantir de ce malheur en établissant
« des bastions hors des murailles. Comme ils seront constam-
« ment exposés à la fureur de l'artillerie, et qu'aujourd'hui de
« semblables fortifications ne peuvent longtemps se défendre,

« vous finirez par les perdre, et vous aurez ainsi préparé la
« cause de votre ruine. Lorsque les Génois se révoltèrent contre
« le roi de France Louis XII, ils bâtirent ainsi quelques bastions
« sur les collines qui les environnent; et la prise de ces bastions
« qui furent emportés en quelques jours entraîna la perte de la
« ville même. Quant à ma seconde proposition, je soutiens qu'il
« n'y a pas de plus grand danger pour une forteresse que
« d'avoir des arrière-fortifications, où les troupes puissent se
« retirer en cas d'échec; car lorsque le soldat sait qu'il a une
« retraite assurée quand il aura abandonné le premier poste, il
« l'abandonne en effet, et fait perdre ainsi la forteresse entière.
« Nous en avons un exemple bien récent par la prise de la
« forteresse de Forli, défendue par la comtesse Catherine contre
« César Borgia, fils du pape Alexandre VI, qui était venu l'atta-
« quer avec l'armée du roi de France. Cette place était pleine
« de fortifications où l'on pouvait successivement trouver une
« retraite. Il y avait d'abord la citadelle, séparée de la forteresse
« par un fossé qu'on passait sur un pont-levis, et cette forte-
« resse était divisée en trois quartiers séparés les uns des autres
« par des fossés remplis d'eau et des ponts-levis. Borgia, ayant
« battu un de ces quartiers avec son artillerie, fit une brèche à
« la muraille que ne songea point à défendre M. de Casal, com-
« mandant de Forli. Il crut pouvoir abandonner cette brèche
« pour se retirer dans les autres quartiers; mais Borgia, une fois
« maître de cette partie de la forteresse, le fut bientôt de la
« forteresse tout entière, parce qu'il s'empara des ponts qui
« séparaient les différents quartiers. Ainsi fut prise cette place
« qu'on avait cru jusqu'alors inexpugnable, et qui dut sa perte
« à deux fautes principales de l'ingénieur qui l'avait construite :
« 1° Il y avait trop multiplié les défenses ; 2° il n'avait pas laissé
« chaque quartier maître de ses ponts.... [1] » L'artillerie avait
changé aussi bien les conditions morales de la défense que les
conditions matérielles : autant au XIIIe siècle il était bon de

---

[1] *Œuvres compl. de N. Machiavelli*, édit. Buchon, 1852. Voir le château de Milan (fig. 67), qui présente tous les défauts signalés par Machiavel.

multiplier les obstacles, de bâtir réduit sur réduit, de morceler les défenses, parce qu'il fallait attaquer et défendre pied à pied, en venir à se prendre corps à corps ; autant il était dangereux, en face des puissants moyens de destruction de l'artillerie à feu, de couper les communications, d'encombrer les défenses, car le canon bouleversait ces ouvrages compliqués, les rendait inutiles, et en couvrant les défenseurs de leurs débris, les démoralisait et leur ôtait les moyens de résister avec ensemble.

Déjà, dans la fortification antérieure à l'emploi des bouches à feu, on avait reconnu que l'extrême division des défenses rendait le commandement difficile pour un gouverneur de place, et même pour le capitaine d'un poste ; dans les défenses isolées, telles que les tours, ou donjons ou portes, on avait senti la nécessité, dès les XIe et XIIe siècles, de pratiquer dans les murs ou à travers les voûtes des conduits ou des trappes, sortes de porte-voix qui permettaient au chef du poste placé au point d'où l'on pouvait le mieux découvrir les dehors de donner des ordres à chaque étage. Mais lorsque le fracas de l'artillerie vint s'ajouter à ces effets matériels, on comprendra combien ces moyens de communication étaient insuffisants ; le canon devait donc faire adopter dans la construction des fortifications de larges dispositions, et obliger les armées assiégeantes et assiégées à renoncer à la guerre de détails.

La méthode qui consistait à fortifier les places en dehors des vieux murs avait des inconvénients : l'assiégeant battait à la fois les deux défenses, la seconde surmontant la première ; il détruisait ainsi les deux obstacles, ou au moins, bouleversant le premier, écrêtait le second, réduisait ses merlons en poussière, démontait à la fois les batteries inférieures et supérieures (voy. la fig. 64). S'il s'emparait des défenses antérieures, il pouvait être arrêté quelque temps par l'escarpement de la vieille muraille ; mais celle-ci, étant privée de ses batteries barbettes, ne présentait plus qu'une défense passive que l'on faisait sauter sans danger et sans être obligé de se couvrir. Aussi Machiavel recommandait-il, de son temps déjà, d'élever en arrière des vieux murs des villes des remparts fixes avec fossé. Laissant donc subsister les vieilles murailles comme premier obstacle pour résister à un coup de main, ou pour arrêter l'ennemi quelque temps, renonçant aux boulevards extérieurs et aux ouvrages saillants qui se trouvaient exposés aux feux convergents des batteries de siége, et étaient promptement bouleversés, on établit quelquefois en arrière des anciens fronts qui, par leur faiblesse, devaient être choisis par l'ennemi comme point d'attaque, des remparts bastionnés, formant un ouvrage à demeure, analogue à l'ouvrage provisoire que nous avons représenté dans la fig. 57. C'est d'après ce principe qu'une partie de la ville de Metz avait été fortifiée, après la levée du siége mis par l'armée impériale, vers la fin du XVIᵉ siècle, du côté de la porte Sainte-Barbe (73)[1]. Ici les anciens murs A avec leurs lices étaient laissés tels quels; des batteries barbettes étaient seulement établies dans les anciennes lices B. L'ennemi faisant une brèche dans le front C D qui se trouvait être le plus faible puisqu'il n'était pas flanqué, traversant le fossé et arrivant dans la place d'armes E, était battu par les deux demi-bastions F G, et exposé à des feux de face et croisés. Du dehors, ce rempart, étant plus bas que la vieille muraille, se trouvait masqué, intact; ses flancs à orillons présentaient une batterie couverte et découverte enfilant le fossé.

Le mérite des ingénieurs du XVIIᵉ siècle et de Vauban surtout, ç'a été de disposer les défenses de façon à faire converger sur le premier point attaqué et détruit par l'ennemi les feux d'un grand nombre de pièces d'artillerie, de changer ainsi au moment de l'assaut les conditions des armées assiégeantes et assiégées, de simplifier l'art de la fortification et de laisser de côté une foule d'ouvrages de détails fort ingénieux sur le papier, mais qui ne sont que gênants au moment d'un siége et coûtent fort cher. C'est ainsi que peu à peu on donna une plus grande superficie aux bastions, qu'on supprima les orillons d'un petit diamètre qui, détruits par l'artillerie des assiégeants, encombraient de

---

[1] Topog. de la Gaule, Mérian. Topog. de la France, Bib. Imp.

leurs débris les batteries destinées à enfiler le fossé au moment de l'assaut, qu'on apporta la plus grande attention aux profils

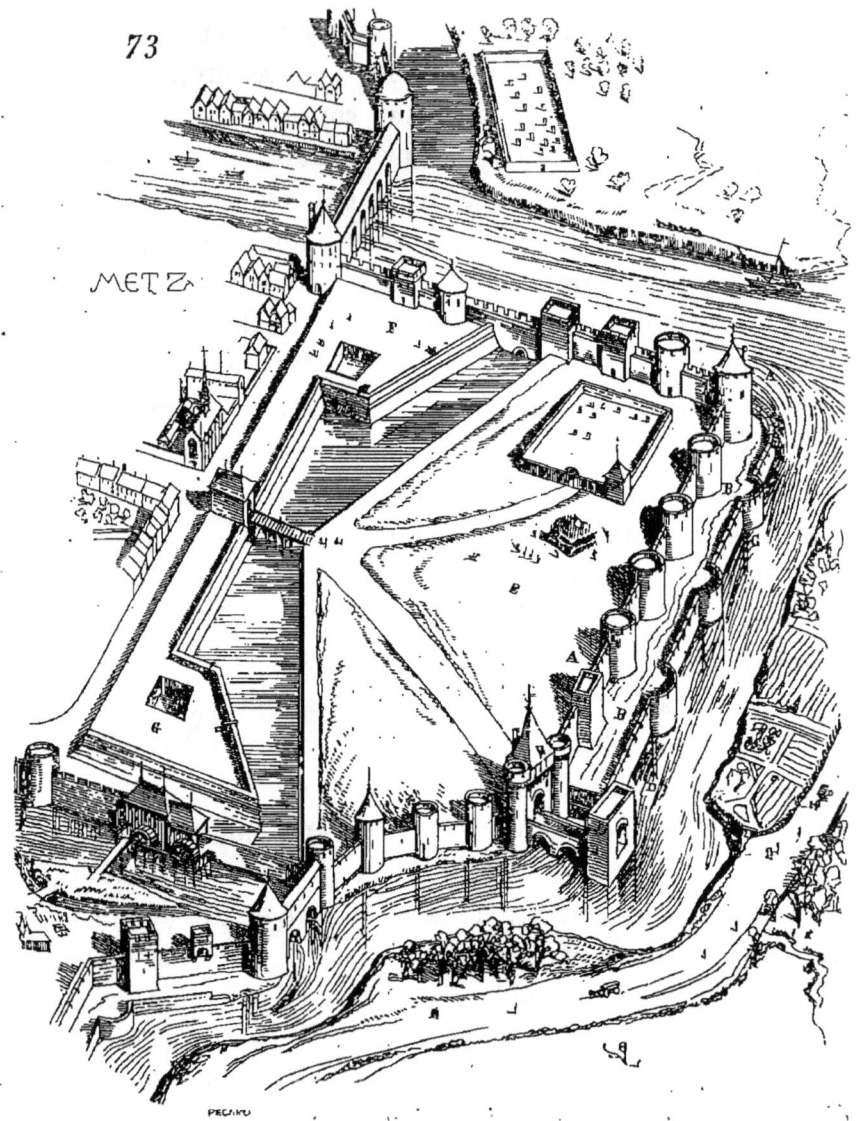

comme étant un des plus puissants moyens de retarder les travaux d'approches, qu'on fit des glacis, en avant des fossés, pour masquer le revêtement des bastions et courtines, qu'on donna une largeur considérable aux fossés en avant des fausses braies, qu'on remplaça les revêtements de pierre pour les parapets par des talus en terre gazonnée, et qu'on masqua les portes en les défendant par des ouvrages avancés et en les flanquant, au lieu de faire résider leur force dans leur propre construction.

Un nouveau moyen de destruction rapide des remparts était appliqué au commencement du XVIᵉ siècle : après avoir miné le dessous des revêtements des défenses, comme on le faisait de temps immémorial, au lieu de les étançonner par des potelets auxquels on mettait le feu, on établissait des fourneaux chargés de poudre à canon, et on faisait sauter ainsi des portions considérables des terrassements et revêtements. Ce terrible expédient déjà pratiqué dans les guerres d'Italie, outre qu'il ouvrait de larges brèches aux assaillants, avait pour effet de démoraliser les garnisons. Cependant on avisa bientôt au moyen de prévenir ces travaux des assiégeants. Dans les places où les fossés étaient secs on pratiqua derrière les revêtements des remparts des galeries voûtées, qui permettaient aux défenseurs de s'opposer aux

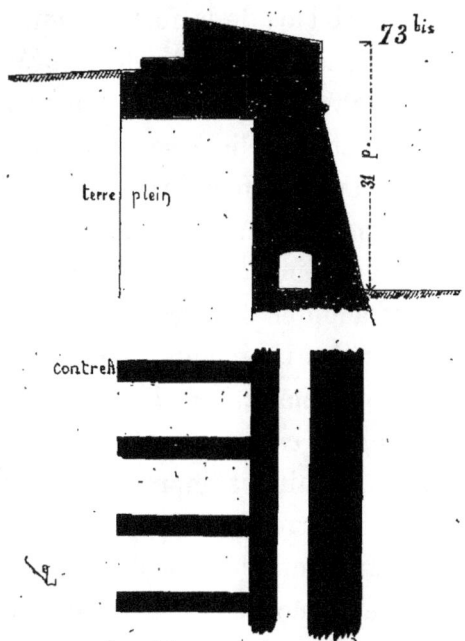

placements des fourneaux de mine (73 bis) [1], ou de distance en

---

[1] *Della fortif. delle città* di M. Girol. Maggi, e del cap. Jacom. Castriotto, ingeniero del christ°. re di Francia, 1553.

distance on creusa des puits permanents dans le terre-plein des bastions, pour de là pousser des rameaux de contre-mine au moment du siége, et lorsque l'on était parvenu à reconnaître la direction des galeries des mineurs ennemis, direction qui était indiquée par une observation attentive, au fond de ces puits, du bruit causé par la sape. Quelquefois encore des galeries de contre-mine furent pratiquées sous le chemin couvert ou sous le glacis; mais il ne paraît guère que ce dernier moyen ait été appliqué d'une manière régulière avant l'adoption du système de la fortification moderne.

Ce ne fut que peu à peu et à la suite de nombreux tâtonnements qu'on put arriver à des formules dans la construction des ouvrages de défenses. Pendant le cours du XVI° siècle on trouve à peu près en germes les divers systèmes adoptés depuis, mais la méthode générale fait défaut; l'unité du pouvoir monarchique pouvait seule conduire à des résultats définitifs : aussi est-il intéressant d'observer comme l'art de la fortification appliqué à l'artillerie à feu suit pas à pas les progrès de la prépondérance royale sur le pouvoir féodal. Ce n'est qu'au commencement du XVII° siècle, après les guerres religieuses sous Henri IV et Louis XIII, que les travaux de fortification des places sont tracés d'après des lois fixes, basées sur une longue observation ; qu'ils abandonnent définitivement les derniers restes des anciennes traditions pour adopter des formules établies sur des calculs nouveaux. Dès lors les ingénieurs ne cessèrent de chercher la solution de ce problème : *Voir l'assiégeant sans être vu, en se ménageant des feux croisés et défilés.* Cette solution exacte rendrait une place parfaite et imprenable ; elle est, nous le croyons du moins, encore à trouver.

Nous ne pourrions, sans entrer dans de longs détails qui sortiraient de notre sujet, décrire les tentatives qui furent faites depuis le commencement du XVII° siècle pour conduire l'art de la fortification au point où l'a laissé Vauban. Nous donnerons seulement, pour faire entrevoir les nouveaux principes sur lesquels les ingénieurs modernes allaient établir leurs systè-

DU MOYEN AGE.

mes, la première figure du Traité du chevalier De Ville [1].
« L'éxagône, dit cet auteur, est la première figure qu'on peut
« fortifier, le bastion demeurant angle droit; c'est pourquoi
« nous commencerons par celle-là, de laquelle ayant donné la
« méthode, on s'en servira en même façon pour toutes les autres

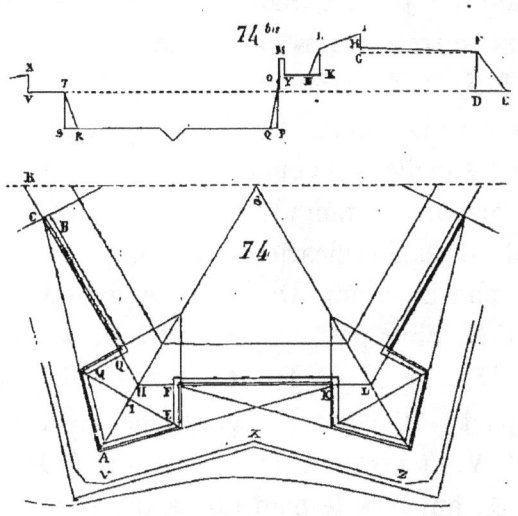

« figures régulières.... (74). On construira premièrement une
« figure régulière, c'est-à-dire, ayant les costez et les angles
« égaux, d'autant de costés qu'on voudra que la figure ait des
« bastions.... Dans cette figure nous avons mis la moitié d'un
« exagône, auquel ayant montré comme il faut faire un bastion,
« on fera de même sur tous les autres angles. Soit l'angle
« RHL de l'exagône sur lequel il faut faire un bastion. On
« divisera un des côtés HL en trois parties égales, et chacune
« d'elles en deux, qui soient HF et HQ de l'autre..., qui
« seront les demi-gorges des bastions; et sur les points F et Q
« soient élevés perpendiculairement les flancs FE, QM égaux
« aux demi-gorges; d'une extrémité de flanc à l'autre soit mené
« EM, soit prolongé le demi-diamètre SH..., et soit fait IA
« égal à IE; après soit mené AE, AM qui feront le bastion
« QMAEF rectangle, et prendra autant de défense de la cour-

---

[1] *Les Fortifications* du chevalier Antoine De Ville. 1640. Chap. VIII.

« tine qui se peut, laquelle on cognoîtra où elle commence si on
« prolonge les faces A E, A M, jusqu'à ce qu'elles rencontrent
« icelle courtine en B et en K, la ligne de défense sera A C....

« On remarquera que cette méthode ne peut servir aux
« places de moins de six bastions, parce que les flancs et les
« gorges demeurant de juste grandeur, le bastion vient angle
« aigu. Quant aux autres parties on fera la largeur du fossé ou
« contre-escarpe V X, X Z, parallèle à la face du bastion, à la
« largeur distante d'icelle autant que le flanc est long.... »

De Ville admet les orillons ou épaules aux flancs des bastions, mais il préfère les orillons rectangulaires aux circulaires. Il joint au plan 74 le profil de la fortification (74 bis).

« Soit menée à plaisir, ajoute De Ville, la ligne C V, et sur
« icelle soit pris C D, cinq pas, sur le point D, soit eslevée la
« perpendiculaire D F, égale à C D, et soit tiré C F, qui sera la
« montée du rempart : du point F, soit mené F G, de quinze
« pas, parallèle à C V, et sur le point G soit eslevé G H d'un pas,
« et soit mené F H, qui sera le plan du rempart avec sa pente
« vers la place. H I sera fait de quatre pieds, et G L sera de
« cinq pas l'épaisseur du parapet, K L sera tracé verticalement,
« mais K doit estre deux pas plus haussé que la ligne C V ;
« après sera mené K N, le talus du parapet, N Y le chemin des
« rondes sera d'environ deux pas, et M moins de demi-pas
« d'épaisseur dont sa hauteur M Y sera de sept ou huit pieds ;
« par après M P soit menée perpendiculaire sur C V, de façon
« qu'elle soit de cinq pas au-dessous de O ; c'est-à-dire au-des-
« sous du niveau de la campagne, qui est la profondeur du fossé.
« P Q est le talus de la muraille qui doit estre d'un pas et demi,
« et O sera le cordon un peu plus haut que l'esplanade : la
« largeur du fossé Q R aux grandes places sera de vingt-six pas,
« aux autres vingt et un pas ; R S soit de deux pas et demi, le
« talus de la contrescarpe, sa hauteur S T cinq pas ; le corridor
« (chemin couvert) T V qui sera sur la ligne C V aura de largeur
« cinq à six pas, l'esplanade (le glacis) sera haute par-dessus le
« corridor d'un pas et demi V X, et laquelle s'ira perdant à

« quinze ou vingt pas en la campagne.... et sera fait le profil :
« desquels il y en a de diverses sortes...; les pas s'entendent de
« cinq pieds de roy.... »

De Ville recommande les fausses braies en avant du rempart comme donnant beaucoup de force aux places, en ce qu'étant masquées par le profil du chemin couvert, elles retardent l'établissement des batteries de brèche et battent le débouchement

75

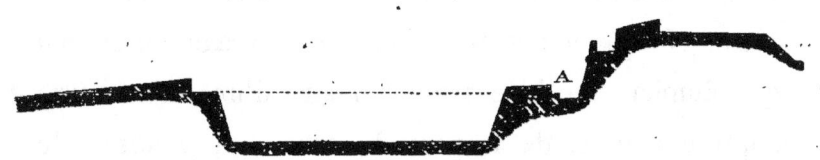

des boyaux de tranchée dans le fossé : il les fait en terre (75) et ainsi que l'indique le profil en A.

Il en était alors de la fortification comme de toutes les autres branches de l'art de l'architecture : on se passionnait pour les formules, chaque ingénieur apportait son système ; et si nous avons parlé du chevalier De Ville, c'est que ses méthodes sont pratiques, et résultent de l'expérience. Mais Vauban reconnut que les bastions construits par les ingénieurs qui l'avaient précédé étaient trop petits, leurs flancs trop courts et faibles, les demi-gorges trop étroites, les fossés mal alignés et les chemins couverts d'une trop faible largeur, les places d'armes petites, et les ouvrages extérieurs insuffisants. C'est à lui et à M. de Coëhorn que l'on dut des systèmes de fortification bien supérieurs à ceux qui les ont précédés. Toutefois, de l'aveu même de ces deux hommes célèbres, et malgré leurs efforts, l'attaque resta supérieure à la défense.

L'étude des travaux exécutés pendant des siècles par les hommes pour défendre leur vie, leur liberté et leur fortune, est certainement une des plus attrayantes que l'on puisse faire; c'est peut-être aussi une des plus utiles. Cette étude se rattache aux développements successifs de la civilisation et de l'esprit national, et il faut dire que nul pays en Europe ne présente une suite plus considérable de travaux militaires permanents que le nôtre. Nous n'avons pu, dans un ouvrage aussi peu étendu, que donner une idée très-sommaire d'un sujet aussi vaste, et qui exigerait, de la part de celui qui voudrait le traiter à fond, une série de connaissances que nous ne prétendons pas posséder. Nous espérons toutefois que cet *Essai* pourra contribuer à sauver de la destruction des restes encore précieux, qui se rattachent si intimement à notre existence nationale ; que peut-être aussi fera-t-il réunir dans un ouvrage complet les nombreux fragments d'architecture militaire qui couvrent le sol de la France, et que la main des hommes, des intérêts particuliers, encore plus que le temps, font disparaître chaque jour. Il serait digne d'un Gouvernement éclairé comme le nôtre d'entreprendre une pareille tâche, trop au dessus des forces d'un seul homme. Outre l'intérêt archéologique qui s'attacherait à un ouvrage de cette importance, on y trouverait plus d'un enseignement ; on y puiserait la connaissance des ressources immenses d'un pays que nous aimons, parce qu'il est le nôtre, et plus encore, parce qu'il a toujours lutté pour l'unité nationale, parce que son énergie s'est toujours montrée supérieure à ses revers.

FIN.

TABLE DES MATIÈRES

	Pages.
AGDE (fortification d')	3
AIGUES-MORTES (enceinte d')	106
Tours	106, 114
AIGUILLON (siége d')	135
Engigneurs	135
Forteresse	135
Kas (chats chateils)	135
Martinets	136
ANDELYS. Château-Gaillard	70 à 82
Bacs (pont de)	81
Basse cour (du château)	75
Bastilles	81
Beffroi	81 à 82
Boutavant (fort de)	74
Camp retranché	72
Caves	75
Chapelle	75
Chat	82
Chemin de ronde	76
Circonvallation (ligne de)	81
Contrevallation (ligne de)	81
Courtines	74 à 77
Donjon	76 à 77
Estacade	74, 76, 81
Forteresse sur la Seine	72
Fossés	72, 82
Herse	76
Mâchicoulis	77
Palissades	72, 74
Parapets	74, 76
Ponts	81
Ponts de bois	72, 80
Porte	76
Poterne	76
Puits	75
Ouvrage avancé	74
Siége du château	82
Tours	72 à 76
Tournelles sur pont de bateaux	81
ANTONINE (colonne)	
Bas-relief	5
AUBENTON (siége d')	117
Barrière	117
Porte (de la ville)	117
Tours de bois	117
AUGSBOURG (fortifications d')	201
Bastion	201
Chemin couvert	202
Fausses braies	201
Muraille terrassée (ancienne)	202
AUTUN (fortification d')	13
AUXERRE (fortification d')	13
AVIGNON (chât. et enceinte d')	124 à 128
Courtines	128
Escaliers	127 à 128
Mâchicoulis	128
Murs	124 à 127
Parapets	123
Tours	124 à 128
BEAUCAIRE (siége du château de)	23.. 39
Galeries de mines	40
Tour de guet	39
BÉZIERS (fortifications de)	3
BONAGUIL (château de)	157
Bâtiments d'habitation	158
Contrescarpe	158
Couronnements crénelés	158
Courtines	158
Donjon	157
Embrâsures	159 à 160
Escaliers	158
Fossés	157
Mâchicoulis	158
Meurtrières	158
Mur de contregarde	158
Ouvrage avancé	157
Place d'armes	157
Pont-levis	157 à 158
Porte	158
Poterne	157
Saillants	158
Tours	158 à 160
BORDEAUX (fortification romaine de)	13

TABLE DES MATIÈRES.

	Pages.
Bourges (siége de)	4
Contrevallation (ligne de)	4
Mines	4
Tours couvertes de cuir	5
Boves (siége de)	30
Cahors (fortification de)	13
Remparts	124
Tours	124
Calais (siége de)	137
Archers	138
Bombardes	138
Espringales	138
Fossés doubles	138
Passage des dunes	138
Pont de Nieulay	138
Tours	138
Carcassonne (château et enceinte de la cité de)	9, 14, 33, 45, 51, 54, 67, 107
Archières	36
Barbacanes	33, 47, 51, 52, 110
Barrières	45
Becs saillants	105, 107, 110
Beffroi	47, 57 à 61
Bretèches	36, 110 à 113
Caveaux voûtés	113
Château (de)	45, 51, 54
Chats	47, 54, 57
Chemin de ronde	9, 43, 50, 111
— crênelé	51
Construction des murs et tours	9
Couloir ouvrage de défense	49, 111
Courtines	9, 12, 44, 54, 57, 111, 114
Créneaux	36, 54, 102
— des lices	35
Défenses (du château)	86
Donjon (défense isolée)	45, 51, 86
Echauguettes	50, 110
Echelle (escalier volant)	12
Enceinte intérieure	46, 44, 46, 59
— extérieure	43, 52
— visigothe	9, 14, 33
Escaliers	10, 51, 111
— à vis	60, 111
Faubourgs (clos de murs)	43
Fortification visigothe	3
Fossés	9, 34, 45, 54
Galeries saillantes	54
Herses	110
Hourds	50, 52, 54, 59, 86, 102, 113
Lices	33, 35, 45
Mâchicoulis	45, 49, 50, 54, 110, 113
Machines de jet	57, 113
Mangonneau	34
Mantelets (roulants mobiles)	57
Meurtrières	49, 51, 54, 110
Mine (trou de)	33, 35, 36
Moulin fortifié	51
Ouvrages en bois	50
Palis, palissades	12, 33, 36, 38, 110
Palissades mobiles	57
Parements à bossage	114
Pionniers	54, 110
Ponts	34, 110
— (de l'Aude)	43

	Pages.
— (de bois)	9, 51
— (de beffroi)	59
— à plancher mobile	49, 57
Porte crênelée	49
— Narbonnaise et de l'Aude	45, 46, 110
— publiques	44, 46
— renforcées et ferrées	50, 60
Poternes	11, 46, 49
Puits	35, 60
Rampes	45
— (des bords de l'Aude)	43
— crênelées	48
Saillant	107
Siége (de)	33
Souterrain du boulevard de la Barbacane	51
Tours	9, 12, 45, 51, 59, 86, 101, 107, 113, 114
— de la Barbacane	43
Travaux d'approche	57
Châteaudun (donjon de)	91
Chauvigny (châteaux de)	68
Château vieux	84
Donjon	84 à 85
Cherbourg (siége de)	149
Bombardes	149
Coucy (ville et château de)	67 à 99
Bancs	97
Château	92
Chemin de ronde	95
Consoles des hourds	118
Construction du donjon	98
Couronnement du donjon	98
Courtines	68, 92
Couverture en plate-forme	95
Créneaux	95
Donjon	91, 92, 98
Echaffaudage	98
Ecoulements d'eau	95
Enceinte du château	68
— de la ville	67, 68
Esplanade	67
Fossés	67, 92, 98
Hourds (à double étage)	95, 118
Mâchicoulis de pierre	95
Place d'arme	68, 92
Pont	92
Portes	67, 92
Poternes	68, 94
Puits	93
Salles (grandes)	92
Tours du château	96
Étampes (donjon d')	86
Falaise (château de)	108
Angle saillant	108
Famars (camp de)	7
Florence. Procès-verbal de défense	198
Forli (siége de)	223

TABLE DES MATIÈRES.

	Pages.
Francfort (fortification de)	204
Bastion	205
Ham (château de)	179
Courtines	179
Murs de contregarde	179
Ouvrages avancés	179
Tours	179
Kingston sur Hull (bastilles de)	190
Langres (enceinte de)	161 à 165
Batteries	162, 164
Boulevards	172
Courtines	161
Embrasures	162, 164
Évents	164
Fortifications romaines	13
Portes	162
Rampes	162
Tours	161 à 165
Loches (château vieux de)	105
Becs saillants	105
Lubeck (bastilles de)	191
Marseille (siége de)	16 à 20
Bastille romaine	16, 17
Cavalier	165
Mantelets	16
Meurtrières	18
Nattes de câbles (gardes)	17
Plancher couvert d'argile	17
Travaux d'approche	16
Metz (enceinte de)	188
Barbacanes	188
Courtines terrassées	188
Ouvrage à cornes	225
Porte à Mazelle ou de Seille	188
Milan (château de)	193
Bastilles d'assiégeants	194
Boulevards	194
Portes	194
Tours	194
Montargis (château de)	83
Chapelle	84
Chemise (murs de contregarde)	85
Courtines	84
Donjon	84
Escalier à 3 rampes	84
Fossés	83
Portes	83, 114
Narbonne (fortifications de)	3
Nuremberg (fortifications de)	199
Créneaux	218
Embrasures	215, 220
Hourds	216
Tours	199
Nuys (enceinte de)	179
Bastions	178
Braies	178

	Pages.
Fossés	178
Portes	178
Poternes	178
Saillants	178
Orange (enceinte d')	124, 176
Tours	124
Orléans (fortifications d')	147
Artillerie à feu	150
Bastilles de bois	151
Fossés couverts	147
Siége (d')	147, 150
Paris (enceinte de)	66
Barbacanes	66
Donjon du Temple	65
— du Louvre	91
Faubourgs	66
Fortifications du Temple	65
— de la Bast., St-Ant.	66
— du Louvre	65
Forts détachés	66
Murailles (de la ville)	65
Tours	124
Pavie (siége de)	23
Périgueux (fortifications de)	165
Batterie casematée	166
Embrasures	166
Évents	167
Meurtrières	166
Parapets d'arquebusiers	167
Tours du Puy St-Front	165
Pierrefonds (château de)	122
Chemin de ronde	123
Courtines	122
Créneaux	123
Mâchicoulis	122, 123
Parapets	124
Tours	122, 124
Poitiers (fortifications de)	13
Provins (enceinte et donjon de)	87 à 91
Becs saillants	105
Cachot du donjon	90
Chapelle	90
Chemin de ronde	89
Donjon	87
Échauguettes	91
Hourds	91
Mâchicoulis	91
Murs	88, 91
Parapets crênelés	91
Ponts volants	90
Portes	105
Poternes	90, 91
Puits	88
Terre-plein	91
Tourelles	87, 91
Schaffhausen (forteresse de)	167, 179
Bastions	168, 169
Batteries	168, 170
Boulevard	168

TABLE DES MATIÈRES.

	Pages		Pages
Chemin de ronde	168	Fortification visigothe	3
Constructions	170, 173	Fossés	40, 42
Contrescarpe	168	Fossés ras, clôture	42
Courtines	173	Galeries (corseras, ch. de ronde)	41
Donjon	172	Gate (emploi de la)	29
Echauguettes	172	Hôpital fortifié (bastille)	42
Embrasures	168, 171, 172	Hourds doubl. (catafalcs dobliers)	42
Escaliers	171	Lices de bois	40 à 42
Events	169, 175	Ouvrages de bois	40
Flanquements	173	Palis, palissades	40, 42
Fossés	168, 173	Ponts garnis de la ville	42
Gargouilles	173	Remparts	3
Hourds	173	Tours	9, 42
Meurtrières	172	Trébuchets doubles	42
Murs	168, 173		
Parapets	172	TRAJANE (colonne)	
Plate-forme	182	Bas-reliefs	3, 6
Pont	168, 169, 173		
Puits	171	TROYES (bastion de)	208
Tours	168, 169, 173		
		VÉRONE (bastion de)	196
SIENNE (siége de)	181		
Retirade	181	VINCENNES (château de)	115, 131
		Chapelle	131
TOULOUSE (siége de)	29	Contrescarpe	131
Ambons	42	Donjon	131
Barbacanes (bocals)	42	Échauguettes	132
Barrières	40	Enceinte fortifiée	131
Boulevards	42	Fossés	131
Bretèches	42	Pont	131
Château Narbonnais	9	Pont-levis	115
Courtines	42	Tournelles	132
Créneaux (fenestrals)	42	Tours	131 à 132
Échafauds (cadafals)	41	Trésor	131

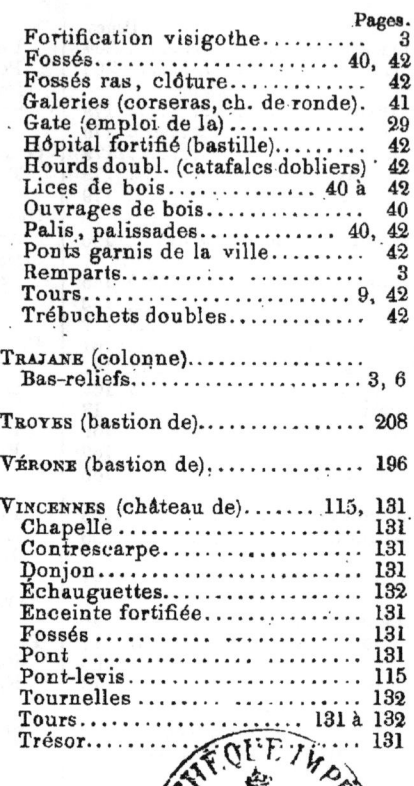

FIN DE LA TABLE DES MATIÈRES

www.ingramcontent.com/pod-product-compliance
Lightning Source LLC
Chambersburg PA
CBHW061957180426
43198CB00036B/1302